Novas ideias em administração 3

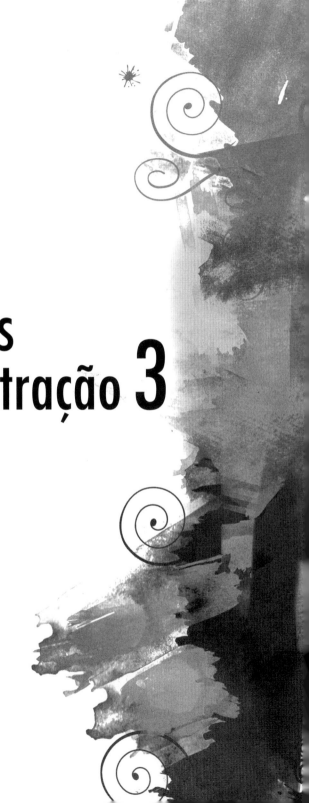

Novas ideias em administração 3

Organizadores
PAULO ROBERTO MOTTA
ROBERTO PIMENTA
ELAINE TAVARES

Copyright © 2010 Paulo Roberto de Mendonça Motta, Roberto da Costa Pimenta e Elaine Tavares

Editora FGV
Rua Jornalista Orlando Dantas, 37
22231-010 | Rio de Janeiro, RJ | Brasil
Tels.: 0800-021-7777 | 21-3799-4427
Fax: 21-3799-4430
editora@fgv.br | pedidoseditora@fgv.br
www.fgv.br/editora

Todos os direitos reservados. A reprodução não autorizada desta publicação, no todo ou em parte, constitui violação do copyright (Lei nº 9.610/98).

Os conceitos emitidos neste livro são de inteira responsabilidade do(s) autor(es).

Grafia atualizada segundo o Acordo Ortográfico da Língua Portuguesa, em vigor no Brasil desde 2009.

1ª edição — 2010

Preparação de originais: Ronald Polito
Revisão: Adriana Alves
Diagramação: FA Editoração
Capa: Estúdio Olho

Impresso no Brasil | *Printed in Brazil*

**Ficha catalográfica elaborada pela
Biblioteca Mario Henrique Simonsen/FGV**

Novas ideias em administração 3 / Paulo Roberto Motta, Roberto Pimenta, Elaine Tavares (Organizadores). – Rio de Janeiro : Editora FGV, 2010.
    272 p.

    Inclui bibliografia.
    ISBN 978-85-225-0842-6

    1. Administração de empresas. 2. Responsabilidade social da empresa. 3. Negociação – Aspectos morais e éticos. 4. Planejamento municipal. 5. Políticas públicas. 6. Governança corporativa. I. Motta, Paulo Roberto. II. Pimenta, Roberto da Costa. III. Tavares, Elaine. IV. Fundação Getulio Vargas.

CDD – 658.4

Sumário

Agradecimentos   7

Apresentação
Paulo Roberto Motta   9

1. Os valores, a ética e a atitude dos gestores brasileiros perante a Responsabilidade Social das Empresas
Filipe Almeida   13

2. Valores humanos, ideologia ética e julgamento moral de dilemas éticos em negociação
Filipe Sobral   55

3. Análise do modelo híbrido de governança das Organizações Sociais de Saúde segundo a abordagem dos custos de transação
Trajano Augustus Tavares Quinhões   83

4. O planejamento estratégico municipal como instrumento de gestão em cenários complexos: um estudo sobre os

condicionantes dos planos das cidades de Barcelona
e do Rio de Janeiro
Janaina de Mendonça Fernandes 131

5. A problematização do lixo e as políticas municipais de apoio ao trabalho dos catadores na cidade do Rio de Janeiro sob a perspectiva analítica de Michel Foucault
Maria Scarlet do Carmo 179

6. Uma nova perspectiva analítica de políticas públicas: compreendendo a política comercial brasileira a partir de um modelo teórico
Virgilius de Albuquerque 221

Sobre os organizadores e autores 269

Agradecimentos

A elaboração deste livro contou com o apoio da direção da Escola Brasileira de Administração Pública e de Empresas (Ebape) e da Coordenação do seu Centro de Formação Acadêmica e Pesquisa, que colaboraram para a realização de todo o projeto.

Somos gratos à equipe da Editora FGV pela atenção dispensada e, também, a todos os autores, que participaram ativamente de cada etapa do trabalho, sempre dispostos a discutir, por repetidas vezes, pequenos ajustes em seus textos originais para a composição final deste livro.

Finalmente, gostaríamos de manifestar nossa gratidão a todos os que, de alguma forma, contribuíram para o êxito de mais uma publicação da série *Novas ideias em administração*.

Paulo Roberto Motta
Roberto Pimenta
Elaine Tavares

Apresentação

A singularidade da produção de conhecimento em administração

A ideia de uma ciência aplicada sempre permeou os estudos administrativos: deu-lhes sentido e motivação para a produção do saber na área. Ao contrário de outras ciências sociais, a administração sempre viveu forte pressão para ser menos abstrata e mais aplicada.

Com variações epistemológicas, o empírico sempre esteve presente. Insistiu-se na ligação com a realidade, não só no sentido de descrevê-la, explicá-la, compreendê-la, mas também para nela interferir de forma eficiente e efetiva.

Ultimamente, as transformações sociais e econômicas, a revolução tecnológica, o crescimento desproporcional da área administrativa nas grandes empresas aguçaram a curiosidade sobre as novas formas de trabalho e de produção. Surgiram mais preocupações com o conhecer e o agir eficazmente sobre os novos fenômenos administrativos.

Os mais jovens procuram se aperfeiçoar antes de ingressar no mercado de trabalho; dirigentes e praticantes retornam cada vez mais à escola em busca de novos saberes. Na verdade, quanto mais atuam e se inserem no meio administrativo, mais esses profissionais reconhecem a necessidade de novos fundamentos e perspectivas na solução de problemas.

Na prática, a administração é utilitária e exigente: demanda um saber útil e imediato para as adaptações constantes às grandes transformações sociais e econômicas. Na academia, exige-se a habilidade crítica para revelar as fraquezas do existente e desenvolver uma nova ciência. Investigadores acompanham as demandas da sociedade e, ao mesmo tempo, investem nas trilhas do desconhecido. Como pioneiros, exercem uma ação investigativa responsável e relevante e contribuem para o progresso da ciência e da sociedade.

Diferentemente das práticas comuns em outras áreas das ciências sociais, as pesquisas em administração não se referenciam somente nas grandes universidades — produtoras de conhecimento — nem se restringem às tradicionais práticas de buscar verdades científicas por meio de métodos mais rigorosos. Em adição às pesquisas acadêmicas, empresas e profissionais de consultoria, vinculados ou não às universidades, proclamam como de validade universal os resultados de seus trabalhos na solução de problemas.

No entanto, falta à "pesquisa" profissional rigor metodológico, deixando pontos fracos tão transparentes que, mesmo quando bem-sucedidas comercialmente, se tornam modismos de alta transitoriedade. No entanto, os temas dessas pesquisas provocam, por vezes, estudos de natureza mais científica, em um intercâmbio permanente. Assim, apesar dos problemas metodológicos, torna-se conveniente e necessária a sua anotação por parte dos estudiosos do pensamento administrativo.

Há atualmente uma grande convergência de temas entre as pesquisas acadêmicas e as chamadas profissionais. Essa superposição se explica pela similaridade dos problemas: fenômenos novos, rapidez de mudanças, manifestações sociais agudas, crises de confiança e legitimidade das ações exigem novas técnicas de formas de ação e mostram que no conhecimento administrativo há ainda muito que explorar.

Embora sejam motivados menos por alcance de verdades gerais e mais para atrativos comerciais, os estudos não acadêmicos acompanham e convivem com pesquisas de base mais científica. As escolas de administração são energizadas pelas pesquisas práticas que provocam verificação dos achados.

Como as habilidades dos dois tipos de pesquisadores são diferentes, os resultados de seus trabalhos também o são. A produção de novidades no meio prático é limitada e normalmente não ultrapassa os limites de variações do familiar e do conhecido. O inusitado e as grandes rupturas surgem de pesquisas mais sistematizadas e rigorosas. Embora a reação a problemas produza mudanças eficazes, as grandes transformações ainda ocorrem pela intenção estratégica ligada a algum conhecimento que inicialmente é produto de pesquisa mais rigorosa e propriedade de poucos.

O conhecimento administrativo, fundamentado academicamente, é o mais permanente e valorizado, mesmo em sentido prático, porque acaba por produzir e transferir as novidades às empresas e instituições públicas. Por estarem mais protegidas do imediatismo comercial, as instituições de pesquisa conseguem produzir bens públicos de grande impacto e visibilidade. Assim, as escolas de administração oferecem um campo atípico de foco e interdisciplinaridade, capaz de unir professores e estudiosos em um empreendimento coletivo de produção de conhecimentos.

O livro que ora se apresenta revela a singularidade da administração na sua interação entre os profissionais e os pesquisadores: enfrentam-se constantemente sobre a validade do saber administrativo sistematizado em teorias tanto no exercício das atividades profissionais quanto em salas de aula e projetos de consultoria. Muitos desses autores, ao exercerem atividades profissionais relevantes, desenvolveram curiosidades científicas e trouxeram à investigação suas experiências oriundas do meio prático.

Outros mais acadêmicos, ao aprofundarem seus conhecimentos, identificaram no saber existente lacunas importantes, ainda a serem preenchidas pela investigação científica. Essa complementação na formação teórica torna o saber aqui apresentado mais crível em sua utilidade.

Há variações também no processo de aprender, de formar e de validar teorias administrativas. As variações refletidas neste livro levam ao repensar da administração, de seus focos de estudos, da propriedade de sua ação e de seu sentido social. Assim, a administração avança além das concepções tradicionais típicas; procura-se, cada vez mais, a intervenção planejada e associada a uma postura crítica de conscientização de todos sobre suas próprias possibilidades diante da realidade.

Na transformação e no progresso social contemporâneos, a ciência administrativa deve avançar e tornar outras pessoas e organizações mais capazes de levar a sociedade a novos destinos. Há nesses autores a motivação e o desejo de contribuir para o progresso econômico e social por meio da produção do saber. Há também a constatação de que o fizeram bem.

Paulo Roberto Motta

1

Os valores, a ética e a atitude dos gestores brasileiros perante a Responsabilidade Social das Empresas

Filipe Almeida

Com origem nos Estados Unidos, fruto de reivindicações crescentes da sociedade civil e de respostas inovadoras de grandes empresas, o debate público sobre a Responsabilidade Social das Empresas (RSE) desenvolveu-se principalmente a partir da década de 1950, tendo-se difundido desde então de forma significativa nos meios acadêmicos, políticos e empresariais de todo o mundo. O contraste entre a pobreza da população em geral e os resultados extraordinários de algumas grandes corporações que, durante a primeira metade do século passado, caracterizou a economia norte-americana, desencadeou um movimento de protesto e vigilância sem precedentes em relação à atividade empresarial. Foi, no entanto, durante a década de 1970 que se deu o impulso definitivo ao debate sobre a RSE, com o início das discussões alargadas internacionais sobre as alterações climáticas e os perigos da industrialização sem controle. As novas exigências impostas às empresas para monitorizarem e prevenirem os impactos ambientais nocivos decorrentes da sua atividade arrastaram consigo as preocupações com os impactos sociais, consolidando a expectativa da sua intervenção como agentes de progresso social além do cumprimento da sua função exclusivamente econômica. No final da década de 1980, o conceito de desenvolvimento sustentável veio por fim complementar essa finalidade econômica a que se destina a atividade empresarial com a necessidade de controlar e conter os excessos que comprometam o desenvolvimento social e o frágil equilíbrio ambiental. A RSE remete, por isso, para a discussão sobre os limites da ação empresarial, as obrigações a que as empresas estão vinculadas perante a sociedade e os compromissos que devem orientar as suas políticas, estratégias e práticas.

Embora discutível, pode-se argumentar que a preocupação com o bem-estar social e com a sustentabilidade ambiental não constitui uma vocação natural de empresas privadas com fins lucrativos, as quais aderem a princípios de RSE essencialmente como reação a pressões internas (dos trabalhadores), de mercado (dos clientes e da sociedade) e legislativas (de regulação), buscando apenas uma legitimação que permita manter a desenvolver a sua atividade. Também a concepção liberal clássica de uma economia de mercado parece incompatível com a extensão das obrigações empresariais para além do seu fim lucrativo e do cumprimento estrito da lei. Tal como refere Milton Friedman, destacado defensor dessa concepção, a ideia de RSE constitui um ataque perigoso ao equilíbrio das sociedades livres contemporâneas ao sugerir a transferência, para o âmbito das decisões privadas, de um poder que deve manter-se na esfera de decisão pública, gerando desta forma distorções e ambiguidades em ambos os setores. Segundo o premiado economista, a empresa deve ter como objetivo exclusivo da sua atividade o lucro, contribuindo para o bem-estar social por meio do pagamento de impostos, os quais, administrados pelo Estado, permitirão que a riqueza gerada pela empresa reverta a favor da sociedade de uma forma adequada (Friedman, 1962). Mas esta concepção restrita das responsabilidades empresariais parece ter caído em desuso, desafiada por escândalos sucessivos que o modelo liberal não conseguiu evitar e por uma sociedade civil mais esclarecida e com meios de reivindicação mais democráticos e eficazes.

A RSE tornou-se portanto um tema incontornável da economia moderna, global e globalizante, livre e dominadora, aberta mas imperfeita. Acadêmicos, políticos, empresários e sociedade em geral envolvem-se no debate, propõem e criticam práticas, confirmando a vontade e a relevância de entender o papel das empresas na sociedade, das suas fronteiras e das suas utilidades. No entanto, apesar do amplo debate, o estudo deste tema ainda revela insuficiências, próprias da sua natural ambiguidade, que dificultam a desejável convergência teórica e prática que permite o avanço e confere utilidade à discussão. Uma dessas insuficiências diz respeito à grande variabilidade de definições de RSE que ainda subsiste e que dificulta a análise comparativa de práticas, de políticas e de resultados entre autores, entre empresas e até mesmo entre nações. Além disso, também tem sido dada pouca atenção ao estudo do pensamento de quem dirige empresas, da sua visão sobre a RSE, das suas motivações e das suas referências morais. Este trabalho pretende contribuir para superar estas insuficiências, propondo-se atingir dois objetivos interdependentes. Primeiro, dada a inexistência de uma interpretação estável do seu significado, este estudo propõe-se analisar o conceito de RSE, buscando um entendimento que auxilie a compreensão exata das responsabilidades que vinculam as empresas à sociedade e, por inerência, as pessoas que agem em seu nome. Em segundo lugar, será estudada a influência do "sistema de valores pessoais" e da "orientação ética" dos gestores de empresas na estruturação da sua "atitude perante a RSE". Para este efeito, foram testadas hipóteses de relação entre estas variáveis num estudo de campo com 252 gestores brasileiros, majoritariamente dos estados de São Paulo e do Rio de Janeiro.

Em países como o Brasil, o envolvimento das empresas na resolução de problemas de ordem social constituiu desde cedo uma reação do meio empresarial organizado às múltiplas carências das comunidades vizinhas, cujas necessidades básicas o Estado revelou-se incapaz de satisfazer. Nestes casos, a empresa substituiu o Estado no atendimento à população carente, tornando-se um agente fundamental de progresso social em algumas zonas geográfica, política e economicamente desfavorecidas do país. Atualmente, o tema encontra-se amplamente difundido no Brasil, existindo já uma longa história de debate público e de iniciativas empresariais relevantes no âmbito da RSE. É por isso especialmente interessante estudar o pensamento dos gestores brasileiros, herdeiros de uma experiência consolidada sobre RSE e agentes efetivos de mudança e de reflexão sobre as práticas empresariais.

Referencial teórico

A Responsabilidade Social das Empresas como síntese de compromissos sociais

O conceito de RSE, tal como é referido atualmente na literatura acadêmica e usado na linguagem empresarial, ainda mantém ambiguidades e divergências de significado que a popularidade do tema e os inúmeros contributos teóricos não conseguiram contrariar. Apesar de alguns princípios permearem as formulações mais relevantes — como a relação da empresa com o ambiente envolvente ou a preocupação com o bem-estar social —, as concepções de RSE variam desde definições vagas e simples até prescrições exigentes e complexas. Torna-se portanto necessário escolher um posicionamento em relação ao conceito e esclarecer os seus conteúdos.

Parece razoável aceitar que o quadro de responsabilidades das empresas constitui um conjunto diverso de obrigações que frequentemente exige soluções de compromisso entre interesses divergentes ou mesmo conflitantes. É a busca desse frágil equilíbrio que define o desafio central da RSE. A exigência atual está no alcance de um equilíbrio que evite os exageros tanto do capitalismo imoral como do discurso que defende incondicionalmente a ideia de RSE como forma de cobrar da empresa práticas e intenções que não lhe são naturais e que contrariam o próprio espírito capitalista que permite o progresso e o desenvolvimento social (Thiry-Cherques, 2003). A empresa socialmente responsável será, portanto, aquela que conquistou com transparência e seriedade o respeito e a confiança de seus empregados, clientes, fornecedores e investidores, estabelecendo um equilíbrio aceitável entre seus interesses econômicos e os interesses de todos os afetados por suas decisões ou ações (Aguillar, 1996).

Uma das formulações mais citadas e usadas entre acadêmicos do mundo inteiro para definir e entender a RSE é a concepção proposta originalmente por Archie Carroll (1979), segundo a qual as empresas estarão vinculadas a quatro tipos de responsabilidade social, identificados com base nas expectativas da sociedade em relação ao seu desempenho: econômica (obrigação de gerar riqueza e responder às necessidades de consumo da sociedade), legal (obrigação de cumprir o normativo legal), ética (exigência de adotar uma conduta alinhada com os valores implícitos da sociedade) e filantrópica (exigência de envolvimento ativo na resolução de carências sociais, contribuindo com donativos e transferindo recursos para a sociedade civil). Embora amplamente divulgada, esta formulação apresenta ainda algumas fragilidades que merecem ser discutidas, a fim de, a partir dela, alcançar uma nova concepção de RSE entendida como síntese dos compromissos sociais que vinculam as empresas à sociedade.

Por um lado, a proposta de Carroll parece estabelecer uma rigidez na hierarquia de prioridades com que as empresas cumprem as quatro responsabilidades, distorcendo os próprios fundamentos equitativos da responsabilidade social, ao mesmo tempo em que, aceitando essa hierarquia de responsabilidades, ignora outras formas de interdependência e de interação entre elas. Mas, essencialmente, a concepção de Carroll parece sugerir uma confusão entre o plano dos princípios e o plano das ações concretas, ao incluir uma responsabilidade filantrópica. A filantropia, tal como entendida atualmente, consiste numa transferência voluntária de recursos da sociedade civil em benefício de quem tem carências essenciais ou em nome de uma transformação social (Kisil, 2005). Ora, esta contribuição da sociedade civil situa-se no plano dos comportamentos, entendidos como expressão da adesão a determinados princípios, crenças ou valores.[1] Assim, a responsabilidade ética, animada pelo dever racional e, eventualmente, pelos sentimentos de "amor pela humanidade" e de "generosidade" que definem a essência da filantropia, pressupõe o compromisso moral que complementa os restantes — econômico e legal —, sendo a filantropia uma das suas manifestações, entre outras possíveis. Portanto, a filantropia, embora designando um sentimento, mas sendo entendida na atualidade como uma transferência de recursos, não deve ser considerada uma obri-

---

[1] O *Dicionário Houaiss da língua portuguesa* define filantropia como "amor à humanidade". Assim, a palavra filantropia designa um sentimento e, portanto, situa-se no plano das motivações da ação, não correspondendo à ação propriamente dita. O mesmo ato pode ser motivado por um sentimento filantrópico ou por outro motivo distinto. A interpretação da filantropia como uma doação voluntária a quem precisa é, na verdade, uma simplificação do termo que o reduz a uma das suas manifestações mais comuns.

gação empresarial em si mesma. Deve, pois, constituir uma das possibilidades de exercício da responsabilidade ética das empresas.

Assim, propõe-se um entendimento da RSE como o conjunto de compromissos que vinculam as empresas à sociedade, tal como apresentados na figura 1.

Figura 1: **Os compromissos sociais da empresa**

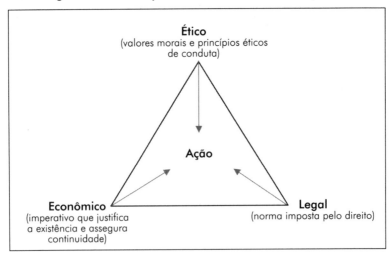

Segundo esta nova proposta, a RSE consiste no conjunto de obrigações sociais que decorrem do compromisso econômico, legal e ético da empresa perante a sociedade. Os vértices do triângulo representam as três fontes de responsabilidade social que se estabelecem como princípios orientadores da ação da empresa. A RSE implica um esforço permanente de articulação de políticas, estratégias e ações a fim de cumprir os deveres positivos (de ação) e negativos (de omissão) sugeridos pela finalidade econômica, pelos princípios éticos e pela exigência de cumprimento da lei. Tal como apresentada, a designação destas responsabilidades identifica o motivo das obrigações que as caracterizam, remetendo a filantropia para o plano da ação.

A responsabilidade econômica está relacionada com o objeto principal da atividade empresarial, o qual justifica a sua existência e assegura a sua sobrevivência e sustentabilidade. Esta responsabilidade corresponde à obrigação de fornecer produtos e serviços de boa qualidade à sociedade, investindo na inovação e buscando o lucro que permita o crescimento da empresa e a satisfação das legítimas expectativas dos acionistas.

A responsabilidade legal implica a obrigação social de cumprir a legislação. Tratando-se de uma norma obrigatória imposta pelo direito, a lei resulta, nas sociedades democráticas, de um desejo de regulação ratificado pela sociedade. A existência desta lei, no entanto, não é garantia do seu cumprimento. Os mecanismos sancionadores geralmente inibem a sua transgressão, porém a empresa mantém liberdade de escolha sobre a adesão à lei em inúmeras circunstâncias da sua atividade.

Por fim, a responsabilidade ética diz respeito ao dever de agir segundo princípios morais alinhados com os valores sociais. Essa responsabilidade implica a adoção de um comportamento eticamente aceitável que, não sendo imposto pela lei ou pela finalidade econômica, decorre de uma disposição para integrar, na definição de políticas e de estratégias, elementos e pretensões que previnam o eventual dano provocado pela ação empresarial e considerem positivamente a contribuição para o bem-estar social e para o desenvolvimento humano.[2]

A ação empresarial será um produto da importância atribuída a cada uma das responsabilidades, ou seja, da influência exercida pela interseção dos mandamentos por elas sugeridos sobre as políticas, estratégias e práticas empresariais. Embora os princípios equitativos de RSE sugiram como estratégia desejável a busca do equilíbrio entre os três compromissos sociais — econômico, legal e ético —, é de esperar que o compromisso econômico, constituindo aquele que justifica, originalmente, a existência e a sobrevivência da empresa, seja o mais valorizado pelos gestores e dirigentes. Já a responsabilidade ética, ao contrário do que acontece com as responsabilidades econômica e legal, cujos agentes e instituições primariamente interessados no seu cumprimento são conhecidos, remete a reivindicação do seu cumpri-

---

[2] A este respeito, Thiry-Cherques (2003:39) esclarece que "o direito é, e sempre será, insubstituível na aplicação positiva da ética consentida e no resguardo da moral concertada. De forma que o esforço de responsabilização moral deve estar voltado principalmente para as áreas onde a legislação não existe ou é precária".

mento para o ente abstrato que constitui a sociedade em geral e, em última instância, para a solidão da consciência de quem deve cumpri-la. Os mecanismos de repressão do não cumprimento das responsabilidades econômica e legal são mais visíveis e consensuais e, portanto, mais eficazes. A natureza e os limites destas obrigações reúnem acordo amplo e as suas fronteiras não são, habitualmente, contestadas. A responsabilidade ética, por seu lado, constitui uma obrigação imposta por critérios exclusivamente morais, cuja transgressão é inibida por um imperativo de consciência ou pelo receio da condenação moral por parte dos outros. Por isso a dimensão ética da RSE é aquela que exige um maior esforço justificativo, dada a ambiguidade a que se presta e a variabilidade dos seus fundamentos. Thiry-Cherques (2003:34) refere-se a esta dificuldade, esclarecendo que "a responsabilidade moral não é coercitiva, não é negociável e não é evidente", sendo "a única que não admite o equívoco e a evasão".

A responsabilidade ética visa superar as limitações que decorrem da concepção gerencial egocêntrica que estabelece a finalidade lucrativa como fim que justifica todos os meios, sem atender aos impactos colaterais da atividade empresarial e à interdependência profunda que caracteriza a relação da empresa com o resto do mundo. Esta atitude gerencial, identificada com o egoísmo que apenas considera válido o interesse próprio, sem a devida aceitação de um compromisso ético, gera, no limite, comportamentos reprováveis que conduzem à desconfiança e que comprometem a sobrevivência da própria organização, podendo mesmo corromper o equilíbrio social de forma muito significativa, tal como a crise financeira e econômica internacional que atualmente se vive em todo o mundo parece confirmar.

Assim se pode justificar a RSE como resposta à necessidade de uma moral superior que substitua o egoísmo natural da vida econômica (Vazquez, 2005). No entanto, as pretensões de quem defende a urgência do progresso moral só serão bem-sucedidas se forem acompanhadas por intensa discussão dos temas e construídas sobre o sólido alicerce das crenças e dos valores de cada dirigente. A administração responsável de empresas pode ser imposta por regulamentos e legitimada pelo mercado, mas, tal como na vida, só será sustentável e moralmente válida se resultar, originalmente, de uma intenção deliberada de cumprir as obrigações sociais em nome do progresso coletivo e do bem comum. Por isto mesmo se justifica estudar o sistema de valores e a orientação ética de quem dirige e toma decisões no meio empresarial.

O sistema de valores humanos dos gestores

O exercício da RSE, tal como referido anteriormente, envolve práticas e políticas empresariais que harmonizem compromissos de natureza econômica, legal e ética com a sociedade. Embora estes três vetores da RSE confiram às empresas significativa liberdade de interpretação e de realização, é na responsabilidade ética que essa liberdade de ação e de decisão se revela mais ampla e, porventura, mais crítica. Muitas decisões empresariais não estão frequentemente reguladas pela legislação, dependendo, em larga medida, das crenças individuais e das normas sociais que orientam as escolhas de cada agente de decisão no contexto empresarial. O sistema de valores e a ética que constituem o referencial de cada gestor são, desta forma, um fator essencial para compreender a sua visão pessoal do papel que as empresas devem ter na sociedade, decorrente necessariamente da visão pessoal que têm do mundo.

O estudo dos valores humanos que orientam as escolhas e definem as preferências de cada indivíduo tem raízes profundas na filosofia, sendo objeto de reflexão desde Sócrates (469-399 a.C.) até filósofos contemporâneos como Max Scheler (1874-1928) ou Johannes Hessen (1889-1971). No entanto, apesar dos indiscutíveis méritos da reflexão filosófica para a fundamentação e construção de doutrina sobre valores humanos, raras vezes a filosofia arriscou propostas exaustivas e sistemáticas sobre valores específicos, permitindo acesso apenas a grandes categorias axiológicas. As tentativas de identificação dos valores concretos que animam o ser humano foram desenvolvidas principalmente pela psicologia e pelas ciências sociais durante a segunda metade do século XX. É nessas áreas do conhecimento que se podem encontrar as contribuições mais significativas para a identificação e discriminação dos valores humanos.

Atualmente, a teoria sobre os valores humanos básicos, de autoria de Shalom Schwartz, é uma das mais referenciadas no estudo empírico de valores, sendo a sua metodologia amplamente aceita e adotada por pesquisadores de todo o mundo. Schwartz (2005:21) propõe "uma teoria unificadora para o campo da motivação humana, uma maneira de organizar as diferentes necessidades, motivos e objetivos propostos em outras teorias". Para o efeito, os valores individuais são considerados como fins da ação humana cujo alcance permite satisfazer uma ou mais das três necessidades básicas da sua existência: as necessidades biológicas; as necessidades de interação social coordenada; e as necessidades de sobrevivência e de bem-estar dos grupos. Os valores representam, portanto, objetivos gerais que visam satisfazer necessidades humanas básicas, sendo definidos pelo autor como metas desejáveis, transituacionais e de importância variável, que constituem princípios orientadores na vida dos indivíduos (Schwartz, 1992). Com base numa ampla pesquisa empírica envolvendo 210 amostras (64.271 pessoas) de 67 países localizados em todos os continentes habitados, Schwartz identificou 10 tipos de valores motivacionais capazes de caracterizar todo o espectro axiológico do ser humano. Estes valores motivacionais (VM) representam os fins que se pretende atingir com a adesão a determinados valores específicos (tais como, por exemplo, a liberdade, a audácia, o prazer, o sucesso, a riqueza, a ordem social, a obediência, a humildade, a lealdade ou a igualdade), os quais derivam de necessidades humanas básicas. Assim, Schwartz propõe uma abordagem dos valores a partir das motivações humanas que promovem a satisfação de necessidades. Os VM identificados por Schwartz são os seguintes:

- Autodeterminação (independência de pensamento e de ação)
- Estimulação (novidade e desafio na vida)
- Hedonismo (prazer individual associado essencialmente aos sentidos)
- Realização (êxito pessoal decorrente da demonstração de competência segundo padrões sociais)
- Poder (*status* social, domínio e controle sobre pessoas e recursos)
- Segurança (harmonia e estabilidade da sociedade, das relações e de si mesmo)
- Conformidade (contenção de ações e impulsos que possam prejudicar os outros ou violar normas sociais)
- Tradição (respeito, compromisso e aceitação dos costumes e ideias culturalmente estabelecidos)
- Benevolência (preservar e fortalecer o bem-estar dos que estão próximos nas interações cotidianas)

- Universalismo (compreensão, apreço, tolerância e proteção do bem-estar social e preservação da natureza)

Segundo a teoria, estes VM têm uma relação dinâmica entre si, podendo as ações que buscam alcançar um determinado valor e ser compatíveis ou conflitantes com a realização de outro valor. Esta relação permite dispor os 10 VM numa estrutura circular onde são visíveis as relações de complementaridade e de oposição entre os valores, tendo motivações subjacentes semelhantes aqueles que se situam mais próximos entre si e motivações mais antagônicas aqueles que estão mais distantes no círculo. A estrutura teórica da relação entre valores tem a configuração apresentada na figura 2, onde são ainda identificados quatro valores de ordem superior (VOS), ou seja, as grandes categorias axiológicas que agrupam os VM de cada um dos polos das duas dimensões bipolares de valores humanos.[3]

Figura 2: **Valores Motivacionais (VM) e Valores de Ordem Superior (VOS)**

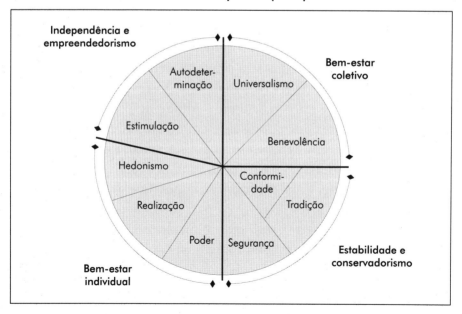

---

[3] As designações dos VOS foram modificadas em relação à proposta original de Schwartz para se adequarem aos objetivos e temática específica deste estudo.

O primeiro eixo — independência e empreendedorismo *versus* estabilidade e conservadorismo — ordena os valores em função da tendência pessoal para a independência de pensamento e abertura à mudança ou, pelo contrário, para a defesa da estabilidade e obediência a normas coletivas. O segundo eixo — bem-estar individual *versus* bem-estar coletivo — refere-se à realização de valores centrados no bem-estar e no desenvolvimento individual ou orientados para o bem-estar e a harmonia coletiva. O cruzamento desta estrutura de valores humanos com as exigências impostas aos gestores pelos três compromissos — econômico, legal e ético — subjacentes à RSE permite especular acerca da relação entre o sistema de valores pessoais e a atitude dos gestores perante a RSE.

O compromisso econômico refere-se à responsabilidade de satisfazer com eficácia e qualidade necessidades sociais de consumo, gerando com essa atividade lucros que permitam reforçar o investimento, desenvolver o negócio e recompensar financeiramente os acionistas. Este compromisso confunde-se com a própria razão de existência e condição de sobrevivência das empresas, constituindo uma prioridade natural dos esforços gerenciais dos dirigentes. No entanto, esta finalidade econômica pode ser alcançada sem o cumprimento de normas legais ou o respeito por princípios éticos socialmente justos. A negligência dos compromissos legal e ético reflete uma atitude de preocupação exclusiva com os interesses dos acionistas e com o crescimento econômico, desvalorizando outros interesses sociais. Esta postura gerencial parece compatível com valores pessoais centrados no bem-estar individual, do próprio dirigente, cuja consciência impõe que responda exclusivamente perante os investidores e os parceiros imediatos de negócio, cumprindo o fim único de gerar retorno financeiro. Neste caso, a valorização privilegiada do bem-estar individual confunde-se com a defesa única dos interesses econômicos da própria empresa. O compromisso ético das empresas, por seu lado, refere-se ao respeito pelo princípio geral de conduta segundo o qual, em cada ação, deve ser considerado o bem-estar de toda a humanidade. Assim, especula-se que os dirigentes que enfatizam valores centrados em si próprios — de bem-estar individual e de independência e empreendedorismo — tenderão a revelar uma orientação gerencial mais centrada no compromisso econômico, enquanto os dirigentes que definem os seus valores por referência aos outros — demonstrando uma preocupação maior com o bem-estar coletivo e defendendo a estabilidade e o conservadorismo — valorizarão preferencialmente, do ponto de vista gerencial, o compromisso ético com a sociedade. O compromisso ético exige uma conformidade com os desejos coletivos, uma vontade prática de alcançar a estabilidade e de preservá-la para todos. Por isso ele poderá ser favorecido por gestores com um sistema de valores mais conservadores. Isto sugere, por outro lado, que uma atitude gerencial empreendedora e aberta à mudança, no ambiente competitivo dos negócios, pode gerar resistências à integração plena na ação empresarial das preocupações sociais que fundamentam o compromisso ético.

No quadro 1 é resumida a fundamentação que justifica as relações entre valores motivacionais e responsabilidades sociais das empresas, fazendo referência apenas àquelas que se prevê serem as mais significativas.

Tal como sugerido, em síntese, a responsabilidade ética das empresas deverá ser significativamente mais valorizada por dirigentes cuja hierarquia axiológica reflita um sistema de valores centrado no bem alheio, o qual constitui a base de uma consciência moral altruísta. Por outro lado, a visão liberal clássica da preferência exclusiva pela responsabilidade econômica e desvalorização do compromisso ético será defendida por dirigentes que busquem prioritariamente a realização profissional e um estatuto de poder sobre pessoas e recursos, aliado à defesa da sua autonomia de decisão e ao desejo de novas experiências pessoalmente estimulantes, constituindo este o perfil da consciência moral egoísta.[4] A responsabilidade legal, por seu lado, será valorizada pelos dirigentes avessos ao risco, que defendam o respeito pela tradição e a conformidade com normas e convenções sociais.

---

[4] Durozoi e Roussel (2000:88), no seu *Dicionário de filosofia*, definem consciência moral como "a capacidade do espírito individual apreciar, em relação aos conceitos de Bem e de Mal, comportamentos, quer se trate dos seus ou dos de outrem".

Quadro 1: **Valores Motivacionais (VM) e Responsabilidade Social das Empresas (RSE)**

VM	Princípios de ação gerencial subjacentes	Responsabilidade social favorecida*
Universalismo	Existe uma obrigação coletiva de contribuir para o bem-estar social e para o desenvolvimento humano, reduzindo desigualdades e preservando a natureza.	**Responsabilidade ética** CRENÇA GERAL: Os interesses da empresa devem coincidir com os interesses da sociedade.
Benevolência	A empresa representa um espaço privilegiado de socialização e de desenvolvimento de quem depende diretamente da sua ação.	
Autodeterminação	A empresa não deve intervir na resolução de problemas sociais que estejam fora do seu campo de ação, sendo essa uma responsabilidade do Estado.	**Responsabilidade econômica** CRENÇA GERAL: Os interesses organizacionais devem sobrepor-se sempre aos interesses individuais.
Estimulação	A empresa deve investir na inovação e na superação das expectativas dos seus clientes, evitando toda a dispersão de recursos que iniba esse objetivo.	
Hedonismo	A única responsabilidade social da empresa é gerar lucro e satisfazer as legítimas expectativas dos acionistas.	
Realização	Todas as ações empresariais devem ter como objetivo a conquista de vantagens competitivas.	
Poder	A liderança do mercado deve ser o fim último que anima toda a estratégia empresarial.	
Segurança	A empresa cumpre as suas responsabilidades sociais quando paga impostos e cumpre a lei.	**Responsabilidade legal** CRENÇA GERAL: Os interesses da sociedade são realizados se a empresa cumprir a legislação.
Conformidade	A empresa deve ser um exemplo de integridade, cumprindo sem exceção todas as normas e regulamentos a que está sujeita.	
Tradição	Os fins não justificam os meios.	

* Responsabilidade positivamente influenciada por cada VM.

A orientação ética dos gestores

As empresas são organizações de indivíduos que, apesar dos interesses próprios, articulam esforços em função de um interesse econômico comum que assegura a satisfação de necessidades sociais e a sobrevivência da organização. Neste sentido, a empresa é uma organização social e a atividade empresarial deve ser entendida como uma atividade comunitária, integrada na sociedade e dependente dos seus objetivos e necessidades. Os indivíduos estão integrados em empresas, mas tanto as empresas quanto os indivíduos fazem parte da uma comunidade mais alargada. Por isto, a atividade empresarial não é amoral. A avaliação ética dos seus atos deve sujeitar-se a critérios idênticos aos que são aplicáveis à vida social em geral, não podendo basear-se unicamente nos seus códigos ou tradições particulares (Solomon, 1992). A filosofia moral tem, portanto, um papel fundamental na justificação da prática empresarial, fornecendo critérios de avaliação que transportam para o contexto dos negócios a exigência de uma reflexão ética compatível com aquela que governa igualmente a vida em sociedade.

Neste caso, a orientação ética dos gestores pode ser analisada com base na forma como eles consideram, nas suas escolhas gerenciais, os critérios éticos fornecidos por algumas das doutrinas mais influentes no campo da filosofia moral aplicada à administração de empresas. Para este efeito, propõe-se o estudo de quatro correntes de pensamento: o consequencialismo (com as suas variantes "utilitarismo" e "egoísmo ético"), o "absolutismo" e o "igualitarismo". O consequencialismo estabelece que o valor moral de um ato é determinado pelos efeitos que produz, remetendo a avaliação ética da prática empresarial para a análise das suas consequências. Aqui, distingue-se o utilitarismo de John Stuart Mill (1806-1873) (que valoriza igualmente os efeitos produzidos em qualquer indivíduo, sem distinção entre o agente da decisão e o resto da humanidade) do egoísmo ético (que valoriza apenas os benefícios que revertam a favor do próprio agente da decisão). O absolutismo refere-se à doutrina moral baseada no pensamento de Immanuel Kant (1724-1804), segundo o qual uma ação terá valor moral se a intenção que a produz visa cumpri-la por dever, respeitando o imperativo que implica desejar que a máxima subjacente a essa ação se torne lei universal para todas as pessoas em todas as circunstâncias. Por fim, o igualitarismo baseia-se no pensamento de John Rawls (1921-2002) sobre os princípios de justiça distributiva e as formas de organização política e econômica mais justas. Uma vez que a RSE questiona o papel da empresa na sociedade e a sua articulação com as instituições básicas, esta abordagem mais contemporânea visa tentar compreender como a reflexão sobre a justiça social — um aspecto particular da ética — pode influenciar os princípios de RSE e as práticas empresariais que envolvam opções de natureza ética. O quadro 2 apresenta uma síntese dos critérios éticos propostos por cada uma das correntes de pensamento.

Quadro 2: **Correntes e critérios de pensamento ético**

Utilitarismo de John Stuart Mill	**Critério ético:** consequências de cada ação, em obediência ao princípio da maximização da utilidade, sem discriminação entre indivíduos.
Egoísmo ético	**Critério ético:** consequências de cada ação, em obediência ao princípio da maximização da utilidade para o próprio agente.
Absolutismo de Kant	**Critério ético:** racionalidade da ação, em obediência ao imperativo categórico que implica o desejo de que a máxima de cada ação se torne lei universal.
Igualitarismo de Rawls (Teoria da Justiça como equidade)	**Critério ético:** distribuição de benefícios e encargos deve respeitar os princípios de liberdade e igualdade; reforço da desigualdade social deve beneficiar os menos favorecidos.

O utilitarismo e a ética kantiana perante a RSE

Embora opostas no método e nos princípios de ação, estas duas abordagens éticas clássicas elegem a razão como fonte e veículo da moral, buscando definir os princípios que estabeleçam os critérios da ação correta. Apesar de alcançarem normas éticas distintas, ambas impõem que se encare a humanidade sem discriminação de valor entre indivíduos. O utilitarismo de Mill (2005) sugere que, em cada situação, se procure maximizar a utilidade total, considerando na equação da felicidade todos os indivíduos com o mesmo valor (incluindo o próprio agente da decisão). Kant (2005), por seu lado, defende que todos os seres humanos têm uma dignidade que os torna fins em si mesmos, rejeitando qualquer forma de manipulação instrumental dos seus desejos ou capacidades. Além disto, Kant estabelece ainda que uma ação só terá valor moral se o agente desejar que a máxima que a sustenta se torne lei universal. Estes princípios morais de Mill e de Kant implicam um exigente exercício de altruísmo que acrescente aos interesses pessoais uma preocupação igual com os interesses e o bem-estar alheios. Embora inalcançável em termos absolutos, este desafio altruísta, no plano dos princípios, tem méritos sociais indiscutíveis. Nele se encontra suporte para uma prática empresarial equidistante em relação aos interesses dos diversos *stakeholders* e baseada na avaliação permanente, na prevenção, na minimização e na correção dos impactos negativos da atividade produtiva no ambiente natural e social. Esta preocupação com os impactos da sua ação deve estar além do cumprimento da lei, constituindo um princípio ético central da RSE. O imperativo categórico de Kant impõe também a rejeição da indiferença perante o sofrimento alheio, na medida em que o dever de solidariedade é condição racional da própria sobrevivência. Também Mill defende a conduta solidária, ao considerar que a inteligência e a generosidade humanas permitem a quem presta auxílio aos outros sentir um prazer e uma satisfação pessoal de ordem superior. Neste sentido, parece ser recomendação comum de ambas as doutrinas que a atividade empresarial não se limite a gerar riqueza que beneficie exclusivamente os acionistas, eventualmente os empregados e, indiretamente, os consumidores. O dever moral de contribuir para a melhoria das condições de vida dos mais carentes parece ser obrigação de todos os agentes sociais, justificando as iniciativas filantrópicas empresariais e legitimando eticamente o sacrifício parcial ou temporário do lucro em função de um envolvimento ativo em projetos de solidariedade social. Tal como refere Kant, a indiferença perante a dor alheia é apenas concordância negativa, não positiva, com o princípio de que todos os seres humanos são fins em si mesmos. O esforço racional da concordância positiva com este princípio é um imperativo ético fundamental.

O igualitarismo perante a RSE

A teoria da justiça de Rawls, de inspiração contratualista, é apresentada pelo autor como uma alternativa às insuficiências dos princípios utilitaristas que influenciam a organização de uma parte significativa dos sistemas políticos e econômicos da atualidade. Embora os princípios de Rawls se destinem a orientar a organização política do Estado, constituindo um abuso teórico transportar para o contexto empresarial o seu pensamento sem adaptações, as teorias da justiça ajudam a compreender a RSE a partir de uma análise do papel da empresa na sociedade. Rawls (2001) propõe dois princípios concretos de justiça social distributiva que devem caracterizar uma sociedade bem ordenada e, portanto, justa. O primeiro defende a liberdade como bem essencial em relação ao qual não pode haver concessões, a não ser em benefício da própria liberdade. Deste princípio decorre a obrigação moral de as empresas evitarem, minimizarem e corrigirem todos os efeitos da sua ação que comprometam a liberdade alheia. Este princípio tem implicações amplas, obrigando, desde logo, a um controle rigoroso do impacto ambiental das atividades produtivas e ao desenvolvimento de uma relação transparente com o mercado e com os parceiros econômicos. O segundo princípio estabelece as condições da desigualdade social e econômica. De acordo com a sua fundamentação, o reforço da desigualdade só deve ser permitido quando favoreça os mais carecentes. Assim, no meio empresarial, o aumento do retorno financeiro e do patrimônio da empresa deve implicar, simultaneamente, a melhoria das perspectivas dos seus trabalhadores em termos de planos de carreira, programas de treinamento e expectativas de aumento salarial. Decorre também do segundo princípio que a empresa tem obrigação moral de implementar processos de recrutamento e seleção que promovam a desejável igualdade de oportunidades. Estes princípios parecem alinhados com os requisitos impostos à prática empresarial pela RSE, a qual pressupõe uma economia de mercado sustentada por um modelo capitalista que privilegia a iniciativa privada e defende a liberdade e a autonomia dos agentes como valores essenciais.

Na análise efetuada, encontram-se mais convergências do que desacertos nas recomendações de cada uma das teorias éticas sobre os princípios gerais da RSE. Os diversos ângulos de análise conferem fundamento ético e racional à mudança de paradigma sugerida por um quadro abrangente de responsabilidades das empresas perante a sociedade. Aparentemente, apenas a corrente consequencialista do egoísmo ético parece apoiar a visão liberal que restringe a RSE à sua dimensão econômica. Alinhada com os princípios básicos de um sistema capitalista tradicional, esta corrente de pensamento valoriza a busca do interesse próprio como fonte de progresso coletivo, legitimando moralmente apenas as ações empresariais que prossigam os interesses econômicos da organização. A atitude de um gestor perante a RSE pode, assim, tal como no caso do seu sistema de valores pessoais, ser também influenciada pela sua orientação ética dominante, ou seja, pelo critério que adota para atribuir valor moral aos atos praticados.

Hipóteses de pesquisa

O objetivo deste trabalho é estudar como o sistema de valores humanos e a orientação ética dos dirigentes empresariais influenciam o seu grau de compromisso social, ou seja, a sua atitude perante a RSE. Dado que os valores influenciam as atitudes individuais perante os diversos fenômenos da vida social e que as atitudes determinam o comportamento, ao analisar o caso do dirigente empresarial, propõe-se nesta pesquisa explicar a formação da atitude individual como antecedente do desempenho organizacional (pressupondo o impacto significativo que o comportamento e as decisões do dirigente terão no desempenho da organização).[5] Graficamente, o modelo teórico de pesquisa e as hipóteses subjacentes são apresentados na figura 3.

Com base no objetivo de pesquisa declarado e no referencial teórico relevante, a hipótese teórica central deste estudo tem a seguinte formulação: a atitude gerencial que favorece o melhor equilíbrio entre os compromissos sociais das empresas é justificada por um desejo universalista de igualdade e influenciada por um sistema de valores pessoais centrado nos outros, por oposição a valores centrados em si próprio.

Por um lado, o desejo universalista de igualdade traduz a prevalência de uma orientação ética gerencial fundada em princípios de justiça social, baseados num universalismo ético que considera, em cada circunstância, os interesses, desejos, necessidades e bem-estar de todas as partes envolvi-

---

[5] Este desempenho organizacional não será objeto de estudo, mas representa uma projeção comportamental da atitude declarada do dirigente que justifica a relevância prática da pesquisa. Assim, este estudo baseia-se nos pressupostos de que a formação de valores precede a formação de atitudes, a atitude é um indicador do comportamento, o gestor empresarial exerce uma influência significativa nas políticas e práticas da organização que dirige e transporta para a sua prática cotidiana as crenças que tem em relação a quais devem ser as práticas de todas as empresas.

das, sem discriminação entre o agente e o resto da humanidade. Por outro lado, um sistema de valores centrado nos outros caracteriza os indivíduos que valorizam o bem-estar social geral e que integram nas suas escolhas práticas a obediência a normas sociais e o respeito por padrões comportamentais coletivos. Estes valores são preferidos por oposição ao desejo de poder, de realização pessoal e de busca de novas experiências estimulantes baseadas num desejo prático de mudança.

Figura 3: **Modelo de atitude individual perante a responsabilidade social**

```
┌─────────────────────────────────────────────────────────────────────┐
│  ┌─────────────────────────────┐                                    │
│  │ Valores humanos             │                                    │
│  │ Bem-estar coletivo          │                                    │
│  │ Estabilidade e conservadorismo │                                 │
│  │ Bem-estar individual        │    HB1 (a, b, c, d)                │
│  │ Independência e             │                                    │
│  │ empreendedorismo            │                                    │
│  └─────────────────────────────┘        ┌──────────────────┐        │
│                                         │ Atitude perante a │  ┌─────────────┐
│                                         │ Responsabilidade Social│──▶│ Desempenho  │
│                                         │ das Empresas      │  │ social      │
│  ┌─────────────────────────────┐        └──────────────────┘  │ organizacional│
│  │ Orientação ética            │                               └─────────────┘
│  │ Utilitarismo                │                                    │
│  │ Absolutismo                 │    HB2 (a, b, c, d)                │
│  │ Igualitarismo               │                                    │
│  │ Egoísmo                     │                                    │
│  └─────────────────────────────┘                                    │
└─────────────────────────────────────────────────────────────────────┘
```

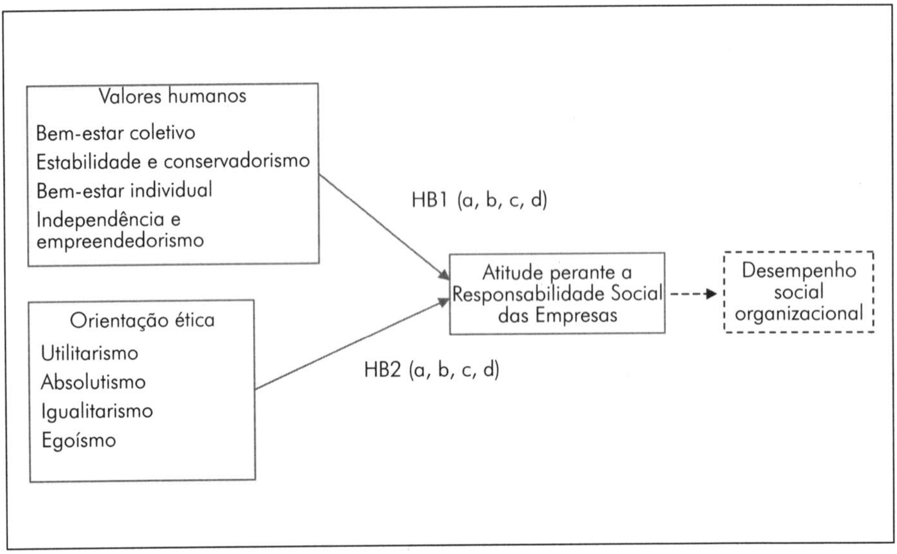

Desta forma, a hipótese teórica baseia-se na crença de que a integração de princípios de responsabilidade social nas políticas e práticas das empresas não resulta apenas de uma busca de legitimação da ação empresarial ou do cumprimento de estratégias corporativas de sobrevivência e de crescimento econômico, mas também é, devido à sua natureza fundamentalmente ética, influenciada pelo sistema de valores pessoais e a consciência moral dos dirigentes, independentemente do contexto onde eles atuam ou do objeto perante o qual efetuam um julgamento. Por estes motivos se sustenta que um gestor com uma consciência ética universalista tenderá a desenvolver uma atitude gerencial que favorece um comportamento empresarial mais ajustado às exigências dos compromissos econômico, legal e ético que obrigam as empresas perante a sociedade.

Tal como evidenciado na figura 3, a hipótese teórica desdobra-se em oito hipóteses básicas (HB) de pesquisa que em seguida se apresentam e justificam.

HB 1a
Os valores pessoais centrados no bem-estar coletivo influenciam positivamente uma atitude gerencial que favoreça o equilíbrio entre os compromissos sociais da empresa.

O exercício pleno da RSE impõe aos responsáveis organizacionais um esforço permanente de compromisso entre a satisfação de múltiplos interesses frequentemente divergentes. Ao compromisso econômico — que assume prioridade natural no critério de decisão gerencial — acrescentam-se compromissos legais e éticos, os quais obrigam à consideração de interesses externos ao perímetro restrito do negócio propriamente dito. Por isso, um sistema de valores centrado nos outros, evidenciando uma preocupação com o bem-estar coletivo, deverá favorecer uma gestão socialmente responsável, dado significar o mesmo esforço moral de integração de interesses alheios em decisões que afetam o interesse próprio.

HB 1b
Os valores pessoais centrados na estabilidade e no conservadorismo influenciam positivamente uma atitude gerencial que favoreça o equilíbrio entre os compromissos sociais da empresa.

O cumprimento da lei, o respeito por valores socialmente transmitidos e a prevenção de danos sociais ou ambientais decorrentes da atividade empresarial constituem eixos essenciais dos compromissos legal e ético subjacentes à RSE. Um sistema pessoal de valores que defenda a conformidade com os desejos coletivos deve, portanto, constituir um estímulo significativo ao desenvolvimento de uma atitude gerencial conservadora, que busca a estabilidade geral, capaz de subjugar o interesse próprio ao superior interesse de todos, favorecendo desta forma uma aproximação das práticas empresariais aos princípios vinculadores da RSE.

HB 1c
Os valores pessoais centrados no bem-estar individual influenciam negativamente uma atitude gerencial que favoreça o equilíbrio entre os compromissos sociais da empresa.

A natureza específica da atividade empresarial e a exigência de prestação de contas perante os investidores favorece que seja eleita como prioridade natural da ação gerencial a busca de crescimento econômico e de sustentabilidade financeira do negócio. Assim, a atenção ao compromisso econômico inerente à RSE parece naturalmente assegurada pelo quadro habitual de atribuições da função gerencial num sistema capitalista tradicional. A RSE representa uma pressão adicional principalmente nos casos do compromisso legal e, sobretudo, do compromisso ético, os quais implicam uma escolha menos natural e integradora de interesses alheios frequentemente conflitantes com a finalidade econômica. Um sistema de valores centrado no êxito pessoal e na progressão social do próprio agente deverá, por isso, contribuir para perpetuar uma atitude gerencial que desvaloriza as responsabilidades sociais que comprometam os interesses dos acionistas e o crescimento da empresa, desfavorecendo o cumprimento equilibrado dos múltiplos compromissos subjacentes à RSE.

HB 1d
Os valores pessoais centrados na independência de pensamento e de ação influenciam negativamente uma atitude gerencial que favoreça o equilíbrio entre os compromissos sociais da empresa.

Num ambiente de negócios competitivo à escala global, as pressões para a inovação e para a adaptabilidade organizacional impõem-se como fatores decisivos de sobrevivência, reforçando a centralidade do compromisso econômico das empresas. O exigente equilíbrio de responsabilidades sugerido pela RSE requer uma atenção continuada aos impactos da ação empresarial, impondo, simultaneamente, uma ponderação e uma amplitude de finalidades que contrariam o desejo acelerado de mudança e a pressa do lucro sustentado. Por isso, um sistema de valores centrado na busca de novas experiências e na independência de ação, remetendo para um critério de decisão puramente individual, embora sintonizado com as tradicionais competências esperadas de um gestor, pode constituir um bloqueio à consolidação de uma atitude mais disponível à integração de preocupações sociais e ambientais nas práticas empresariais.

HB 2a
Uma orientação ética fundada em critérios de natureza utilitarista influencia positivamente uma atitude gerencial que favoreça o equilíbrio entre os compromissos sociais da empresa.

A ética utilitarista baseia a avaliação da moralidade da ação humana na análise das suas consequências, adotando como critério a maximização da utilidade para todas as partes afetadas pela decisão. Esta avaliação consequencialista dos atos é muito comum no ambiente empresarial, acrescentando neste caso um exigente critério universalista que implica a consideração dos interesses da sociedade em todas as decisões gerenciais. Por isso, no caso da RSE, uma orientação utilitarista justifica as ações socialmente responsáveis com base nos benefícios totais que possam gerar para a empresa e para a sociedade, constituindo um estímulo ao desenvolvimento de uma atitude favorável à integração de compromissos legais e éticos nas práticas administrativas.

HB 2b
Uma orientação ética fundada em critérios deontológicos absolutistas influencia positivamente uma atitude gerencial que favoreça o equilíbrio entre os compromissos sociais da empresa.

A doutrina absolutista inspirada na ética kantiana defende o valor moral das ações com base em critérios puramente racionais, absolutos, não dependentes dos seus efeitos ou de circunstâncias atenuantes. O valor moral de um ato depende apenas da sua obediência ao dever que o justifica sem restrições. Neste caso, o absolutismo pode justificar a RSE com base numa concepção particular da organização social do mundo segundo a qual as empresas são entidades intrinsecamente sociais, que devem servir os cidadãos e cuja função principal consiste em contribuir ativamente para o bem-estar social. Uma orientação ética baseada nesta obrigação moral das empresas pode também, por isso, contribuir para uma atitude gerencial alinhada com os critérios sociais, ambientais e legais que sustentam a RSE.

HB 2c
Uma orientação ética fundada em princípios de justiça distributiva influencia positivamente uma atitude gerencial que favoreça o equilíbrio entre os compromissos sociais da empresa.

Os princípios de justiça distributiva visam estabelecer critérios para a adequada repartição de encargos e de benefícios entre os agentes sociais. No caso estudado, a teoria da justiça de Rawls estabelece a liberdade individual como critério supremo de um sistema social justo, sendo apenas limitada quando ela própria comprometa outras liberdades. Também segundo a mesma teoria, a desigualdade social e econômica deve ser combatida, em nome dessa liberdade, e apenas é aceitável o seu reforço quando beneficie os mais carenciados. No contexto empresarial, estes critérios sugerem que se atribua atenção especial aos impactos da ação empresarial nas liberdades individuais e à sua contribuição para a diminuição de desigualdades que perpetuem um sistema social injusto e, portanto, inadequado. Por isso, uma orientação ética igualitária, fundada num desejo de redução de desigualdades sociais, parece especialmente adequada às exigências de uma prática empresarial socialmente responsável, gerando uma atitude favorável à RSE, que busque satisfazer necessidades sociais alargadas, assumindo-se a empresa como agente de bem-estar coletivo, além de entidade eminentemente econômica.

HB 2d
Uma orientação ética fundada em princípios egoístas influencia negativamente uma atitude gerencial que favoreça o equilíbrio entre os compromissos sociais da empresa.

Ao contrário das restantes orientações éticas, o egoísmo, enquanto variante do consequencialismo, atribui valor moral aos atos que busquem exclusivamente o benefício do próprio agente de decisão. Neste caso, embora constitua uma corrente aparentemente transgressora da finalidade altruísta que habitualmente caracteriza as doutrinas éticas, ela baseia a sua argumentação na crença de que os agentes racionais têm interesse no bem-estar alheio, mesmo do ponto de vista do seu próprio bem-estar. Por isso, o interesse próprio é o critério de decisão mais adequado à natureza humana, gerando simultaneamente o progresso coletivo. Ora, a RSE impõe uma visão universalista incompatível com esta concepção ética autocentrada, que limita a responsabilidade social ao compromisso econômico, excluindo a dimensão legal e, fundamentalmente, ética. Por isso, os princípios egoístas deverão condicionar negativamente uma atitude gerencial favorável ao pleno exercício da RSE.

Metodologia

Para testar as hipóteses e realizar o estudo empírico, foram selecionadas 16 turmas de MBA e Mestrado Executivo de escolas e universidades do Rio de Janeiro e de São Paulo, segundo o critério de acessibilidade, e repartidas igualmente pelas duas cidades. A coleta de dados foi efetuada por meio de um questionário estruturado de resposta fechada, aplicado presencialmente em papel. Para assegurar que a amostra final incluía apenas gestores com relevante experiência empresarial, e atendendo ao fator cultural subjacente às variáveis em estudo, foram apenas considerados os questionários integralmente preenchidos por gestores com nacionalidade brasileira que trabalhem em empresa privada com fins lucrativos e que tenham pelo menos três anos de experiência profissional (para garantir um conhecimento mínimo do mercado e das implicações econômicas e sociais das decisões empresariais). Assim, a amostra final é constituída por 252 gestores que cumpriam estas condições preestabelecidas.

Análise e discussão dos resultados da pesquisa

A atitude perante a RSE, o sistema de valores e a orientação ética dos gestores

Embora tendo como principal objetivo estudar a influência do sistema de valores humanos e da orientação ética dos gestores na sua atitude diante da RSE, o inquérito realizado aos gestores brasileiros permite também analisar isoladamente cada uma destas dimensões do seu pensamento. No quadro 3 são resumidos os resultados mais relevantes sobre cada uma delas.

Quadro 3: **A atitude perante a RSE, o sistema de valores e a orientação ética dos gestores**

Atitude perante a RSE
• Na comparação entre os compromissos sociais, os gestores valorizam mais a REC do que a RLE e esta mais do que a RET.
• A REC é valorizada por oposição à RLE e à RET, significando que o favorecimento gerencial da RLE ou da RET implica o sacrifício da REC.
• À medida que envelhecem e que amadurecem profissionalmente, os gestores tendem a valorizar mais a RLE em detrimento da REC.
• Os homens valorizam mais a RLE do que as mulheres, e as mulheres valorizam mais a RET do que os homens.

Sistema de valores humanos
• Na amostra, os valores benevolência e hedonismo representam objetivos compatíveis, constituindo as prioridades motivacionais dos gestores.
• O valor segurança opõe-se aos valores realização e poder.
• As mulheres valorizam mais o bem-estar coletivo do que os homens.
• À medida que envelhecem e que amadurecem profissionalmente, os gestores tendem a valorizar mais a estabilidade e o conservadorismo em detrimento da independência e do empreendedorismo.
• Os gestores do Rio de Janeiro valorizam mais a estabilidade e o conservadorismo do que os gestores de São Paulo, os quais preferem valores de independência e empreendedorismo.

Continua

Orientação ética
▶ A principal filiação ética dos gestores é utilitarista, seguida da orientação absolutista, egoísta e, finalmente, igualitária.
▶ Os homens são mais utilitaristas do que as mulheres, e as mulheres são mais absolutistas do que os homens.
▶ Os gestores do Rio de Janeiro têm uma orientação ética mais igualitária do que os gestores de São Paulo, os quais apresentam uma orientação comparativamente mais egoísta.

REC: Responsabilidade econômica; RLE: Responsabilidade legal; RET: Responsabilidade ética

Quanto à atitude perante a RSE, os resultados confirmaram, tal como esperado, que os gestores atribuem prioridade ao compromisso econômico, atendendo em primeiro lugar aos interesses dos acionistas, perante quem respondem diretamente. A responsabilidade econômica constitui condição de existência e de sobrevivência da empresa e é, com frequência, o critério principal de avaliação do seu desempenho, justificando por isso este resultado. Também como previsto, a valorização dos compromissos legal e ético das empresas implica o sacrifício do compromisso econômico, confirmando o antagonismo clássico entre o interesse de acumulação capitalista e as exigências sociais incluídas na responsabilidade legal e na responsabilidade ética. Com o envelhecimento e o aumento de experiência profissional, a tolerância dos gestores ao risco parece diminuir, desenvolvendo uma postura mais legalista, disponível para abdicar do compromisso econômico em nome do cumprimento da lei. Também entre gêneros os homens parecem ter uma atitude mais legalista, enquanto as mulheres se aproximam de uma atitude favorável ao pleno exercício da RSE, valorizando o vínculo ético das empresas perante a sociedade.

Quanto ao sistema de valores humanos, os gestores priorizam a preocupação com o bem-estar de quem os rodeia e a busca de prazer pessoal, revelando uma inesperada compatibilidade motivacional, talvez explicada pela especificidade da função gerencial, a qual faz depender o êxito pessoal do comprometimento coletivo e do sucesso de equipa. A realização profissional e a preservação do poder, por seu lado, são conseguidas com o sacrifício da segurança e da estabilidade pessoal, sendo este um reflexo do ambiente competitivo e da exigência inovadora do mundo empresarial.

Também aqui, à medida que envelhecem, consistentemente com os resultados anteriores, os gestores parecem substituir o impulso empreendedor e o desejo de mudança por valores mais conservadores, cumpridores de regras coletivas e respeitadores da tradição. No caso do gênero, confirma-se a maior predisposição das mulheres para o exercício da RSE, revelando um sistema de valores mais solidário do que os homens. A cultura local parece também diferenciar os gestores, revelando-se mais conservadora no Rio de Janeiro e mais arrojada em São Paulo, o que pode ser o reflexo de uma cultura paulista mais competitiva e agressiva, contrariamente à cultura fluminense mais dependente de laços sociais e de vínculos comunitários.

Por fim, a orientação ética confirma a vocação utilitarista dos homens e a crença absolutista das mulheres no dever moral intrínseco à ação empresarial. Mais uma vez, a prevalência entre os gestores fluminenses, comparativamente com os gestores paulistas, de uma orientação igualitária, baseada em princípios de justiça distributiva visando a redução de desigualdades sociais, confirma a cultura mais solidária do Rio de Janeiro, por oposição à cultura mais egoísta e centrada nos próprios interesses que parece caracterizar os gestores de São Paulo. Estes resultados confirmam que a filiação ética dos gestores é fortemente condicionada pelo quadro de referências socioculturais da região onde nasceram.

A influência dos valores e da ética na RSE

Na análise das oito hipóteses de pesquisa, os resultados confirmaram a validade das hipóteses HB1b e HB1c (relativas à influência do sistema de valores) e HB2c e HB2d (relativas à influência da orientação ética). A verificação empírica dos principais antagonismos previstos para a relação entre o sistema de valores, a orientação ética e a atitude perante a RSE permitiu assim validar a hipótese teórica central da pesquisa. A análise revelou, surpreendentemente, que as relações previstas entre variáveis são válidas apenas para o grupo de gestores com menos de 30 anos, não sendo aplicáveis aos gestores mais velhos, e que a influência da orientação ética apenas é válida no caso das mulheres. O quadro 4 apresenta uma síntese das relações confirmadas empiricamente.

Quadro 4: **A influência dos valores humanos e da orientação ética na atitude perante a RSE**

Índice de compromisso social dos gestores[6]
▸ O ICS é favorecido por um sistema de valores conservadores, respeitadores da tradição, que prefere a obediência a normas e a convenções à exposição a novas experiências e desafios.
▸ O ICS é desfavorecido por um sistema de valores centrados no bem-estar individual, orientados para a conquista de poder sobre pessoas e sobre recursos e para a realização profissional.
▸ O ICS é favorecido por uma orientação ética igualitária, que justifica o compromisso ético das empresas com base na sua contribuição para a diminuição de desigualdades sociais.
▸ O ICS é desfavorecido por uma orientação ética egoísta, que apenas considera os interesses da empresa como critério válido para justificar as ações empresariais que respondem ao seu compromisso ético com a sociedade.
Responsabilidades econômica, legal e ética
▸ A REC é inibida por valores conservadores e centrados no bem-estar coletivo, assim como por uma orientação ética com preocupações igualitárias.
▸ A RLE é inibida por valores de independência e de mudança que busquem inovação e novas experiências, sendo estimulada por um sistema de valores conservadores, defensor do cumprimento de normas e de códigos socialmente impostos.
▸ A RET é inibida, apenas nas mulheres, por valores centrados no bem-estar próprio, sendo favorecida, também apenas nas mulheres, por uma orientação igualitária no exercício da RSE.

Os resultados parecem confirmar o alinhamento previsto entre a ética individual e os princípios gerenciais que regulam a atividade empresarial. Segundo os dados, um gestor centrado na sua realização profissional e na sua satisfação pessoal tenderá a valorizar mais os interesses dos acionistas, atendendo os interesses mais alargados da comunidade apenas na medida em que isso reverta a favor da empresa. Neste caso, o egoísmo pessoal favorece uma estratégia clássica de "egoísmo organizacional". Já a disponibilidade para aceitar e assumir compromissos empresariais de natureza ética é maior em gestores com uma filosofia pessoal mais altruísta, mais centrada nos desejos coletivos, mais sensível à injustiça das desigualdades, sen-

---

[6] Para facilitar a análise dos resultados, foi construído a partir dos dados o índice de compromisso social dos gestores (ICS), um indicador quantitativo do seu grau de comprometimento social, ou seja, um indicador de quão próxima a atitude perante a RSE de cada gestor está do cumprimento equilibrado dos compromissos econômico, legal e ético que vinculam as empresas à sociedade. Assim, quanto mais elevado for o ICS de um gestor, maior é a sua predisposição para um comportamento gerencial socialmente responsável, i.e., maior é a sua disponibilidade para integrar nas suas escolhas gerenciais a preocupação pelo cumprimento simultâneo das responsabilidades econômicas, legais e éticas que constituem a RSE.

do esta uma característica feminina também empiricamente comprovada. Aqui, o altruísmo e a crença no papel distributivo da empresa favorecem o alargamento dos seus vínculos sociais.

Desta forma, os dados corroboram o efeito contrário sobre a RSE provocado pelo antagonismo entre as concepções autocentradas e heterocentradas das relações humanas. Os princípios gerais que fundamentam e justificam o amplo conceito da RSE parecem basear-se num sistema axiológico centrado na vontade coletiva e numa orientação ética que visa o igualitarismo. Em ambos os casos, a RSE encontra-se alinhada com uma concepção universalista do mundo, que integra os interesses alheios nas decisões individuais, sobrepondo a harmonia coletiva ao benefício privado enquanto critério de ação e de decisão.

Com base nos resultados do estudo, apresenta-se na figura 4 o modelo dos determinantes axiológicos e éticos do compromisso social dos gestores, no qual se resumem os principais achados da pesquisa de campo. As variáveis são renomeadas para designar especificamente o que representam, sendo incluído o moderador "gênero", tal como identificado no estudo empírico.

Figura 4: **Modelo dos determinantes axiológicos e éticos do compromisso social dos gestores**

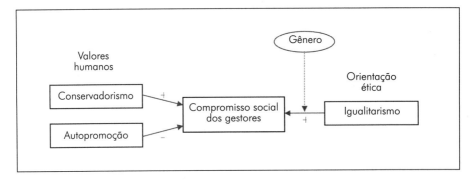

Este modelo define os determinantes do comprometimento dos gestores com a RSE e delimita a teoria original com base nos resultados principais, simplificando os termos de cada variável de forma a ajustá-los ao seu significado mais preciso.[7] De acordo com o modelo, um sistema de valores conservador e uma ética igualitária influenciam positivamente o comprometimento gerencial, o qual é inibido por valores que visem a autopromoção e o bem-estar individual. Tal como já foi referido, este modelo é, no entanto, apenas válido para gestores com menos de 30 anos. Além disso, também parece especialmente adequado para explicar a atitude das mulheres perante a RSE, dado apenas no seu caso se verificar uma influência significativa da orientação ética. Os homens parecem ser mais sensíveis a fatores contextuais, recorrendo menos às crenças e à ética pessoal para tomar decisões gerenciais com implicações na RSE.

Conclui-se, por fim, que os valores conservadores, avessos à mudança, e a orientação gerencial igualitária, que busca a diminuição de desigualdades sociais, são os alicerces do sistema filosófico pessoal que favorece o desenvolvimento de uma atitude gerencial socialmente responsável promotora de boas práticas empresariais, alinhadas com os princípios básicos da RSE. Em síntese, os resultados mostram que, de um ponto de vista agregado, no quadro de um sistema capitalista altamente competitivo à escala global, o pleno exercício da RSE poderá ser, essencialmente, uma manifestação de altruísmo.

Os motores da RSE no Brasil

O conservadorismo

Um dos resultados mais significativos deste estudo refere-se à influência positiva do valor pessoal "conservadorismo" no grau de compromisso social dos gestores, ou seja, o favorecimento, por um sistema de valores conservador, do comprometimento gerencial com os princípios da RSE. O conservadorismo, nesta pesquisa, representa uma preferência axiológica contrária ao desejo de independência e de mudança, ou seja, caracteriza uma preferência

---

[7] O valor de ordem superior "estabilidade e conservadorismo" é identificado genericamente como conservadorismo e o valor de ordem superior "bem-estar individual" adota a designação original de Schwartz autopromoção, por se referir especificamente ao objetivo inerente aos Valores Motivacionais que o constituem, clarificando assim o seu significado.

pela estabilidade, alcançada por meio da acomodação das condutas individuais a normas sociais, do respeito pela tradição e da preservação da segurança coletiva em face de perturbações que a comprometam. Trata-se de valores centrados na vontade coletiva, por oposição à autonomia individual.

A RSE, por definição, vincula as empresas à obrigação de atenderem múltiplos interesses, compatibilizando benefícios privados com o bem comum. É, portanto, compreensível que a valorização da estabilidade social e do cumprimento de normas coletivas favoreça uma atitude gerencial que atenda não apenas os interesses imediatos dos acionistas ou dos membros da organização, mas inclua igualmente nas decisões de gestão os interesses mais vastos da sociedade. No caso particular desta amostra, constituída por gestores brasileiros, a explicação deste resultado pode ter raízes ainda mais profundas, culturalmente determinadas.

O personalismo e a cordialidade típicos do povo brasileiro conferem-lhe uma propensão especial para aderirem a valores opostos ao conservadorismo, preferindo a independência de pensamento, a autonomia emocional e a liberdade de escolha dos vínculos pessoais. Este quadro de preferências axiológicas favorece um tipo de individualismo que responsabiliza cada pessoa pelo seu próprio destino e que, no plano organizacional, concebe a empresa como entidade que responde exclusivamente a interesses privados, afastando-se da concepção integradora de responsabilidades que a RSE inspira. Por isso, no Brasil, a sensibilidade a valores práticos conservadores torna-se um fator crítico para explicar a adesão pessoal aos fins altruístas da RSE, que forçam a um universalismo que é estranho à vocação relacional do seu povo. Ou seja, tal como sugerem os resultados empíricos, é o reforço excepcional dos valores conservadores, contrários à natureza informal do povo, que maior impacto deve ter na adesão ao exigente compromisso, também ele excepcional, subjacente à RSE.

Embora o Brasil seja caracterizado por uma sociedade com traços marcadamente coletivistas (Hofstede, 1991) — onde as crianças crescem em estruturas familiares alargadas, a identidade pessoal é baseada no grupo social a que se pertence, a relação pessoal prevalece sobre a tarefa e o particularismo do tratamento diferenciado com base nas distâncias afetivas sobrepõe-se ao universalismo do tratamento igualitário imune à discriminação subjetiva —, algumas particularidades da sua psicologia coletiva sugerem que se trata de uma cultura coletivista atípica, com ambiguidades próprias da sua história e da sua herança colonial. Entre as características mais relevantes da sua cultura que justificam a prevalência de valores opostos ao conservadorismo entre os brasileiros, destacam-se o espírito aventureiro que lhe deu origem, o personalismo nas relações sociais e a cordialidade nas relações humanas.

Sérgio Buarque de Holanda, através de uma análise crítica do processo de formação e desenvolvimento da sociedade brasileira, resgatando os seus antecedentes históricos, caracteriza os principais traços da sua cultura, articulando as várias faces de um povo "cordial", avesso à formalidade, que não gosta de distâncias porque não suporta viver sozinho, que mantém sob reserva absoluta o espaço privado o qual sobrepõe ao espaço público, que se entrega a paixões sem medida mas rejeita soluções violentas, que enaltece a norma legal tanto quanto a ignora, que promete mudar o mundo dos outros mas raramente consegue mudar o seu (Holanda, 2003). Os traços deste "homem cordial" são compatíveis com a defesa intransigente da individualidade, da independência de ação e da busca de novos estímulos que assegurem a permanente renovação da aventura que pode ser a vida coletiva. Por isso a exceção a este perfil "cordial" será o conservadorismo e a defesa da estabilidade. E quanto mais estes valores minoritários se manifestarem na consciência individual, maior será a predisposição para agir em conformidade com a vontade coletiva. Sendo este um requisito essencial da RSE, assim se justifica que, no caso brasileiro, o conservadorismo se apresente como valor crítico que favorece a adesão dos gestores à inovadora filosofia gerencial baseada nos compromissos que sustentam as práticas empresariais socialmente responsáveis. Resta saber se esta influência positiva dos valores conservadores na RSE é culturalmente determinada ou se, como previsto teoricamente, se aplica a qualquer ambiente de negócios, em qualquer contexto empresarial.

A justiça distributiva

No caso da orientação ética dos gestores, os resultados revelaram que são os princípios de justiça distributiva os mais determinantes da sua atitude perante a RSE. Embora exclusivo da subamostra feminina e limitado ao grupo de gestores com menos de 30 anos, este resultado sugere que o igualitarismo, enquanto doutrina ética centrada na justiça social e inspirada pelo absolutismo kantiano, está efetivamente na base dos princípios integradores de compromissos sociais subjacentes à RSE. A justiça distributiva refere-se aos critérios de atribuição de direitos e de deveres, de distribuição de benefícios e de encargos nas instituições básicas da sociedade. Nesta pesquisa a justiça foi abordada a partir do papel que as empresas, enquanto agentes sociais relevantes, podem desempenhar na justa distribuição de recursos, contribuindo para a minimização de desigualdades sociais.

As tensões originais que em meados do século XX promoveram o alargamento da discussão acerca das responsabilidades que vinculam as empresas à sociedade baseavam-se precisamente no significativo aumento de desigualdades provocado pelo extraordinário enriquecimento monopolista de alguns setores da economia norte-americana. É como reação a este desequilíbrio entre a riqueza das grandes corporações privadas e a pobreza da população que as sustenta e alimenta que surgiu o movimento da RSE, reivindicando um papel ativo das empresas na promoção do bem-estar social e buscando, desta forma, uma nova legitimação para o sistema capitalista dominante nas sociedades ocidentais. Por isso se compreende que a crença pessoal dos gestores acerca do papel das empresas como agentes indutores ou inibidores de desigualdades seja determinante da sua atitude perante os múltiplos compromissos sociais destas organizações. A sensibilidade gerencial a este critério ético destaca-se entre as restantes correntes estudadas, sugerindo que os gestores estarão mais disponíveis para assumir as responsabilidades inerentes à RSE quanto maior for a sua convicção acerca da obrigação que vincula as empresas à intervenção social no sentido de reduzir desigualdades e promover uma distribuição de recursos mais adequada aos princípios gerais da justiça distributiva.

O favorecimento da RSE promovido por uma orientação igualitária dos gestores pode, no entanto, ser explicado também pelas circunstâncias sociais e políticas do contexto brasileiro. Em países em vias de desenvolvimento, tal como o Brasil, o papel das empresas socialmente responsáveis pode ser decisivo para o desenvolvimento social e econômico da região.

A reconhecida incapacidade de alguns Estados para se ocuparem dos amplos e complexos problemas de ordem social que aprofundam injustiças e agravam desequilíbrios coloca uma pressão adicional sobre o setor privado, exigindo deste uma intervenção social ativa perante a insuficiente resposta do setor público. As populações destes países e, em particular, do Brasil, têm, assim, uma expectativa concreta em relação às empresas, esperando que estas forneçam às comunidades carentes os meios e as oportunidades que permitam melhorar as suas condições de vida. Peinado-Vara (2006) refere, a este propósito, que as contribuições empresariais para o desenvolvimento social só serão eficazes no longo prazo se combinarem o lucro com a melhoria das condições de vida dos mais pobres, sem a qual não é possível manter a sustentabilidade financeira da atividade. Peinado-Vara (2006:67) esclarece a sua posição nos seguintes termos:

> As empresas precisam desenvolver relações sustentáveis com consumidores de baixa renda, com organizações sociais e com governos locais, a fim de cumprir o seu compromisso com a responsabilidade social. É fundamental compreender a complexidade destas redes, assim como as necessidades e as preocupações reais deste setor da população. Assim que esta confiança seja alcançada, emergirão canais de comunicação em ambos os sentidos, facilitando a identificação e a satisfação de novas necessidades, gerando, ao mesmo tempo, benefícios para a empresa.

Esta compatibilidade entre resultado econômico e benefício social define com clareza o sentido da RSE enquanto filosofia de gestão que busca a sobrevivência da empresa através do lucro, adotando estratégias com claros ganhos sociais. No Brasil, esta exigência tem razões endêmicas e a disponibilidade para assumir este papel distributivo das empresas torna-se essencial para o desenvolvimento de uma atitude gerencial socialmente responsável.

A ética diferenciada dos gestores mais jovens

O resultado mais surpreendente e inesperado desta pesquisa refere-se ao aparente efeito moderador exercido pela idade dos gestores na forma como o seu sistema de valores e a sua orientação ética influenciam a sua atitude perante a RSE. Efetivamente, verificou-se que esta influência apenas se verifica no grupo de gestores com menos de 30 anos, sugerindo que existe uma diferenciação clara entre os determinantes da atitude gerencial dos dois grupos etários. Ao contrário do que acontece com os gestores mais jovens, a atitude perante a RSE dos gestores com mais de 30 anos parece indiferente ao seu sistema de valores e à sua filiação ética.

Uma explicação para este resultado pode decorrer do papel crescentemente estratégico que a RSE vem assumindo como instrumento de gestão e de política ativa de sustentabilidade empresarial. À medida que se consolidam o discurso e as exigências sociais em relação à atuação das empresas, a RSE torna-se um poderoso e indispensável elemento de legitimação dessa ação, podendo as práticas socialmente responsáveis constituir um meio decisivo de autopromoção e de diferenciação no mercado global. Neste cenário, é previsível que os gestores mais jovens, ainda menos conscientes das implicações estratégicas da RSE e menos expostos ao pensamento dominante no ambiente empresarial, recorram mais ao seu sistema de crenças pessoal para definir um posicionamento em relação às responsabilidades que vinculam as empresas perante a sociedade. Os gestores mais velhos, por seu lado, com mais experiência e com responsabilidades hierarquicamente superiores, tenderão a encarar a RSE como um instrumento de gestão e de resposta social sem implicações morais, substituindo os seus valores e a sua ética pessoal por um pensamento estratégico esclarecido.

Esta distinção acentuada entre os antecedentes da atitude gerencial perante a RSE pode ser, no entanto, também explicada pelas características e condição profissional próprias da geração de gestores mais jovens no Brasil. Thiry-Cherques (2004) oferece uma reflexão detalhada sobre o quadro de referência ética dos jovens executivos brasileiros com menos de 30 anos. O autor confirma que este grupo etário parece ser caracterizado por normas e princípios diversos dos que animam a classe dirigente mais velha. Por um lado, porque a geração mais nova, dada a sua inexperiência e juventude, ainda se encontra em processo de consolidação de valores e em busca de uma referência moral que oriente as suas decisões gerenciais no complexo mundo da economia e das empresas. Por outro lado, porque parece existir, atualmente, uma diferença real de preferências e de concepções de mundo que distingue os gestores mais jovens dos mais velhos. Com base num estudo de campo que incluiu a participação de mais de 2 mil executivos, Thiry-Cherques (2004:634) decompõe as respostas e as intenções subjacentes, concluindo que

> o quadro de referência moral que está sendo construído pela nova geração de executivos é fruto tanto das barreiras à socialização interpostas aos novatos quanto da percepção dos executivos mais jovens da precariedade e incoerência do mundo moral que aí está, na economia e nas organizações.

Segundo o autor, ao longo do processo de ascensão funcional, o jovem executivo cumpre um rito de passagem no qual interioriza os valores, os códigos morais e os modelos de conduta inerentes ao exercício do poder organizacional. Atualmente, no caso dos executivos brasileiros, este rito iniciático parece já não corresponder à transmissão de valores éticos, deixando os jovens executivos numa espécie de deriva moral, sem referências que os conduzam nesse percurso que os levará inevitavelmente a ocupar o lugar daqueles a quem eles não reconhecem qualquer tipo de superioridade moral.

Os resultados permitem, assim, concluir que os gestores mais jovens, por inexperiência gerencial ou por adesão ainda precária ao pensamento ético dominante, tendem a valorizar mais do que os gestores mais velhos a sua concepção moral do mundo como critério de decisão perante os dilemas que afetam a RSE. O envelhecimento e o amadurecimento profissional parecem eliminar, aos poucos, os fundamentos éticos e axiológicos da responsabilidade social. Com o aumento da experiência no mundo organizacional, os gestores abandonam a ética pessoal como critério de decisão e as práticas socialmente responsáveis tornam-se um instrumento de gestão dependente essencialmente de fatores e de condicionantes contextuais. A RSE deixa de ser uma escolha moral para passar a ser uma opção estratégica. As razões de mercado prevalecem sobre as razões éticas e, a julgar pelos avanços verificados, mantêm o rumo desejável do comprometimento social centrado nos ganhos coletivos, acomodando a prática à função e a ética ao decisor.

Conclusão

As ações individuais praticadas no contexto empresarial, quando interferem no bem-estar e na qualidade de vida de uma ou mais pessoas, podem ser avaliadas do ponto de vista ético, tal como quaisquer atos praticados na vida por qualquer cidadão com capacidade de julgamento moral. No entanto, as empresas são organizações coletivas, com fins econômicos específicos, dirigidas por indivíduos que não se representam apenas a si como cidadãos e cujas decisões produzem efeitos que frequentemente afetam os interesses e o bem-estar de vários grupos sociais. A necessidade de responder perante diversos grupos de interesse confere uma legitimidade ambígua a quem tem poder de decisão gerencial, justificando o debate sobre a natureza e o limite das responsabilidades que as empresas, por meio da decisão e da ação dos seus dirigentes e gestores, devem cumprir perante a sociedade. Neste caso, optou-se por abordar a RSE estudando o impacto da ética individual no posicionamento dos gestores perante os compromissos sociais das empresas. Concretamente, o objetivo desta pesquisa consistiu em estudar como o sistema de valores humanos e a orientação ética dos gestores influenciam a sua atitude perante a RSE, ou seja, o seu grau de compromisso social na prática gerencial.

Na proposta teórica aqui apresentada, a RSE é entendida como o conjunto de obrigações que vinculam a empresa à sociedade, baseadas em três tipos de compromisso social: econômico, legal e ético. O compromisso econômico visa a satisfação eficaz de necessidades de consumo da sociedade, o crescimento do negócio e o retorno para os acionistas. O compromisso legal visa o cumprimento da lei e o respeito pela autoridade do Estado. Por fim, o compromisso ético visa a integração de princípios éticos nas práticas e nas estratégias de expansão da empresa, alinhando-as com os valores morais e as expectativas coletivas que regulam a vida social. Nestes termos, os resultados de um estudo de campo realizado com 252 gestores brasileiros revelaram que a predisposição para alinhar as decisões de gestão com os requisitos gerais da RSE é favorecida por um sistema de valores conservadores, defensores da estabilidade e centrados na vontade coletiva, assim como por uma orientação ética igualitária, fundada em princípios de justiça distributiva, que atribui às empresas um papel ativo na diminuição das desigualdades sociais. Pelo contrário, os valores egoístas revelaram-se inibidores de uma atitude gerencial socialmente responsável.

Estes resultados reforçam a concepção da RSE como prolongamento organizacional de uma ética pessoal universalista com vocação altruísta. No caso específico dos gestores brasileiros, culturalmente avessos à formalidade das relações sociais e à submissão do desejo individual perante a vontade coletiva, o conservadorismo representa uma exceção que contraria o natural personalismo da sociedade a que pertencem. Por isso os valores conservadores, ao implicarem um deslocamento da centralidade atribuída ao indivíduo para uma valorização do interesse comum, promovem também, no plano organizacional, uma integração de interesses mais amplos nas decisões gerenciais, alargando o grupo de *stakeholders* perante os quais a empresa se impõe responder. Já no caso da orientação ética, o favorecimento da RSE por um critério gerencial igualitário explica-se, em parte, pela reconhecida incapacidade de o setor público brasileiro atender às múltiplas e complexas carências de uma sociedade cultural e economicamente fragmentada, deixando ao setor privado um amplo espaço de intervenção na resolução destas precariedades. Neste contexto, a RSE é assumida pelos gestores essencialmente como instrumento de intervenção social, visando a redução de desigualdades e suprindo as insuficiências da ação do Estado.

Na pesquisa, foi ainda identificado um efeito diferenciador da idade dos gestores na forma como eles articulam a sua ética pessoal com o seu comprometimento social como dirigentes empresariais. Aparentemente, o sistema de valores e a orientação ética apenas influenciam a atitude perante a RSE nos gestores com menos de 30 anos, sugerindo que estes, menos experientes e protegidos por uma adesão ainda precária ao pensamento dominante na classe profissional a que pertencem, recorrem ao seu quadro pessoal de valores e aos seus referenciais éticos para se posicionar perante os dilemas inerentes à RSE. Com o aumento da experiência profissional e o amadurecimento pessoal, os gestores parecem tender a substituir o critério ético pessoal por critérios estratégicos e contextuais na avaliação das práticas empresariais com implicações na sua responsabilidade social. Embora inesperado, este é também um resultado interessante, cuja explicação pode contribuir para uma compreensão mais abrangente do fenômeno da RSE, merecendo por isso uma reflexão mais profunda e estudos adicionais.

A RSE e as problemáticas éticas subjacentes à ação empresarial são ainda temas emergentes que, apesar de muito debatidos, pela amplitude da sua aplicação e pela ambiguidade dos seus pressupostos, estão ainda longe dos consensos que aliviem a urgência da sua discussão pública. Em um tempo de grandes mudanças econômicas, sociais e políticas à escala mundial, em que se questionam os meios e os fins do modelo capitalista dominante e em que as inquietações legítimas da população parecem exigir respostas inovadoras e eventualmente transgressoras, a reflexão sobre as fronteiras e as finalidades da ação empresarial apresenta-se urgente e indispensável. Este é um dos campos da administração onde pode ser mais útil e mais produtiva a colaboração entre acadêmicos e gestores, cruzando a reflexão fundamentada com a prática esclarecida, em nome do progresso coletivo. Este trabalho é uma contribuição para esse desígnio comum.

Referências

AGUILLAR, F. *A ética nas empresas*: maximizando resultados através de uma conduta ética nos negócios. Tradução de Ruy Jungmann. Rio de Janeiro: Jorge Zahar Editor, 1996.

BEAUCHAMP, T.; Bowie, N. (Org.). *Ethical theory and business*. 7. ed. New Jersey: Pearson Prentice Hall, 2004.

CARROLL, A. Three-dimensional conceptual model of corporate social performance. *Academy of Management Review*, New York, v. 4, p. 497-505, 1979.

DUROZOI, G.; ROUSSEL, A. *Dicionário de filosofia*. Tradução de Maria de Fátima Sá Correia. Porto: Porto Editora, 2000.

FRIEDMAN, M. *Capitalism and freedom*. Chicago: University of Chicago Press, 1962.

HOFSTEDE, G. *Cultures and organisations*. Software of the mind. Intercultural co-operation and its importance for survival. New York: McGraw-Hill, 1991.

HOLANDA, Sérgio Buarque de. *Raízes do Brasil*. 26. ed. 17. reimp. São Paulo: Companhia das Letras, 2003.

HOUAISS, A.; VILLAR, M. *Dicionário Houaiss da língua portuguesa*. Rio de Janeiro: Instituto Antônio Houaiss de Lexicografia, 2002.

KANT, I. *Fundamentação da metafísica dos costumes*. Tradução de Paulo Quintela. Lisboa: Edições 70, 2005.

KISIL, M. *Comunidade*: foco de filantropia e investimento social privado. São Paulo/Porto Alegre: Global/Idis – Instituto para o Desenvolvimento do Investimento Social, 2005.

MILL, J. *Utilitarismo*. Tradução de F. J. Azevedo Gonçalves. Lisboa: Gradiva, 2005.

PEINADO-VARA, E. Corporate social responsibility in Latin América. *The Journal of Corporate Citizenship* (special theme issue on corporate citizenship in Latin America: New challenges for business), Boston, n. 21, p. 61-69, 2006.

RAWLS, J. *Uma teoria da justiça*. 2. ed. Lisboa: Editorial Presença, 2001.

SCHWARTZ, S. Universals in the structure and content of values: Theoretical advances and empirical tests in 20 countries. *Advances in experimental social psychology*, Orlando, v. 25, p. 1-65, 1992.

_____. Beyond individualism/collectivism: New cultural dimensions of values. In: KIM, U. et al. (Eds.). *Individualism and collectivism*: Theory, method and applications. Newbury Park: Sage Publications, 1994. p. 85-119.

_____. Valores humanos básicos: seu contexto e estrutura intercultural. Tradução de Viviane Rios. In: TAMAYO, A.; PORTO, J. (Orgs.). *Valores e comportamento nas organizações*. Petrópolis, RJ: Vozes, 2005. p. 21-55.

SOLOMON, R. *Ethics and excellence*: Cooperation and integrity in business. New York: Oxford University Press, 1992.

THIRY-CHERQUES, H. Responsabilidade moral e identidade empresarial. *Revista de Administração Contemporânea*, Curitiba, p. 31-50, 2003. Edição especial.

_____. O conformismo impaciente: uma interpretação do quadro de referência ética dos jovens executivos nas organizações brasileiras. *Revista de Administração Pública*, Rio de Janeiro, v. 38, n. 4, p. 613-642, 2004.

VÁZQUEZ, A. *Ética*. 26. ed. Tradução de João Dell'Anna. Rio de Janeiro: Civilização Brasileira, 2005.

2

Valores humanos, ideologia ética e julgamento moral de dilemas éticos em negociação

Filipe Sobral

Os dilemas éticos presentes nos contextos empresariais são vistos como objeto de estudo provocativo e desafiador para os pesquisadores, especialmente numa área como a administração, historicamente acusada de comportamentos pouco éticos, guiados, exclusivamente, pela racionalidade instrumental (Solomon, 1991).

A negociação é uma das práticas empresariais mais interessantes para se estudar a honestidade e a ética na tomada de decisões. Primeiro, porque é uma área rica em dilemas éticos. A negociação é, por definição, uma interação socialmente motivada entre indivíduos ou grupos com interesses divergentes. Ao procurar conciliar esses interesses concorrentes sem sacrificar os interesses individuais, as partes podem sentir-se tentadas a adotar um comportamento defensivo, furtivo e, em alguns casos, manipulador e desonesto (Barry e Robinson, 2002). Segundo, porque alguns pesquisadores sugerem que algumas formas de desonestidade podem ser apropriadas e mesmo necessárias para se ser um negociador eficaz (Carson, 1993; Dees e Crampton, 1991; Lewicki e Robinson, 1998). No entanto, apesar do reconhecimento da negociação como área rica em dilemas éticos, poucos têm sido os estudos que buscam compreender como o sistema de valores influencia o julgamento ético de práticas negociais eticamente ambíguas (Lewicki, Saunders e Barry, 2003).

O objetivo deste estudo consiste em analisar em que medida diferenças individuais em termos de prioridades do sistema de valores condicionam o julgamento moral de práticas negociais eticamente ambíguas. Para isso, discutem-se as motivações éticas dos executivos, destacando o papel central dos valores humanos no seu processo de tomada de decisão ética em negociação. Usando um modelo de equações estruturais, as relações entre os sistemas de valores, a ideologia ética e o julgamento moral são avaliadas. Vários modelos estruturais são testados para investigar o papel da filosofia moral individual como mediadora da relação entre o sistema de valores e o julgamento moral de táticas negociais eticamente ambíguas.

Marco conceitual

O campo da ética

O termo ética deriva do grego *éthos* que significa "costume" ou "hábito", pelo que, tradicionalmente, a ética é entendida como uma reflexão científica, filosófica e até teológica sobre os costumes e as ações humanas. Os termos ética e moral são por vezes usados indistintamente na literatura sobre ética empresarial; no entanto, a distinção filosófica pode fazer-se referindo a moral como a prática concreta dos homens como membros de uma dada sociedade, enquanto a ética é a reflexão sobre essas práticas. A ética pressupõe a justificação filosófica, a explicação racional, a fundamentação da moral (Ferrarter Mora, 1998). Nestes termos, pode-se concluir que a ética empresarial significa "estudar e tornar inteligível a moral vigente nas empresas capitalistas contemporâneas" (Srour, 2000:30).

Duas escolas de pensamento têm assumido perspectivas antagônicas no debate sobre o conceito de ética: a deontologia e a teleologia. A ética deontológica ou ética do dever, da qual o expoente máximo é Immanuel Kant, defende que deveria existir um conjunto de princípios morais universais. De uma perspectiva empresarial, este pensamento poderia assumir a forma de um código universal de ética empresarial no que diz respeito à poluição, suborno, corrupção, direitos de propriedade, nepotismo etc. (Nelton, 1996; Payne, Raiborn e Askvik, 1997). Na teoria, se todas as nações do mundo operassem sob o mesmo conjunto de princípios morais, os negócios e o comércio internacional seriam muito mais eficientes e eficazes. Por outro lado, a ética teleológica, defendida por filósofos como John Stuart Mill, avalia a moralidade do comportamento considerando a sua finalidade e as consequências que produz. Para os defensores desta corrente filosófica, a melhor opção ética é sempre aquela que dará origem aos melhores resultados.

Outros autores defendem ainda uma terceira corrente, o relativismo ético. O relativismo defende que é importante reconhecer que os códigos morais são múltiplos no espaço e dinâmicos no tempo, podendo variar consoante o indivíduo, o grupo, a comunidade específica considerada ou o momento do tempo em que são analisados. Para estes autores, existe efetivamente um relativismo individual, cultural e temporal que justifica uma grande diversidade de concepções morais legitimadas pelas sociedades que as definem e cultivam. Desta forma, e de acordo com estes autores, os sistemas de normas morais assumem um caráter transitório, provisório e mutável. Assim, o estudo da ética empresarial deve ter em conta esta diversidade de condutas moralmente aceites, enquadrando de forma adequada a avaliação da conduta empresarial no contexto organizacional, social e temporal em que esta se insere (Srour, 1994). No entanto, o relativismo ético tem a incapacidade de comparar julgamentos morais, uma vez que cada pessoa ou grupo de pessoas possui um código ético específico; logo, revela-se pouco útil quando se pretende estudar a moralidade de ações e comportamentos empresariais concretos, independentemente do contexto (Hoffman e Moore, 1990).

Ética e negociação

O campo de ética na negociação é caracterizado por uma fértil, porém controversa, discussão teórica. As reflexões teóricas e as pesquisas empíricas apresentadas por este campo de estudos são tanto diversas quanto, por vezes, contraditórias entre si. Definições clássicas de negociação são responsáveis pelo seu distanciamento de algumas perspectivas éticas, especialmente daquelas de natureza deontológica. Por exemplo, Lax e Sebenius (1986:11) definem negociação como "um processo interativo, potencialmente oportunista, pelo qual duas ou mais partes, com algum conflito aparente, procuram um melhor resultado através de uma ação conjunta do que se a tomassem isoladamente". De fato, algumas formas de engano são tão comuns que são vistas como uma característica intrínseca da negociação.

Alguns acadêmicos afirmam mesmo que a própria dinâmica dos processos de negociação é inerentemente contraditória ao pensamento ético. White (1980:928) afirma que "esconder a verdadeira posição, induzir a outra parte em erro... é a essência da negociação". Peppett (2002) argumenta que negociação honesta não é, por definição, negociação, uma vez que o engano e a mentira são inerentes ao processo de troca. Para estes autores, o indivíduo orientado por princípios universais como honestidade e justiça deve desprender-se de posições partidárias e singulares, enquanto negociar significa tomar partido, defender interesses, assumir uma postura competitiva. É por essa razão que algumas práticas de engano e mentira em negociação são não só aceites como, por vezes, apreciadas no contexto das negociações empresariais e legais (Peppett, 2002). No entanto, apesar de vários autores reconhecerem que mentira e engano são práticas comuns e eficazes (Carson 1993; Dees e Cramton, 1991; Strudler, 1995), não significa que esses comportamentos característicos de uma negociação sejam considerados eticamente aceitáveis pela maioria das escolas de pensamento ético. Por outro lado, a existência de uma ética específica, inerente ao mundo de negócios, é também negada pela maioria dessas escolas (Koehn, 1997).

Outros autores, de orientação idealista, acreditam que princípios universais, como honestidade absoluta, podem estar presentes em qualquer negociação (Nyerges, 1987; Provis, 2000; Reitz, Wall e Love, 1998). Para eles, a negociação honesta é uma possibilidade real, mas para isto é necessário condenar qualquer forma de engano ou inverdade que possa surgir no decorrer do processo. Segundo estes autores, a manutenção de uma conduta negocial ética é sempre preferível à utilização de táticas desonestas, discordando da premissa de Carr (1968), segundo o qual a negociação é um jogo que legitima comportamentos enganosos, e argumentando que negociação é mais um espaço da vida social que deve obedecer claramente a princípios éticos (Koehn, 1997).

No entanto, mesmo os autores que defendem a honestidade na negociação, divergem nas suas perspectivas acerca da ética em negociação. Enquanto alguns argumentam que a honestidade é incondicional e negociadores devem abandonar a negociação na sua ausência (Nyerges, 1987), a maioria defende-a pelas consequências positivas que traz no longo prazo, assumindo uma perspectiva mais pragmática: ser ético sempre compensa. Apesar de reconhecerem que comportamentos oportunistas e enganosos podem trazer vantagens de curto prazo e que, por vezes, uma negociação baseada em princípios éticos pode colocar os negociadores numa posição de vulnerabilidade perante os seus oponentes, esses autores defendem que a honestidade não só se traduz em melhores resultados, como evita consequências de custos muito elevados, tais como a rigidez em futuras negociações; a destruição da relação com o oponente; a criação de uma reputação negativa a escalada do conflito; e a perda de oportunidades. Para estes autores, ser honesto, aberto e confiável é uma estratégia de resposta racional num cenário de incertezas futuras (Gibson, 1994; Kennan e Wilson, 1993; Reitz, Wall e Love, 1998).

A maioria dos pesquisadores e acadêmicos interessados nas problemáticas de natureza ética na negociação compartilha os pressupostos de uma perspectiva pragmática, a qual é mais permissiva no que tange à aceitabilidade do engano e mentira em negociação. Para estes autores, algumas formas de engano são justificadas como um modo de autodefesa e como um mecanismo de reciprocidade que assegura uma troca justa entre as partes (Carson, 1993, 2005; Dees e Cramton, 1991, 1995; Strudler, 1995). Partindo da premissa, defendida por estas perspectivas pragmáticas, de que os negociadores não são santos, nem vilões amorais e sem escrúpulos, e que os negociadores enfrentam diversos dilemas éticos na sua atividade, esta pesquisa busca entender como diferenças individuais nos sistemas de valores condicionam o julgamento moral de práticas negociais eticamente ambíguas.

Modelo de condicionantes do julgamento moral

Considerando o objetivo deste estudo, propõe-se um modelo que destaca o papel do sistema de valores e da ideologia ética como condicionantes do julgamento moral de táticas negociais eticamente ambíguas. Nesse sentido, apresentam-se as principais teorias que permitem sustentar as hipóteses de pesquisa.

Valores humanos

Os valores humanos são fundamentais na organização dos sistemas de crenças dos indivíduos e servem como padrões ou critérios que orientam ações, escolhas, julgamentos, atitudes e explicações sociais (Rokeach, 1979). São representações sociais das motivações básicas do ser humano que explicitam o que é importante para a vida de uma pessoa (Schwartz, 1992).

Embora tenha raízes no início do século passado (Thomas e Znaniecki, 1918), o estudo dos valores humanos emerge como objeto de pesquisa científica na década de 1970, destacando-se o trabalho de Rokeach (1973), que diferenciou os valores de outros construtos com os quais costumavam ser relacionados, como as atitudes e os traços de personalidade, e demonstrou a sua centralidade no sistema cognitivo das pessoas. Com o objetivo de compensar algumas das insuficiências da teoria desenvolvida por Rokeach, Schwartz (1992) desenvolve uma nova teoria sobre o conteúdo e estrutura dos valores humanos. O modelo teórico de Schwartz inova ao colocar ênfase na base motivacional como explicação para a estrutura dos valores e ao sugerir a universalidade da estrutura e do conteúdo dos tipos motivacionais de valores (Gouveia et al., 2001). Este modelo tem reunido resultados bastante consistentes, em mais de 60 países, que o suportam transculturalmente (Schwartz e Boehnke, 2004), entre os quais o Brasil (Tamayo, 2007).

De acordo com a teoria de Schwartz, existem 10 tipos motivacionais de valores humanos de acordo com a motivação subjacente a cada um deles. Esses tipos motivacionais tendem a ser universais porque têm origem na necessidade das pessoas em lidarem com três requisitos universais dentro da realidade dos seus contextos sociais: necessidades biológicas; necessidades de interação social coordenada; e necessidades de sobrevivência e de bem-estar dos grupos. Estes três requerimentos dão origem a uma taxonomia universal de valores que distingue 10 tipos de valores, os quais são tratados em termos do seu conteúdo e da sua relação dinâmica de compatibilidade e conflito entre si (Schwartz, 1992, 1994).

A estrutura de relações entre os tipos motivacionais pode ser organizada em duas dimensões bipolares: autotranscendência *versus* autopromoção e conservação *versus* abertura à mudança (ver figura 1). A primeira dimensão organiza-se em torno do conflito entre a aceitação dos outros como iguais e a preocupação com o bem-estar coletivo (universalismo e benevolência) e a busca do sucesso pessoal e do domínio sobre os outros (poder e a realização). A autotranscendência representa em que medida os valores motivam as pessoas a se transcenderem de preocupações egoístas e a promoverem o bem-estar dos outros. A autopromoção representa em que medida os valores motivam as pessoas a promoverem os seus interesses pessoais. A segunda dimensão contrasta necessidades de mudança, enfatizando a independência de pensamento e ação (autodeterminação e estimulação) e necessidades de manutenção e preservação do *status quo* (segurança, conformidade e tradição).

Figura 1: **Estrutura de relações entre os tipos motivacionais de valores humanos**

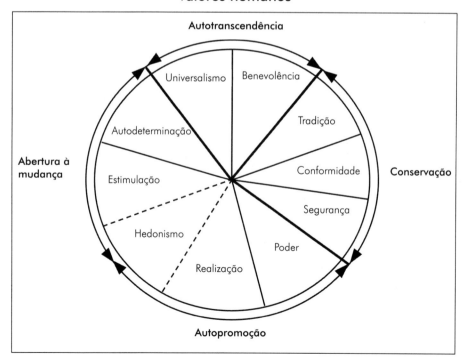

Uma das principais vantagens da taxonomia proposta por Schwartz é a consistência interna do seu modelo, uma vez que a persecução de qualquer valor tem consequências na busca de outros. Esta estrutura circular tem implicações significativas nas relações dos valores com outras variáveis, pois implica que o conjunto dos 10 tipos motivacionais está associado com variáveis externas de uma forma integrada (Roccas et al., 2002). Este arranjo dos valores e o padrão de associação que este implica têm-se revelado como uma abordagem coerente e clarificadora para explicar as influências dos valores no comportamento humano (Brutus e Cabrera, 2004).

Apesar da reconhecida importância da influência dos valores individuais nas atitudes e no comportamento humano (Meglino e Ravlin, 1998), poucos têm sido os estudos empíricos que procuram estabelecer relações entre os valores individuais e a tomada de decisões éticas em ambientes organizacionais. Especificamente em negociação, não se conhecem estudos que procurem explicar as relações entre os valores humanos e o julgamento moral de táticas negociais eticamente ambíguas (Lewicki, Saunders e Barry, 2003).

Ideologia ética

A relação entre a ideologia ética, ou filosofia moral individual, e o julgamento moral tem sido objeto de pesquisa desde o início do século passado. Em 1898, Sharp, um psicólogo interessado no estudo do julgamento moral, descreve a falta de consenso entre os sujeitos sobre o que é moral e o que não é. Sharp (1898) relata que, apesar da aparente semelhança entre as pessoas, estas diferiam no seu julgamento sobre a moralidade de determinados comportamentos e ações morais. Sharp conclui então que as pessoas, ao fazerem a avaliação da moralidade de um fato, baseiam a sua decisão no seu sistema ético individual, pelo que as divergências relativas à moralidade podem ser explicadas devido à adoção de diferentes sistemas éticos individuais. Enquanto o julgamento moral continua um fenômeno complexo e de difícil explicação para os psicólogos, alguns avanços têm sido feitos ao considerar esses sistemas éticos individuais como um fator explicativo no processo de tomada de decisão moral.

Forsyth (1980, 1992) interpreta as diferenças individuais na ideologia ética como função de duas dimensões: o relativismo e o idealismo. A primeira dimensão, o relativismo, diz respeito à forma como as pessoas interpretam a importância de regras morais universais na definição da conduta certa ou errada. Os indivíduos mais relativistas adotam uma filosofia moral cética, rejeitando a existência de princípios morais universais, defendendo que as regras morais dependem do contexto temporal, espacial e cultural (Treise et al., 1994). Para os relativistas, a moralidade de uma ação depende da natureza da situação e das pessoas envolvidas. No outro extremo, os mais universalistas argumentam que a moralidade obriga a uma conduta consistente com princípios, normas e leis morais universais (Forsyth, 1980; Schlenker e Forsyth, 1977). A segunda dimensão, o idealismo, revela a preocupação com o bem-estar dos outros. Os mais idealistas acreditam que as melhores consequências são sempre possíveis como resultado da "ação certa", procurando sempre evitar prejudicar terceiros quando fazem julgamentos morais (Tansey, Brown e Hayman, 1994). Para estes, os fins nunca justificam os meios, pelo que a conduta moralmente correta é sempre consequência de ideais humanitários. Por outro lado, os menos idealistas, ou seja, os mais pragmáticos, acreditam que por vezes é necessário comprometer alguns ideais e princípios para se alcançar um bem maior. Para estes, são as consequências e os resultados de uma ação que determinam a sua moralidade (Forsyth, 1980; Schlenker e Forsyth, 1977).

Diversas pesquisas empíricas têm procurado relacionar as diferenças no julgamento moral de diversas práticas empresariais e a ideologia ética. Num dos primeiros estudos que procurou estabelecer esta relação, Barnett, Bass e Brown (1994) reportam que o idealismo dos gestores está fortemente relacionado com os seus julgamentos éticos em 21 das 26 vinhetas usadas na pesquisa, enquanto o relativismo não apresentou relações com nenhuma das vinhetas utilizadas. Outras pesquisas empíricas têm procurado relacionar a ideologia ética com julgamentos éticos no contexto das relações de trabalho (Barnett, Bass e Brown, 1994), da responsabilidade social (Singhapakdi et al., 1995) e da negociação (Banas e Parks, 2002). Todas estas pesquisas permitem concluir que o efeito destes construtos nos julgamentos éticos é significativamente mais forte no caso do idealismo do que no caso do relativismo (Barnett, Bass e Brown, 1999). Ainda assim, algumas pesquisas relatam uma correlação negativa entre o relativismo e o julgamento moral (Sivadas et al., 2003).

Modelo e hipóteses de pesquisa

Com base nas contribuições teóricas apresentadas anteriormente, propõe-se um modelo de pesquisa parcialmente explicativo do julgamento moral de práticas negociais eticamente ambíguas. O modelo tem subjacente a ideia de que o julgamento moral é fortemente influenciado pelo sistema de valores e pela filosofia moral individual tal como é apresentado na figura 2. Decorrentes do modelo e do respectivo enquadramento teórico são apresentadas a seguir as hipóteses de pesquisa que relacionam cada um dos construtos propostos e que permitem operacionalizar a pesquisa.

Figura 2: **Modelo de condicionantes do julgamento moral**

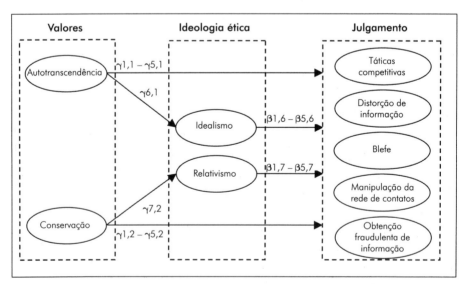

H1: Uma estrutura de valores orientada para a autotranscendência irá implicar um julgamento mais intolerante de práticas negociais eticamente ambíguas.

A dimensão autotranscendência *versus* autopromoção define em que medida os valores motivam as pessoas a se transcenderem de preocupações egoístas e a promoverem o bem-estar dos outros ou a se preocuparem com o seu bem-estar individual (Schwartz, 1992). Pessoas orientadas para o bem-estar coletivo devem ser menos tolerantes com táticas negociais eticamente ambíguas, uma vez que são mais preocupadas com o potencial de dano que transgressões éticas podem fazer aos outros. Por outro lado, pessoas mais orientadas para a autopromoção devem julgar esses mesmos comportamentos com maior tolerância, uma vez que estes facilitam a satisfação dos seus interesses individuais. Desta forma, sustenta-se a hipótese de que um gestor deverá julgar táticas negociais eticamente ambíguas mais desfavoravelmente quando priorizar a autotranscendência relativamente à autopromoção.

H2: Uma estrutura de valores que prioriza a conservação irá implicar um julgamento mais intolerante de práticas negociais eticamente ambíguas.

A segunda dimensão bipolar, conservação *versus* abertura à mudança, define em que medida o sistema de valores pessoais está orientado para a preservação do *status quo* e o conforto que este proporciona, ou privilegia a independência de pensamento e ação na satisfação de interesses emocionais e intelectuais (Schwartz, 1992). Assim, é de se esperar que sistemas de valores mais conservadores estejam associados a um julgamento moral mais rigoroso, uma vez que comportamentos eticamente ambíguos em negociação envolvem a quebra de padrões comportamentais e a violação de expectativas e regras da interação social. Pelo contrário, uma estrutura de valores mais aberta à mudança deverá ser congruente com um julgamento moral mais tolerante, na medida em que práticas eticamente ambíguas proporcionam a oportunidade para experimentar novas abordagens e explorar novas ideias. Desta forma, sustenta-se a hipótese que um gestor deverá julgar as táticas negociais eticamente ambíguas mais desfavoravelmente quando priorizar a conservação em relação à abertura à mudança.

H3: Uma ideologia ética mais idealista irá implicar um julgamento mais intolerante de práticas negociais eticamente ambíguas.

A ideologia ética é uma característica individual que procura interpretar, do ponto de vista psicológico, os critérios utilizados pelos indivíduos para distinguir o que consideram moralmente certo ou errado (Forsyth, 1980). Especificamente, é de se esperar que, quanto maior o idealismo, menor aceitabilidade ética das práticas mencionadas. Uma vez que o idealismo está relacionado com a defesa de princípios e tem como preocupação fundamental não prejudicar nenhum dos intervenientes ou afetados pelo processo, é de se esperar que os indivíduos mais idealistas rejeitem as táticas eticamente ambíguas.

H4: Uma ideologia ética mais relativista irá implicar um julgamento mais tolerante de práticas negociais eticamente ambíguas.

Por outro lado, é de se esperar que o nível de relativismo esteja inversamente relacionado com o julgamento moral. Ou seja, quanto maior for a defesa de princípios universais, maior será a rigidez do julgamento moral de comportamentos eticamente duvidosos. Pessoas que acreditam em princípios morais universais deverão ser as que consideram menos eticamente aceitáveis todos os comportamentos que envolvam qualquer forma de engano ou manipulação, uma vez que estes nunca poderão ser universalmente aceitáveis. Por outro lado, pessoas mais relativistas, que baseiam os seus julgamentos nas circunstâncias e rejeitam princípios éticos universais, devem julgar práticas moralmente questionáveis com maior tolerância, dependendo do contexto e das pessoas envolvidas.

H5: Uma estrutura de valores orientada para a autotranscendência está positivamente associada a uma ideologia ética idealista.

O modelo teórico de Hunt e Vitell (1986) postula que a orientação ética individual é precedida, entre outros, pelos seus valores pessoais. Outros autores defendem que os valores representam o nível mais abstrato e permanente do sistema de crenças individual, enquanto a filosofia moral individual está num nível mais concreto e específico (Huffman, Ratneshwar e Mick, 2000). Desta forma, é possível sustentar que a estrutura de valores humanos influencia a ideologia ética, exercendo uma influência no julgamento moral indiretamente por intermédio desta. Uma vez que o idealismo sustenta que os fins nunca justificam os meios, pessoas com uma orientação ética idealista são mais sensíveis ao bem-estar dos outros, pelo que é de se esperar que pessoas com uma orientação mais autotranscendente, ou seja, pessoas que revelam uma maior preocupação com o bem-estar coletivo do que com a promoção dos seus interesses, sejam mais idealistas.

H6: Uma estrutura de valores que prioriza a conservação está negativamente associada a uma ideologia ética relativista.

Por sua vez, pessoas com uma orientação ética relativista acreditam que a ação ética depende da natureza da situação e das pessoas envolvidas, pelo que o seu julgamento é mais influenciado pelas circunstâncias específicas do que por princípios ou regras morais. Pelo contrário, pessoas menos relativistas defendem normas e leis morais universais, aplicáveis em todas as circunstâncias. Desta forma, sustenta-se que pessoas que priorizem a manutenção e preservação das tradições e do *status quo*, ou seja, mais orientadas para a conservação, sejam também as menos relativistas, ou mais universalistas.

Metodologia

Procedimentos de coleta de dados

Para testar empiricamente a validade do modelo de pesquisa e das hipóteses subjacentes, foi realizada uma pesquisa por meio de um questionário estruturado. Os questionários foram aplicados presencialmente em 16 turmas de MBA e mestrado executivo de instituições de ensino superior de referência do Rio de Janeiro e de São Paulo. Uma vez solicitada a colaboração voluntária dos potenciais participantes, foram seguidos os seguintes passos: (a) foi comentado que estava sendo realizada uma pesquisa acadêmica para conhecer as atitudes, opiniões e condutas das pessoas sobre diferentes aspectos da sua vida; (b) enfatizou-se a necessidade de que as respostas fossem individuais, de acordo com o que pensava cada um, sem levar em conta o que seria mais desejável socialmente; e (c) foi garantido a todos os participantes que as respostas seriam anônimas e tratadas estatisticamente de forma agregada.

Amostra

Para determinar o tamanho da amostra foram consideradas as sugestões de Klem (1995) e Maruyama (1998) de que 200 a 300 casos são suficientes para rodar um modelo estrutural. Além disso, procurou-se observar a regra de cinco a 10 respondentes por parâmetro no modelo estrutural (Hair et al., 1995). Desta forma, foram administrados um total de 328 questionários.

Como alguns autores argumentam que apenas a utilização de executivos com experiência permite tirar conclusões válidas e generalizáveis sobre os fenômenos investigados (Cavanagh e Fritzsche, 1985), foram excluídos da amostra os respondentes com uma experiência profissional inferior a três anos e os que não exercessem uma atividade gerencial, o que resultou em 221 casos válidos.

A amostra final é constituída na sua maioria por homens (70%), apresentando uma idade média de 36 anos e experiência profissional média de 14 anos. Relativamente ao nível hierárquico, 21% dos executivos declaram que ocupam uma posição de direção, 39% definem-se como gerentes de nível médio e 38% como supervisores ou coordenadores de nível operacional. Por último, quanto à distribuição geográfica dos respondentes, a maioria pertence a estados do Sudeste, onde foram coletados os questionários. Assim, 37% dos respondentes são do Rio de Janeiro, 26% de São Paulo e 6% de Minas Gerais, sendo os restantes distribuídos por outros 18 estados brasileiros, representando um total de 21 estados.

Instrumentos de medida

O "julgamento moral" foi medido por meio do Self-Reported Inappropriate Strategies (Sins), desenvolvido por Robinson e colaboradores

(2000). A escala propõe uma taxonomia de cinco categorias de práticas negociais eticamente ambíguas:

- táticas competitivas tradicionais;
- distorção da informação;
- blefe;
- manipulação da rede de contatos da outra parte;
- obtenção fraudulenta de informação.

Aos respondentes era pedido que avaliassem a aceitabilidade de 16 táticas negociais eticamente ambíguas utilizando uma escala de Likert de sete pontos. Diversos estudos têm explorado a natureza e a estrutura conceitual da taxonomia proposta, validando-a e considerando-a um instrumento fidedigno (Lewicki et al., 2003).

Os "valores humanos" foram mensurados utilizando o Portrait Values Questionnaire (PVQ), que consiste em 21 frases representativas de valores que devem ser classificados em termos da sua importância como princípio orientador da vida de uma pessoa. A escala varia de "nada importante" (1) até "fundamental" (6). A robustez da escala PVQ proposta por Schwartz tem sido validada por inúmeros estudos (Schwartz, 2003).

Para aferir a "ideologia ética" dos respondentes foi utilizado o Ethical Position Questionnaire (EPQ). A escala consiste em 20 afirmações, 10 para o nível de idealismo e 10 para o nível de relativismo, para as quais o respondente deve indicar a sua concordância, usando para tal uma escala de Likert de sete pontos que varia de "discordo totalmente" até "concordo totalmente". O EPQ tem-se demonstrado um instrumento fidedigno e não vulnerável ao viés provocado pela resposta socialmente desejável (Forsyth, 1980).

Todas as escalas utilizadas nesta pesquisa foram traduzidas do inglês para o português por meio de um processo de tradução e retrotradução. Antes da sua aplicação, o questionário foi ainda submetido à apreciação externa e à verificação de incoerências ou omissões por meio de um préteste. Desta forma, uma primeira versão da escala traduzida foi submetida à apreciação de especialistas no tema, integrando as suas sugestões numa versão melhorada do instrumento de pesquisa. Esta fase permitiu aperfeiçoar a linguagem usada em alguns itens, eliminando igualmente redundâncias conceituais. Posteriormente, foi realizado um pré-teste com 25 alunos de um curso de pós-graduação *lato sensu* em uma instituição de ensino superior do Rio de Janeiro. Nesta fase, fizeram-se ajustamentos adicionais da linguagem e avaliou-se a duração média de cada resposta.

Análise dos dados

De acordo com a formulação proposta para o modelo de pesquisa, o Método de Equações Estruturais é o tratamento mais adequado para os dados, uma vez que permite avaliar os efeitos das relações diretas e indiretas entre os construtos exógenos e os construtos endógenos do modelo. Para implementar o modelo, foram seguidas as recomendações de Andersen e Gerbing (1988). Desta forma, numa primeira etapa foi rodada uma análise fatorial confirmatória para testar se as variáveis utilizadas para medir cada um dos construtos apresentavam validade convergente (i.e., se os itens que constituem cada construto eram correlacionados entre si, formando um construto internamente consistente) e validade discriminante (i.e., se as variáveis de diferentes construtos mediam claramente diferentes construtos). Em seguida, as relações causais propostas no modelo teórico foram estimadas, tendo por base o modelo de medida testado na primeira etapa.

Resultados

Modelo de medida

Para testar a unidimensionalidade e a validade convergente dos construtos propostos no modelo, foi conduzida uma análise fatorial confirmatória. Após várias iterações, nas quais foram eliminados alguns itens, chegou-se a uma estrutura fatorial de 11 construtos (cinco categorias de táticas negociais eticamente ambíguas, os quatro valores de ordem superior e as duas de ideologia ética). Foram mantidos no modelo todos os indicadores cujas cargas fatoriais eram estatisticamente significativas a 1% (valores do teste t variam entre 5,3 e 25,8). Todos os 11 construtos apresentam uma boa consistência interna, apresentando um Alpha de Cronbach (α)

superior a 0,6, o que permite concluir que o modelo apresenta validade convergente.

Para testar a validade discriminante do modelo de medida, foram calculadas as diferenças dos testes χ^2 dos modelos com restrições e sem restrições. O modelo com restrições fixa a covariância entre dois construtos igual a 1, e um valor significativamente menor do χ^2 para o modelo sem restrições suporta a validade discriminante do modelo. Assim, cada um dos 55 elementos não diagonais da matriz Phi (Φ) foi fixado em 1 e o modelo reestimado. As variações de χ^2 foram significativas para todas as 55 comparações ($\Delta\chi^2 > 11,3$), o que indica que o modelo proposto apresenta validade discriminante.

A estrutura fatorial do modelo de medida revelou um bom ajustamento global, com um índice RMSEA de 0,048 e os restantes índices de ajustamento superiores a 0,9 (GFI 0,91; AGFI 0,90; CFI 0,95; NFI 0,94). Os valores dos índices de ajustamento do modelo acima de 0,9 aliados a um RMSEA inferior a 0,05 permitem concluir que se trata de um bom modelo de medida (Diamantopoulos e Siguaw, 2000).

Para o modelo final de análise, seguiu-se o procedimento padrão para calcular os valores de ordem superior por meio da média dos itens que constituem o construto respectivo. Posteriormente, para calcular cada uma das dimensões bipolares do sistema de valores subtraiu-se a média do valor de ordem superior à média do valor oposto, definindo assim a orientação para a autotranscendência e a orientação para a conservação dos respondentes (Steenhaut e Van Kenhove, 2006). O mesmo procedimento foi utilizado para calcular o construto idealismo e relativismo que serão utilizados no modelo estrutural.

Modelo estrutural

Depois de estabelecido o modelo de medida, um modelo estrutural para avaliar em que medida o julgamento moral dos respondentes é influenciado por diferenças individuais no seu sistema de valores foi estimado (H1 e H2). Os resultados revelam que, quanto maior for a orientação para a autotranscendência em relação à autopromoção, mais os respondentes julgam as práticas negociais eticamente ambíguas como inaceitáveis, o que corrobora a H1. Foram detectadas relações significativas entre a orientação para a autotranscendência e o julgamento moral de quatro das cinco categorias de táticas negociais eticamente ambíguas ($\gamma_{1,1}$ = -0,26, p<0,01; $\gamma_{1,2}$ = -0,20, p<0,01; $\gamma_{1,3}$ = -0,23, p<0,01; $\gamma_{1,4}$ = -0,18, p<0,01; $\gamma_{1,5}$ = -0,02, p>0,05). Por outro lado, não se detectou uma relação significativa entre uma orientação mais conservadora e o julgamento moral dos gestores ($\gamma_{2,1}$ = -0,03, p>0,05; $\gamma_{2,2}$ = -0,08, p>0,05; $\gamma_{2,3}$ = -0,12, p>0,05; $\gamma_{2,4}$ = -0,02, p>0,05; $\gamma_{2,5}$ = -0,13, p>0,05). Ao contrário do que sustenta a H2, este resultado permite concluir que o julgamento moral dos gestores não é influenciado por um sistema de valores mais conservador ou mais aberto à mudança.

Em seguida, para avaliar as relações entre os valores humanos e a ideologia ética na formação do julgamento moral dos executivos foram estimados dois outros modelos estruturais. Nesse sentido, foi estimado um "modelo com mediação parcial", no qual se prevê que os valores humanos influenciam direta e indiretamente (via ideologia ética) o julgamento moral, e um "modelo com mediação completa", no qual os valores humanos apenas influenciam indiretamente o julgamento moral, por intermédio da ideologia ética. As estatísticas de cada modelo são apresentadas na tabela 1.

Tabela 1: **Indicadores dos modelos estruturais**

	χ^2	gl	CFI	GFI	RMSEA	CAIC
Modelo simples	275,4	168	0,88	0,88	0,056	737
Modelo com mediação parcial	297,4	170	0,85	0,87	0,060	835
Modelo com mediação completa	234,0	178	0,91	0,90	0,050	549

Para comparar os diferentes modelos estruturais foram analisados as diferenças de χ^2 e alguns índices de ajustamento dos modelos. Como se pode verificar, comparado com o modelo simples, o modelo com mediação parcial apresenta um pior ajustamento aos dados ($\Delta\chi^2$ = 22/2; p<0,01), enquanto o modelo com mediação completa parece se ajustar melhor aos mesmos ($\Delta\chi^2$ = –41,4/10; p<0,01). Os restantes índices de ajustamento parecem confirmar esta interpretação, uma vez que o CFI e o GFI são mais altos e o CAIC é menor no modelo de mediação completa. Por outro lado, os coeficientes de determinação dos construtos endógenos (R^2), que permitem aferir a capacidade explicativa do julgamento moral pelas variáveis exógenas (valores humanos e ideologia ética), são mais elevados no modelo de mediação completa, apresentando uma boa capacidade de explicação (em média 20%) da forma como os respondentes avaliam a aceitabilidade dos dilemas éticos presentes em negociação.

Análise dos resultados

Assumindo que o modelo com mediação completa é o mais ajustado aos dados, apresentam-se na tabela 2 as estimativas dos parâmetros desse modelo de forma a avaliar as hipóteses de pesquisa propostas.

Tabela 2: **Parâmetros do modelo com mediação completa**

			Parâmetro	Teste t
Hipótese 3 Idealismo	Táticas competitivas	$\beta_{1,6}$	-0,41	-4,45 *
	Distorção de informação	$\beta_{2,6}$	-0,45	-5,43 *
	Blefe	$\beta_{3,6}$	-0,25	-2,85 *
	Manipulação da rede	$\beta_{4,6}$	-0,40	-3,81 *
	Obtenção fraudulenta de informação.	$\beta_{5,6}$	-0,12	-1,27 ns
Hipótese 4 Relativismo	Táticas competitivas	$\beta_{1,7}$	0,02	0,05 ns
	Distorção de informação	$\beta_{2,7}$	-0,06	-0,72 ns
	Blefe	$\beta_{3,7}$	0,01	0,09 ns
	Manipulação da rede	$\beta_{4,7}$	0,11	1,27 ns
	Obtenção fraudulenta de informação	$\beta_{5,7}$	0,03	0,27 ns
Hipótese 5 Autotranscendência	Idealismo	$\gamma_{6,1}$	0,31	4,17 *
Hipótese 6 Conservação	Relativismo	$\gamma_{7,2}$	-0,26	-3,72 *

*p < 0,01.
Nota: p < 0,05; ns = não significativa.

São encontradas relações negativas, estatisticamente significativas, entre o idealismo e quatro das categorias de comportamento eticamente questionáveis ($\beta_{1,6}$ = -0,41, p<0,01; $\beta_{2,6}$ = -0,44, p<0,01; $\beta_{3,6}$ = -0,25, p<0,01;

$\beta_{4,6}$ = -0,40, p<0,01; $\beta_{5,6}$ = -0,12, p>0,05), relações essas que incluem a influência indireta dos valores humanos. Por sua vez, não são detectadas relações, estatisticamente significativas, entre o relativismo e o julgamento moral de práticas negociais eticamente ambíguas ($\beta_{1,7}$ = 0,02, p>0,05; $\beta_{2,7}$ = -0,06, p>0,05; $\beta_{3,7}$ = 0,01, p>0,05; $\beta_{4,7}$ = 0,11, p>0,05; $\beta_{5,7}$ = 0,03, p>0,05). Os resultados sugerem que o idealismo está relacionado com uma maior rejeição das táticas de engano mais explícitas, corroborando assim a H3, enquanto o relativismo não parece influenciar o julgamento moral dos respondentes, o que permite rejeitar a H4.

Os resultados do modelo permitem ainda corroborar as duas hipóteses que relacionam os valores humanos e a ideologia ética. De fato, é encontrada uma relação positiva, estatisticamente significativa, entre a autotranscendência e o idealismo ($\gamma_{6,1}$ = 0,32, p<0,01), pelo que se conclui que pessoas mais orientadas para o bem-estar coletivo e menos para a satisfação dos seus interesses próprios são mais idealistas e menos pragmáticas no julgamento da moralidade, o que permite corroborar a H5. Por outro lado, também se detectou uma relação negativa, estatisticamente significativa, entre a conservação e o relativismo ($\gamma_{7,2}$ = -0,27, p<0,01). Este resultado significa que pessoas com um sistema de valores mais conservador são mais universalistas, ou seja, defendem princípios e leis morais universais, não dependentes das circunstâncias, o que permite corroborar a H6.

Discussão

Fazendo uso do modelo de Schwartz, os resultados aqui apresentados ajudam a elucidar, a partir de uma perspectiva inovadora, a relação entre os valores humanos e o julgamento moral dos gestores. De fato, os estudos sobre a relação dos valores humanos e a tomada de decisão ética nas organizações têm sido escassos e controversos. Enquanto alguns estudos atribuem peso à influência dos valores na compreensão do comportamento ético (Rozen, De Pelsmacker e Bostyn, 2001; Steenhault e Van Kenhove, 2006), outros minimizam seu peso e poder de explicação (Nonis e Swift, 2001). Como já se destacou, para alguns autores o problema reside no uso isolado dos valores humanos, negligenciando sua natureza integrada

(Homer e Kahle, 1988), que nesta pesquisa se tentou superar ao se utilizar o modelo de Schwartz, pouco explorado em estudos sobre o processo de tomada de decisão ética em contextos empresariais.

Os resultados encontrados permitem estabelecer relações consistentes entre algumas dimensões dos valores humanos e o julgamento moral dos executivos. Concretamente, conclui-se que as pessoas com uma estrutura de valores mais orientada para o bem-estar coletivo, ou seja, que valorizam a benevolência e o universalismo em detrimento do poder e da realização, são aquelas que julgam as práticas eticamente questionáveis como mais inaceitáveis. Por outro lado, não se encontraram relações significativas entre o conservadorismo e o julgamento moral. Os resultados parecem ser consistentes com os de outras pesquisas, as quais também identificaram apenas alguns valores com poder explicativo relativamente às escolhas éticas de um gestor (Glover et al., 1997; Rozen et al., 2001).

Relativamente à ideologia ética, os resultados aqui relatados corroboram as conclusões de pesquisas anteriores (O'Fallon e Butterfield, 2005). Conclui-se que o idealismo influencia significativamente o julgamento moral dos gestores, tornando-os mais rígidos e menos tolerantes na avaliação das práticas negociais eticamente ambíguas. Uma vez que as pessoas mais idealistas acreditam que os fins nunca justificam os meios, tendem a recorrer a princípios éticos claros e menos ambíguos, tendo poucas "dúvidas" no julgamento de táticas eticamente questionáveis. Pelo contrário, os mais relativistas, abertos a julgamentos éticos sujeitos a circunstâncias, tendem a enxergar mais zonas cinzentas no que diz respeito à aceitabilidade de práticas eticamente duvidosas. Sendo essas práticas, por definição, eticamente ambíguas, localizam-se exatamente nessa zona cinzenta do julgamento moral dos mais relativistas, tornando mais difícil a sua distinção conceitual, na ausência de contextos concretos de negociação, o que explica essa menor relação entre os construtos.

Conclusão

Esta pesquisa procurou contribuir para uma melhor compreensão dos fatores que condicionam o julgamento moral dos gestores. Assim, buscou examinar as relações entre o sistema de valores individual, a ideologia ética e o julgamento moral. Especificamente, utilizando um modelo de equações estruturais, é analisado o impacto destas diferenças individuais no julgamento moral de práticas negociais eticamente questionáveis.

Os resultados comprovam que a estrutura de valores humanos exerce uma influência na forma como os gestores avaliam a eticidade de comportamentos eticamente ambíguos em negociação. Conclui-se que pessoas que valorizam mais o universalismo e a benevolência (autotranscendência) em relação ao poder e realização (autopromoção) julgam a moralidade de práticas negociais questionáveis com mais intolerância. Por outro lado, os resultados mostram que a maior valorização da tradição, conformidade e segurança (conservação) em relação à abertura à mudança não influencia significativamente o julgamento moral dos respondentes.

No entanto, esta relação entre a estrutura de valores e o julgamento moral não é direta. De fato, os resultados revelam que a relação entre os valores e o julgamento é mediada pela ideologia ética. Um sistema de valores que prioriza a autotranscendência está relacionado com uma orientação ética idealista que, por sua vez, influencia a forma como os gestores julgam a moralidade na negociação. Os resultados comprovam que os gestores mais idealistas avaliam as práticas eticamente ambíguas com maior intolerância, ou seja, menor aceitabilidade, especialmente aquelas que envolvem formas de engano explícitas. Por seu lado, também foi detectada uma relação negativa significativa entre um sistema de valores mais conservador e uma orientação ética mais relativista. No entanto, os resultados mostram que o impacto do relativismo no julgamento moral de práticas eticamente questionáveis é muito limitado. Esta descoberta é consistente com os resultados de pesquisas recentes (Al-Khatib, Robertson e Lascu, 2004; Steenhaut e Van Kenhove, 2006; Swaiden, Vitell e Rawwas, 2003).

A ideologia ética individual tem sido um dos determinantes do julgamento moral mais pesquisados nos últimos anos. Entre 1996 e 2003 foram publicados 42 artigos em revistas especializadas que investigam a relação entre estes dois construtos teóricos (O'Fallon e Butterfield, 2005). No entanto, vários pesquisadores apontam a necessidade de entender os antecedentes da ideologia ética individual (Kleiser et al., 2003; Vitell, 2003).

Entre esses antecedentes, Hunt e Vitell (1986) ressaltam a importância que o sistema de valores pode ter na explicação do processo de tomada de decisão ética. Ao testar os processos de mediação que a ideologia ética tem entre os valores humanos e o julgamento moral, esta pesquisa contribui para a compreensão desta problemática.

Outra importante conclusão desta pesquisa é o elevado poder explicativo que o modelo integrado de condicionantes do julgamento moral apresenta (20% da variância do julgamento moral dos gestores). Alguns pesquisadores têm argumentado que o impacto das características individuais no julgamento moral é prejudicado pela reduzida capacidade de explicação destas. No entanto, pesquisas recentes têm ressaltado a importância de incluir os valores humanos nos modelos, uma vez que estes guiam e moldam as atitudes e o comportamento social. Nesse sentido, ao integrar no mesmo modelo de análise o sistema de valores e a filosofia moral, esta pesquisa espera ter contribuído para melhorar o entendimento dos fatores que influenciam as opções éticas dos gerentes.

Independentemente do resultado apresentado por este modelo explicativo, novas pesquisas sobre quais os fatores que influenciam o julgamento moral são necessárias. Entre estes fatores, incluem-se outras dimensões da individualidade humana, como o sentimento de culpa, a generosidade, a confiança interpessoal, o otimismo ou pessimismo, assim como fatores organizacionais, como o clima ético, a cultura organizacional, os códigos de conduta organizacionais, a religião, entre muitos outros.

Referências

AL-KHATIB, J. A.; ROBERTSON, C. J.; LASCU, D. Post-communist consumer ethics: The case of Romania. *Journal of Business Ethics*, n. 54, p. 81-95, 2004.

ANDERSEN, J. C.; GERBING, D. W. Structural equation modeling in practice: A review and recommended two step approach. *Psychological Bulletin*, Berkeley, n. 103, p. 411-423, 1992.

BANAS, J.; PARKS, J. Lambs among lions? The impact of ethical ideology on negotiation behaviors and outcomes. *International Negotiation*, n. 7, p. 235-260, 2002.

BARNETT, T.; BASS, K.; BROWN, G. Ethical ideology and ethical judgment regarding ethical issues in business. *Journal of Business Ethics*, n. 13, p. 469-480, 1994.

BARRY, B.; ROBINSON, R. Ethics in conflict resolution: The ties that bind. *International Negotiation*, n. 7, p. 137-142, 2002.

BASS, K.; BARNETT, T.; BROWN, G. Individual difference variables, ethical judgments, and behavioral intentions. *Business Ethics Quarterly*, Virginia, v. 9, p. 183-206, 1999.

BRUTUS, S.; CABRERA, E. (2004). The influence of personal values on feedback-seeking behaviors. *Management Research*, v. 2, n. 3, p. 235-250, 2004.

CARR, A. Is business bluffing ethical? *Harvard Business Review*, n. 46, p. 143-153, 1968.

CARSON, T. Second thoughts about bluffing. *Business Ethics Quarterly*, Virginia, v. 3, n. 4, p. 317-341, 1993.

_____. The morality of bluffing: A reply to Allhof. *Journal of Business Ethics*, n. 56, p. 399-403, 2005.

CAVANAGH, J.; FRITZSCHE, D. Using vignettes in business ethics research. *Research In Corporate Social Performance And Policy*, v. 7, p. 279-93, 1985.

DEES, J.; CRAMTON, P. Shrewd bargaining on the moral frontier: Toward a theory of morality in practice. *Business Ethics Quarterly*, Virginia, v. 1, p. 135-167, 1991.

_____. Deception and mutual trust: A reply to Strudler. *Business Ethics Quarterly*, Virginia, v. 5, p. 823-832, 1995.

DIAMANTOPOULOS, A.; SIGUAW, J. *Introducing Lisrel*. London: Sage, 2000.

FORSYTH, D. A taxonomy of ethical ideologies. *Journal of Personality and Social Psychology*, Washington, v. 39, n. 1, p. 175-184, 1980.

_____. Judging the morality of business practices: The influence of personal moral philosophies. *Journal of Business Ethics*, n. 11, p. 461-470, 1992.

GLOVER, S. H. et al. Reexamining the influence of individual values on ethical decision-making. *Journal of Business Ethics*, n. 16, p. 1.319-1.329, 1997.

GIBSON, K. Harmony, Hobbes and rational negotiation: A reply to Dees and Cramtom's 'Promoting honesty in negotiation'. *Business Ethics Quarterly*, Virginia, v. 4, p. 373-381, 1994.

GOUVEIA, V. et al. A estrutura e o conteúdo universais dos valores humanos: análise fatorial confirmatória da tipologia de Schwartz. *Estudos de Psicologia*, Natal, v. 6, n. 2, p. 133-142, 2001.

HAIR JR., J. F. et al. *Multivariate data analysis with readings*. 4. ed. Englewood Cliffs: Prentice-Hall, 1995.

HOFFMAN, W. M.; MOORE, J. M. *Business ethics*: Readings and cases in corporate morality. New York: McGraw-Hill, 1990.

HOMER, P.; KAHLE, L. A structural equation test of the value-attitude-behavior hierarchy. *Journal of Personality and Social Psychology*, Washington, v. 54, n. 4, p. 638-646, 1988.

HUFFMAN, C., RATNESHWAR, S.; MICK, D. G. Consumer goal structures and goal-determination processes: An integrative framework. In: RATNESHWAR, S.; MICK, D. G.; HUFFMAN, C. (Eds.). *The why of consumption*. London: Routledge, 2000. p. 9-35.

HUNT, S.; VITELL, S. A general theory of marketing ethics. *Journal of Macromarketing*, Lincoln, v. 6, n. 1, p. 5-16, Spring 1986.

KENNAN, J.; WILSON, R. Bargaining with private information. *Journal of Economic Literature*, n. 31, 45-104, 1993.

KLEM, L. Path analysis. In: GRIMM, L. G.; YARNOLD, P. R. *Reading and understanding multivariate statistics*. Washington, DC: American Psychological Association, 1995.

KLEISER, S. B. et al. Ethical ideologies: Eficient assessment and influence on ethical judgments of marketing practices. *Psychology & Marketing*, v. 20, n. 1, p. 1-21, 2003.

KOEHN, D. Business and game playing: The false analogy. *Journal of Business Ethics*, n. 16, p. 1.447-1.452, 1997.

LAX, D.; SEBENIUS, J. *The manager as negotiator*: Bargaining for cooperation and competitive gain. New York: Free Press, 1986.

LEWICKI, R.; SAUNDERS, D.; BARRY, B. *Negotiation*. 4. ed. Boston: McGraw-Hill, 2003.

LEWICKI, R.; ROBINSON, R. Ethical and unethical bargaining tactics: An empirical study. *Journal of Business Ethics*, n. 17, p. 665-682, 1998.

LOTZ, S. L.; SHIM, S.; GEHRT, K. C. A study of Japanese consumers' cognitive hierarchies in formal and informal gift-giving situations. *Psychology & Marketing*, v. 20, n. 1, p. 59-85, 2003.

MARUYAMA, G. M. *Basics of structural equation modeling*. London: Sage Publications, 1998.

MEGLINO, B.; RAVLIN, E. Individual values in organizations: Concepts, controversies, and research. *Journal of Management*, n. 24, p. 351-389, 1998.

NELTON, S. Promoting a world ethical standard. *Nation's Business*, n. 84, 1996.

NONIS, S.; SWIFT, C. Personal value profiles and ethical business decisions. *Journal of Education for Business*, n. 76, p. 251-256, 2001.

NYERGES, J. Ten commandments for a negotiator. *Negotiation Journal*, Harvard, v. 3, n. 1, p. 21-18, 1987.

O'FALLON, M.; BUTTERFIELD, K. A review of the empirical ethical decision-making literature: 1996-2003. *Journal of Business Ethics*, n. 59, p. 375-413, 2005.

PAYNE, D.; RAIBORN, C.; ASKVIK, J. A global code of ethics. *Journal of Business Ethics*, n.16, p. 1727-1735, 1997.

PEPPET, S. R. Can saints negotiate? A brief introduction to the problems of perfect ethics in bargaining. *Harvard Negotiation Law Review*, Harvard, n. 7, p. 83-96, 2002.

PROVIS, C. Honesty in negotiation. *Business Ethics: A European Review*, n. 9, p. 3-12, 2000.

REITZ, J.; WALL, J.; LOVE, M. S. Ethics in negotiation: Oil and water or good lubrication? *Business Horizons*, Bloomington, v. 41, n. 3, 5-14, May-June 1998.

ROBINSON, R.; LEWICKI, R.; DONAHUE, E. M. Extending and testing a five factor model of ethical and unethical bargaining tactics: Introducing the SINS scale. *Journal of Organizational Behavior*, v. 21, n. 6, p. 649-664, Sept. 2000.

ROCCAS, S. et al. Basic values and the five factor model of personality traits. *Personality and Social Psychology Bulletin*, v. 28, n. 6, p. 789-801, 2002.

ROKEACH, M. *The nature of human values.* New York: Free Press, 1973.

_____. *Understanding human values:* Individual and societal. New York: Free Press, 1979.

ROZEN, I.; DE PELSMACKER, P.; BOSTYN, F. The ethical dimensions of decision processes of employees. *Journal of Business Ethics*, n. 33, p. 87-99, 2001.

SCHLENKER, B. R.; FORSYTH, D. R. On the ethics of psychological research. *Journal of Experimental Social Psychology*, v. 13, n. 4, p. 369-396, July 1977.

SCHWARTZ, S. H. Universals in the content and structure of values: Theoretical advances and empirical tests in 20 countries. In: ZANNA, M. (Org.). *Advances in experimental social psychology.* New York: Academic Press, 1992. v. 25, p. 1-65.

_____. Are there universal aspects in the structure and contents of human values? *Journal of Social Issues*, Malden, v. 50, n. 4, p. 19-45, 1994.

_____. A proposal for measuring value orientations across nations. In: *The questionnaire development package of the European social survey.* 2003. cap. 7. Disponível em: <www.europeansocialsurvey.org>. Acesso em: 27 mar. 2006.

_____; BILSKY, W. Toward a universal psychological structure of human values. *Journal of Personality and Social Psychology*, Washington, v. 53, n. 3, p. 550-562, 1987.

_____. Toward a theory of the universal content structure of values: Extensions and cross-cultural replications. *Journal of Personality and Social Psychology*, v. 58, n. 2, p. 878-891, 1990.

SCHWARTZ, S. H.; BOEHNKE, K. Evaluating the structure of human values with confirmatory factor analysis. *Journal of Research in Personality*, n. 38, p. 230-255, 2004.

SHARP, F. C. An objective study of some moral judgments. *American Journal of Psychology*, n. 9, p. 198-234, 1898.

SHELL, G. R. *Bargaining for advantage*: Negotiation strategies for reasonable people. London: Penguin, 1999.

SIVADAS, E. et al. Moral philosophy, ethical evaluations, and sales manager hiring intentions. *Journal of Personal Selling & Sales Management*, Atlanta, v. 23, n. 1, p. 7-21, 2003.

SINGHAPAKDI, A. et al. The perceived importance of ethics and social responsibility on organizational effectiveness: a survey of marketers. *Journal of the Academy of Marketing Science*, v. 23, n. 1, p. 49-56, Winter 1995.

SOLOMON, R. C. Business ethics. In: SINGER, P. (Ed.). *A companion to ethics*. Oxford: Blackwell Reference, 1991.

SROUR, R. *Ética empresarial*. Rio de Janeiro: Campus, 2000.

STEENHAULT, S.; VAN KENHOVE, P. An empirical investigation of the relationship among a consumer's personal values, ethical ideology and ethical beliefs. *Journal of Business Ethics*, n. 64, p. 137-155, 2006.

STRUDLER, A. On the ethics of deception in negotiation. *Business Ethics Quarterly*, Virginia, 5, p. 805-822, Oct. 1995.

SWAIDEN, Z.; VITELL, S. J.; RAWWAS, M. Consumer ethics: Determinants of ethical beliefs of African Americans. *Journal of Business Ethics*, n. 46, p. 175-186, 2003.

TAMAYO, A. Hierarquia de valores transculturais e brasileiros. *Psicologia — Teoria e Pesquisa*, Brasília, v. 23, n. esp., p. 7-15, 2007.

TANSEY, R.; BROWN, G.; HAYMAN, M. R. Personal moral philosophies and the moral judgments of salespeople. *Journal of Personal Selling and Sales Management*, Atlanta, v. 14, p. 59-75, 1994.

THOMAS, W. I.; ZNANIECKI, F. *The polish peasant in Europe and America*. Boston: University of Chicago Press, 1918.

TREISE, D. et al. Ethics in advertising: Ideological correlates of consumer perceptions. *Journal of Advertising*, Memphis, v. 23, n. 3, p. 59-69, Sept. 1994.

VITELL, S. J. Consumer ethics research: Review, synthesis, and suggestions for the future. *Journal of Business Ethics*, n. 43, p. 33-47, 2003.

WHITE, J. J. Machiavelli and the bar: Ethical limitations on lying in negotiation. *American Bar Foundation Research Journal*, Chicago, v. 5, n. 4, p. 926-938, Autumn 1980.

3

Análise do modelo híbrido de governança das Organizações Sociais de Saúde segundo a abordagem dos custos de transação

Trajano Augustus Tavares Quinhões

O movimento de descentralização da saúde ocorrido na década de 1990, que aumentou a participação dos governos municipais na prestação de serviços de saúde, pressionou os gestores nas três esferas de governo a explorarem modelos de governança que fossem alternativos ao modelo hierarquizado da administração direta. O estado de São Paulo não é um exemplo isolado nessa busca por modelos que possam superar os limites criados pela Constituição Federal de 1988,[1] mas possui alguns diferenciais, tais como: a continuidade administrativa nos últimos 12 anos; a expansão quase contínua da experiência; e a implantação em hospitais com características típicas do Sistema Único de Saúde (SUS).

No final dos anos 1990, o governo do estado de São Paulo criou um modelo de governança para hospitais públicos, híbrido entre o mercado e a hierarquia, e o implantou em 12 hospitais recém-construídos. Esse processo se expandiu desde então, até que, ao final de 2007, 23 hospitais públi-

---

[1] A Constituição de 1988 e a legislação complementar do início dos anos 1990 estabeleceram novos procedimentos de direito administrativo para o setor público, instituindo regras rígidas, detalhadas e objetivas para a gestão de recursos humanos (Lei nº 8.112/90), a gestão de compras (Lei nº 8.666/93) e a gestão financeira e de patrimônio. O objetivo era isolar o aspecto técnico do político e a esfera pública da privada, e seu efeito sobre a governança da administração pública foi a uniformização, independentemente da missão institucional de cada setor (Costa e Ribeiro, 2005). Esse isolamento gerou uma ênfase excessiva sobre o controle de procedimentos e uma preocupação menor com a eficiência e a qualidade.

cos (14 operados como Organizações Sociais de Saúde e os nove restantes segundo convênios análogos), três ambulatórios, um Centro de Referência ao Idoso e três laboratórios de análises clínicas estaduais, que totalizaram um orçamento de R$ 1,209 bilhão, eram administrados em bases contratuais (Barata e Mendes, 2007).

A nova figura jurídica adotada nesses hospitais foi chamada de Organizações Sociais em Saúde (OSS). Sob esse modelo, o governo transfere recursos para cobrir os custos de manter o hospital, mas a responsabilidade por seu gerenciamento, pela gestão de pessoas, de materiais e de recursos financeiros é delegada a uma organização não lucrativa pré-certificada. A Secretaria de Estado da Saúde (SES) negocia e firma um contrato de gestão com uma OSS para cada um desses hospitais, assegurando maior flexibilidade decisória em comparação aos tradicionais hospitais públicos estaduais, para que isto lhes garanta condições para alcançarem melhor desempenho.

A reforma administrativa da SES de São Paulo teve início após a reforma constitucional de 1998, quando foi aprovada a Emenda Constitucional nº 19, que estabeleceu um marco legal para as organizações sociais autônomas,[2] chamadas de OS. Em 1998, o governo do estado de São Paulo sancionou sua própria lei de OS para o setor de saúde, a Lei nº 846/98, baseada na Lei federal nº 9.637/98, estabelecendo que: somente uma organização não lucrativa pode se qualificar como uma OSS; somente novos serviços de saúde podem ser disponibilizados para a administração de OSS; um hospital administrado por uma OSS pode prover serviços unicamente para o SUS; o patrimônio (equipamentos e instalações) permanece como do governo do estado e os servidores públicos que permanecerem trabalhando nessas unidades receberão apenas o salário do vínculo público (ao contrário da lei federal).

A falta de mecanismos mais ágeis para a gerência de hospitais públicos face às exigências cada vez maiores decorrentes da complexidade na atenção, a elevação dos custos e os requisitos de qualidade e de eficiência

---

[2] A Emenda Constitucional nº 19 habilitou o setor privado, não lucrativo, a utilizar serviços públicos (materiais e financeiros) para prover serviços públicos não exclusivos do Estado.

hospitalar propiciaram, nos anos 1990, a busca por modelos de governança alternativos ao da administração direta, sendo o mais disseminado no período o das fundações privadas de apoio.

A decisão do governo paulista de delegar a gestão dos 12 hospitais públicos às OSS em 1998 não foi motivada apenas por questões técnicas ou conceituais. Durante a gestão Mário Covas (1995-2001), o estado terminou a construção de 20 novos hospitais, mas o início da operação desses hospitais era inviabilizado pela Lei federal nº 82/1995, chamada Lei Camata, e depois pela Lei complementar nº 96/1999, que estabeleciam que os estados podiam comprometer até 60% das receitas correntes com pagamento de salários. Se um estado alcançasse 95% do teto estabelecido pela Lei nº 96/1999, seria automaticamente bloqueado qualquer aumento de salário ou de empregos. Se o teto fosse excedido, as transferências voluntárias e créditos do governo federal seriam suspensos.

A criação das OSS para cuidar dos hospitais públicos no Brasil é uma forma de introduzir os incentivos de mercado, quando factíveis, na gestão dessas organizações, em contraste com os incentivos da hierarquia. Os controles procedimentais (*ex-ante*) são reduzidos e simultaneamente são direcionados esforços e atenção gerencial e de transparência sobre os resultados (*ex-post*). O objetivo é permitir que os gerentes administrem e exerçam a mesma autoridade de suas contrapartes do setor privado, sem perder o controle governamental sobre a qualidade, a quantidade e a destinação dos serviços prestados.

A característica-chave desse processo é a separação entre o financiamento e a provisão. O modelo adotado de organização social preconiza uma relação contratualizada entre o chamado núcleo estratégico do Estado e as organizações públicas e periféricas, para a provisão de serviços sociais. Além da propriedade estatal do prédio e dos equipamentos, o controle estatal sobre o hospital é observado em itens como a definição de objetivos, metas e resultados. Dessa forma, o governo assegura ao hospital uma posição não contestada de provedor de serviços hospitalares para determinada região, veta políticas de captação de recursos adicionais, define metas e objetivos e exerce forte controle orçamentário. O resultado em termos de padrão organizacional é uma estrutura híbrida em que a flexibilização é predominante.

Para assumir a gestão de um hospital público, uma organização sem fins lucrativos deve, em primeiro lugar, solicitar ao governo estadual um certificado de OSS, sendo necessária experiência de no mínimo cinco anos na administração de programas ou serviços de saúde. O próximo passo é a negociação do contrato de gestão com a SES, que é um elemento crucial no novo modelo de governança. Esse contrato é baseado no alcance de resultados e especifica o volume mensal de diferentes serviços a serem prestados em troca de um orçamento. Uma vez assinados, os contratos de gestão são válidos por cinco anos. Ajustes são feitos anualmente, após o primeiro ano de vigência, mas também consensualmente, em qualquer momento.

As OSS são remuneradas por orçamento global, composto da seguinte forma: 75% do valor correspondem ao custeio das despesas com o atendimento de internação; 15% referem-se ao custeio do atendimento ambulatorial; 3%, ao custeio do atendimento de urgências; e 7%, ao custeio do Serviço de Apoio à Diagnose e Terapia (Sadt). 90% do orçamento anual acordado entre a SES e a administração do hospital é transferido em prestações mensais. Esses desembolsos, dependendo do tipo da atividade de assistência (internação, urgência, emergência e Sadt) são reduzidos em 10% se a quantidade de serviços prestados ficar entre 75% e 84,9% das metas negociadas e em 30% se os resultados forem menores que 75%. Como o orçamento do hospital depende do alcance de metas predeterminadas de performance (além do envio periódico de informações à SES sobre gestão e desempenho), seus gerentes sentem-se incentivados para atingi-las.

Quanto aos salários e benefícios, os hospitais OSS estão obrigados, segundo o contrato de gestão, a limitar seus gastos anuais com pessoal em até 70% dos gastos totais e a remuneração de cada categoria profissional não deve superar a média de mercado para uma amostra de 24 hospitais no estado. Um estudo realizado pelo Banco Mundial (2006) verificou que os salários nos hospitais OSS eram basicamente iguais em termos de horas efetivamente trabalhadas em comparação com os hospitais da administração direta.

A implantação do modelo das OSS foi acompanhada pela criação da Coordenadoria de Contratação de Serviços de Saúde (CGCSS), ampliando a capacidade institucional da SES. A CGCSS tem como principais finalidades: a gestão administrativa e financeira dos contratos de gestão; a avaliação dos provedores, e do impacto e dos resultados dos serviços de saúde contratados; a contratação de serviços de saúde; o planejamento e a implantação de estratégias de saúde e serviços; e autorizar a transferência de bens móveis de uma unidade subordinada para outra. Até 2007, o orçamento e a estrutura da coordenadoria de contratação estavam vinculados à coordenadoria de serviços de saúde, responsável pelos hospitais da administração direta; porém, a partir daquele ano, adquiriu *status* próprio e, em 2008, recebeu orçamento de aproximadamente R$ 1,5 bilhão.

A contratualização das OSS em São Paulo permitiu avançar em um modelo alternativo de governança pública hospitalar nos seguintes aspectos:

- incorporação de instrumentos para alinhar expectativas e reduzir a assimetria informacional entre o agente e o principal;
- incorporação de instrumentos mais capazes de incentivar a performance dos agentes (gerentes e *staff*);
- incorporação de instrumentos mais flexíveis de gestão dos recursos materiais, financeiros e humanos, passando a seguir as regras que regem o direito comercial privado em contraposição às do direito administrativo e do direito público, e
- alteração dos papéis desempenhados pelo estado e pelo setor privado na provisão dos serviços de saúde, ao reduzir a autoridade do governo no gerenciamento cotidiano das unidades e aumentar sua responsabilidade na gestão e supervisão dos contratos firmados, e na avaliação do desempenho.

A contratualização de serviços não é uma panaceia com resultados garantidos. Um estudo do Banco Mundial de 1995 sobre a contratualização de empresas estatais em vários países em desenvolvimento identificou três fatores para que os contratos de gestão realmente obtenham bons resultados: i) enfrentar o problema da assimetria de informação para monitorar e medir os esforços do agente e seus resultados; ii) desenhar mecanismos de recompensa e de punição; e iii) construir um comprometimento de forte credibilidade para honrar o contrato. O estudo também concluiu que foram raras as melhorias mensuradas de performance operacional de empresas públicas contratualizadas e que, em um número significativo de casos, houve até uma piora após a introdução dos contratos de gestão. Uma explicação possível é que os gerentes frequentemente manipulam informações e acordam metas de desempenho conservadoras.

Uma avaliação da experiência das OSS e de seus primeiros resultados, comparando 12 hospitais OSS a 10 hospitais públicos estaduais de São Paulo, com tamanho e complexidade similares, realizada pelo Banco Mundial em 2004 e 2005, concluiu que aqueles hospitais que operam com o modelo OSS são mais eficientes do que os de governança tradicional (World Bank, 2006). Os primeiros obtiveram melhor desempenho do que o outro grupo em vários aspectos:

- oferecem mais internações;
- os leitos ficam vagos por um período menor;
- a taxa de ocupação hospitalar é maior;
- a permanência geral dos pacientes é mais curta, assim como na clínica cirúrgica;
- o índice de mortalidade geral é menor em duas das três clínicas analisadas;
- há uma distribuição mais econômica de profissionais, com mais enfermeiros e menos médicos, sem reduzir a qualidade na atenção;
- possuem menor número de empregados por leito.

A Abordagem dos Custos de Transação (TCA) é um instrumento muito poderoso para apoiar a construção ou escolha de um modelo de governança que seja o mais adequado às características de uma transação e de seus atores. A contratação, os relacionamentos interorganizacionais e os problemas de agência — aspectos que estão refletidos no modelo de governança — podem ser estudados com grande riqueza pela TCA, que, comparada a outras abordagens, tem um caráter mais sistêmico, é não prescritiva e normativa, e se dedica à compreensão das variáveis organizacionais bem próximas do nível das transações.

A literatura sobre custos transacionais é abundante em aplicações em integração vertical e no setor privado, mas também é muito utilizada para explicar as formas de organização do setor público (Horn, 1995), principalmente em situações em que há problemas de agência ou em que se estudam formas de governança capazes de garantir a provisão de serviços públicos. Mas apesar da produção crescente, a teoria ainda está se consolidando, pois carece de evidências empíricas e quase não há estudos na área de saúde.

Nos últimos 15 anos, a TCA tem atraído considerável interesse em diversas áreas acadêmicas — como a sociologia, a ciência política, o direito corporativo, a estratégia empresarial, o marketing e as finanças corporativas —, apesar de ser mais conhecida pelas contribuições de economistas como Oliver Williamson e Paul Joskow. Com origem interdisciplinar em direito, economia e organizações, a TCA é aplicável a uma ampla variedade de problemas da organização econômica e apresenta um grande número de usos empíricos. Qualquer problema formulado direta ou indiretamente em termos de contratação pode ser investigado com vantagem por meio de custos transacionais.

A TCA pertence ao paradigma da Nova Economia Institucional (NEI) — que tem suplantado a economia neoclássica tradicional — e à área da organização econômica ou economia das organizações.

Sua origem está na teoria institucional, iniciada no final do século XIX por pensadores como Durkheim e Weber, na sociologia, e Thorstein, Veblen, Commons e Mitchel, na economia, que trouxe uma nova perspectiva para o campo organizacional ao analisar a forma como as regras e os procedimentos são incorporados pelas organizações, partindo da premissa de que isso decorre da busca de legitimidade da organização diante dos ambientes externo e interno, por um processo isomórfico. Até então, as organizações eram vistas como sistemas de produção ou de troca, e suas estruturas eram vistas como modeladas por suas tecnologias, suas transações ou as relações de poder-dependência dessas interdependências (Scott, 1987). O institucionalismo tem pontos importantes de discordância com a corrente neoclássica, então contemporânea e teoricamente dominante, pois adota a perspectiva epistemológica da racionalidade humana limitada (*bounded rationality*), a qual afirma que parte relevante das ações humanas não é decidida por cálculos utilitários, mas por práticas usuais.

Na década de 1970 houve uma retomada da análise institucional pelas ciências sociais. O novo institucionalismo na teoria organizacional considera que a performance das organizações deve-se à natureza de suas instituições,[3] inclui a rejeição dos modelos de atores racionais, um interesse em instituições como variáveis independentes, uma guinada em direção a explicações cognitivas e culturais e um interesse em propriedades de unidades de análise supraindividuais, que não podem ser reduzidas a agregações ou consequências diretas de atributos e motivos individuais. Nenhum desses temas é novo, mas algumas novas direções foram tomadas, como o foco na legitimação como força sustentada e motora dos atores organizacionais. O isomorfismo organizacional ocorreria sempre, pois as organizações tendem a se modelar, imitando as organizações de seu campo que obtêm maior legitimidade e melhores resultados.

Entre os elementos do novo institucionalismo citados por Selznick (1996), destacam-se:

- a atenção aos mitos e símbolos;
- o reconhecimento da estrutura formal como densamente institucionalizada, como um produto adaptativo, responsivo às influências ambientais;
- o grande peso à cognição estruturada;
- a prevalência da incoerência em organizações complexas. As típicas grandes organizações são mais bem entendidas como uma coalizão, governada por múltiplas racionalidades e negociada autoridade, e que para sobreviver deve se engajar em transações complexas com o ambiente.

Em contraste com as tentativas anteriores da velha teoria institucional para se sobrepor à teoria neoclássica, a Nova Economia Institucional (NEI) reduz as dimensões históricas e sociais das instituições e permite que se chegue a um acordo e se lide com novos temas. Seus questionamentos à teoria neoclássica limitam-se ao equilíbrio perfeito do mercado, conside-

---

[3] As instituições consistem nas regras formais (leis, estatutos e regulamentos), nas informais (convenções, regras morais e sociais) e nas características de sua aplicação. As instituições são as regularidades comportamentais ou as rotinas compartilhadas entre a população. Um de seus efeitos é a provisão de incentivos para criar organizações. As instituições são as regras do jogo na sociedade ou as restrições que estruturam a interação humana, e as organizações são os jogadores (Mantzavinos, Douglass e North, 2003).

ram que há falhas nos mecanismos de mercado, mas que as organizações são capazes de usar instrumentos, como os contratuais, e mecanismos de governança para se resguardar das incertezas. O foco da interpretação se deslocou para a observação das conexões entre os custos de transação e a teoria das organizações, analisando as relações econômicas no universo organizacional.

A corrente dos custos de transação considera que as firmas e mercados são formas alternativas de governança e que as transações são organizadas visando minimizar os custos de manutenção dos contratos. A teoria está, portanto, preocupada primordialmente com as relações contratuais e tem como objetivo implantar uma melhor estrutura de transação entre a empresa e seus fornecedores, clientes e empregados. Por serem problemas cuja solução ocorre somente após avaliações de diferentes modelagens, a abordagem é caracterizada como *ex-post*.

Nos estudos de North (1995), assim como nos de Williamson (1985), as instituições suprem as falhas de mercado, baixam os custos de transação e tornam eficientes o sistema econômico e político. O apego de North[4] (1995) à eficiência do mercado e à natureza cultural do processo econômico pode ser demonstrado por dois elementos centrais: o direito de propriedade e a dependência do percurso (*path dependency*). O direito de propriedade define as regras do jogo, tornando possível o estabelecimento de uma matriz institucional eficiente, capaz de estimular um agente a investir. O segundo elemento significa que as instituições de hoje guardam forte conexão com as de ontem e daí a importância da trajetória institucional ou *path dependency*. Nenhum arranjo institucional pode ser considerado ótimo, pois é fruto de contingências (Tigre, 1998).

Nas duas últimas décadas, Williamson (1979, 1985) estendeu o modelo original de Coase e lhe acrescentou considerável precisão, identificando os tipos de negócios mais apropriados a serem conduzidos dentro das fronteiras de uma firma e aqueles a serem realizados na esfera do mercado.

---

[4] Alguns críticos de North entendem que ele não só incorporou elementos do pensamento econômico neoclássico, como a ontologia individualista e a endogenia das estruturas institucionais, como abdicou de tentar erigir um paradigma alternativo (Carvalho, Vieira e Goulart, 2005).

Nos enunciados de Williamson a atenção está quase totalmente dedicada às instituições econômicas no nível empresarial. A premissa básica da TCA é que se os custos de adaptação, de avaliação de performance e de salvaguardas são ausentes, então os agentes econômicos favorecerão a governança de mercado. Se forem altos o bastante para exceder as vantagens dos custos de produção do mercado, as firmas escolherão a organização interna.

Em termos gerais, o Brasil ainda não está em posição de obter os benefícios potenciais da descentralização dos cuidados em saúde por causa das precárias capacidades institucionais e de governança que caracterizam as organizações de saúde, que não encorajam a boa performance e a transparência de resultados. Isso significa que a agenda prioritária deveria ser justamente o desenvolvimento de sua capacidade institucional, organizacional e de recursos humanos. Apesar dos importantes esforços realizados na última década pelo setor público na modernização da gestão pública hospitalar, essas iniciativas têm sido insuficientes porque os resultados esperados dependem de um conjunto de fatores institucionais e estruturais, que deem forma a um modelo de governança capaz de atender às necessidades dos *stakeholders* e que disponha de incentivos adequados.

Este texto pretende realizar uma análise do modelo híbrido de governança das OSS e verificar se este modelo é adequado para governar a provisão de serviços hospitalares na grande São Paulo. Outras questões são verificadas pelo presente estudo, pois permanecem em aberto mesmo após avaliações realizadas sobre a experiência das OSS, tais como:

- se o aumento nos custos transacionais localizados no principal (Secretaria de Estado) e nos agentes (hospitais) é compensado pelo ganho de eficiência nos hospitais OSS. A falta de análise desses custos transacionais enfraquece a decisão do modelo de governança mais adequado para a provisão de serviços hospitalares;
- quais custos são relativos ao principal e quais se referem ao agente;
- se estão presentes no contrato de gestão os ingredientes essenciais para um contrato bem-sucedido com o setor público.

A experiência das OSS no estado de São Paulo também proporciona subsídios para que se examine a validade de algumas das proposições teóricas da TCA, tais como: se a opção pela governança via modelo OSS deu-se em função da capacidade de minimização dos custos de transação ou dos efeitos de desempenho alcançados; se o modelo de governança adotado é coerente com as características das transações que sobre ele estão dispostas; e se, entre as características identificadas por Williamson (1985) para a análise das transações, a que mais influenciou os custos de transação e a governança das OSS foi a da especificidade dos ativos.

Referencial teórico

Ronald Coase foi quem primeiro buscou responder o que determina quais transações são efetivadas por meio dos mercados e quais são feitas sob direção centralizada, dentro de uma organização formal, argumentando que há custos para efetuar transações, e que esses diferem dependendo tanto da natureza da transação quanto da forma que é organizada.

O mercado apresenta mecanismos mais poderosos de controle e monitoramento por sua habilidade para medir e recompensar o comportamento, assim como seus resultados. O mercado também é hábil para prover recompensas de longo prazo, como oportunidades de promoção. E, por fim, com relação aos efeitos sobre a atmosfera organizacional, a cultura e o processo de socialização podem criar objetivos convergentes entre as partes e reduzir o oportunismo (Rindfleisch e Heide, 1997). Mas há também vantagens relacionadas à hierarquia. Segundo Marglin (apud Williamson, 1985), elas permitem que os benefícios da inovação sejam mais apropriados e sirvam para checar fraudes. Quatro vantagens podem ser atribuídas à integração vertical:[5] economia de escala vertical (eliminação de etapas, redução de custos e coordenação das atividades de distribuição); economia

---

[5] O maior exemplo de integração vertical foi a Ford Motor Company, que em meados de 1920, em sua fábrica localizada em Detroit, construiu um dos maiores complexos industriais da história. Eram 93 prédios (23 de grande porte) em um terreno de mais de 4 milhões de metros quadrados, com 159 km de ferrovia e 75 mil empregados. O complexo não produzia apenas o modelo Ford T, pois havia também uma siderurgia e uma fábrica de vidros próprias. Além disso, possuía investimentos em minas de carvão e de ferro, em florestas, na extração de borracha e até em navios de carga (Machado et al., 2004).

de cadeia vertical/escopo horizontal (aquisição de insumos de fornecedores próprios); inovação na cadeia vertical (melhorias partilhadas entre unidades da empresa); e combinação das vantagens anteriores.

O modelo original de análise dos custos transacionais coloca a questão da governança mais adequada para um negócio como uma escolha discreta entre a esfera de mercado e a organização interna, mas a percepção atual desse campo teórico é que os aspectos da organização interna podem ser alcançados sem a propriedade ou a completa integração vertical. Uma variedade ampla de mecanismos híbridos tem sido identificada na literatura, desde mecanismos formais, como provisões contratuais e arranjos jurídicos, até os mais informais, como compartilhamento de informações e planejamento conjunto.

Segundo Rindfleisch e Heide (1997), alguns estudos que procuram comparar mercados com hierarquias empregam operacionalizações empíricas que usam medidas contínuas do constructo mercado *versus* hierarquia, como o de Balakrishnan e Wernerfelt (apud Rindfleisch e Heide, 1997), que especifica a estrutura de governança como um grau da integração vertical, em uma escala de 0 a 100% (de mercado até a hierarquia), e Palay (1984), que mede relações contratuais como mecanismos híbridos de relações de governança entre transportadores ferroviários e expedidores, pelo levantamento de cinco elementos das relações contratuais (meios de cumprimento do contrato, adaptações a novas circunstâncias, tipos de ajustes, de presença de longo intervalo e de planejamento estruturado).

A decisão por uma governança de mercado, hierarquizada ou híbrida, é influenciada por uma série de fatores. Segundo a TCA, a estrutura de governança de um negócio deve estar alinhada a quatro fatores (Williamson, 1985), que são os três atributos das transações — a especificidade dos ativos, a incerteza ambiental, a incerteza comportamental — e um quarto elemento, que é a frequência das transações. Este último fator, apesar de ter sido descrito por Williamson, raramente é incluído nos estudos empíricos onde é analisado esse tipo de decisão. Mas Milgron e Roberts (1992) se aprofundam neste aspecto. Se um tipo de transação ocorre frequentemente em formas similares, pessoas desenvolvem rotinas para gerenciá-la. Se, ao contrário, uma transação não é usual, então as partes precisam barganhar sobre seus termos, o que eleva os custos de realizá-la. Transações que sejam esporádicas, pouco relevantes e com boa previsibilidade tendem a ter custos de transação reduzidos e, por consequência, passam a ser realizadas via mercado; enquanto as que possuem características opostas tendem a apresentar custos de transação e riscos mais elevados e, assim, geralmente são realizadas dentro da corporação.

As mais tradicionais definições de custos transacionais baseiam-se em Williamsom (1985) e os associam aos custos relativos ao planejamento, à adaptação e ao monitoramento da execução de ações em diferentes estruturas de governança; aos custos para medir os atributos do que está sendo negociado e aos custos de proteger os direitos de propriedade e monitorar e implantar acordos (North, 1995).

A TCA assume que um dos problemas para que não sejam alcançados os níveis maiores de eficiência produtiva são os custos de transação, cuja origem está em falhas que o processo produtivo pode apresentar; todavia, seria possível corrigi-las ou minimizá-las. Os custos de transação estão diretamente relacionados a falhas existentes nas três características das transações: a especificidade dos ativos; a incerteza ambiental e a incerteza comportamental. A especificidade dos ativos gera a necessidade de salvaguardas para as transações. Sem salvaguardas apropriadas, as firmas enfrentam os riscos da expropriação (*ex-post*) ou perdas de produtividade devido a investimentos em ativos especializados (*ex-ante*). A incerteza ambiental cria um problema de adaptação do contrato a novas situações. Seus custos transacionais incluem os custos diretos de comunicação de novas informações, a renegociação de acordos ou a reflexão sobre circunstâncias imprevistas. O custo de oportunidade frente à má adaptação do contrato é também um tipo de custo de transação. Já o terceiro fator exige a avaliação de performance, pois não sendo aparentemente fácil perceber o desempenho do parceiro, pode ser necessário efetuar custos diretos de mensuração, sendo esta realizada na forma de medição direta de resultados ou de comportamentos.

Segundo o princípio da eficiência, adota-se o modo de governança que mais economize nos custos de transação, de forma que as transações tendem a ocorrer no mercado quando isso for mais eficiente ou são trazidas para dentro da firma, ou outra organização formal, quando isso minimiza os custos de fazê-las externamente. Entretanto, se a estrutura e o desenho organizacional são determinados para a minimização dos custos de transação, estes, por sua vez, também afetam a alocação da atividade entre as formas organizacionais (Melgrom e Roberts,1992).

A análise dos custos de transação tem como hipótese implícita o teorema de Coase, segundo o qual as pessoas buscam eficiência em suas atividades e nas formas de organizar seus negócios. Em situações de negócios, as partes se envolvem em uma barganha e alcançam um acordo em que não há a possibilidade de elevar o ganho mútuo. Se as partes barganham para um acordo eficiente e se suas preferências não apresentam efeitos de riqueza, então é possível inferir que as atividades de criação de valor que elas acordam não dependem do poder de barganha ou de quais ativos cada parte possuía quando a barganha começou. A organização eficiente é a que minimiza os custos de transação.

Calmon (2005), baseado na taxonomia proposta por Williamson (1985), identifica três categorias de custos transacionais:

- *ex-ante* — são os custos de reunir as informações para propor um programa ou uma política, as dificuldades de concepção, de definição dos indicadores, de caracterização das formas de operação; a definição dos recursos e do fluxo de recursos para o desempenho do programa;
- *durante* — são os custos relativos à gestão do programa, incluindo a liberação dos recursos, a negociação e coordenação com os parceiros e as mudanças conjunturais que podem afetar sua gestão; o processo de tomada de decisão, a contratação e demais aspectos referentes à sua implementação;
- *ex-post* — são os custos relacionados ao monitoramento e avaliação da política, a definição e participação nas arenas para discussão e a revisão dos problemas de concepção que possam ter ocorrido, além dos custos de supervisão que garantam a implementação dos acordos firmados.

Como foi apontado por críticos e por pesquisadores da TCA, o conceito de custos transacionais persistiu com falta de clareza e de articulação por muito tempo, desde Coase e mesmo após Williamson (1985). Mas o campo se desenvolveu de maneira expressiva nas últimas duas décadas e a natureza desses custos hoje é muito mais bem entendida. Conforme o quadro 1, abaixo, que sumariza os argumentos desenvolvidos ao longo desta seção, os custos de transação podem surgir na forma de custos diretos e de custos de oportunidade e estão diretamente relacionados às características das transações.

Quadro 1: **Origens e tipos de custos transacionais**

	Especificidade dos ativos	Incerteza comportamental	Incerteza ambiental
A. Origem dos custos transacionais			
Natureza do problema de governança	Salvaguardas	Avaliação de performance	Adaptação
B. Tipos de custos transacionais			
B.1. Custos diretos	▸ Custos de criação de salvaguardas	▸ Custos de testagem e seleção (ex-*ante*) ▸ Custos de mensuração (ex-*post*)	▸ Custos de comunicação, negociação e coordenação
B.2. Custos de oportunidade	▸ Falha em investir em ativos produtivos	▸ Falha em identificar parceiros apropriados (ex-*ante*) ▸ Perdas de produtividade por ajustes de esforços (ex-*post*)	▸ Má adaptação ▸ Falha na adaptação

Fonte: Rindfleisch e Heide (1997).

A análise dos custos de transação sugere que se os gerentes operarem de maneira eficiente, a hierarquia somente será observada quando a especificidade for alta, a performance for difícil de ser acessada e a especificidade e a imprevisibilidade ambiental ocorrerem em conjunto. Porém, Williamson (1981a) concorda que, além da frequência das transações, outros fatores também atuam nesse mesmo sentido, como o tamanho da companhia, a atratividade de uma linha de produto e o horizonte temporal.

Na figura 1, a seguir, apresentamos um resumo esquemático dos relacionamentos entre os constructos e as variáveis presentes na TCA (e que são empregadas no estudo), que estão divididos em dois grupos. O primeiro grupo é composto por dois relacionamentos, estabelecidos pela TCA, cuja validade para a gestão pública hospitalar ora testamos. O primeiro relacionamento, que está na parte inferior da figura 1, refere-se ao constructo governança, que é explicado pelas variáveis das características das transações e da frequência das mesmas. A segunda relação corresponde à contribuição das características das transações para os custos transacionais.

O segundo grupo de relacionamentos apresentados na figura 1 corresponde aos que são propostos pelo presente trabalho, que fazem uma releitura da TCA. O primeiro propõe que a governança seja explicada pela minimização dos custos de transação e pelos efeitos de performance decorrentes do modelo de governança, e não apenas pelo primeiro fator, como supõe grande parte dos autores da TCA. O segundo relacionamento consiste em verificar se ocorreu a influência de alterações ambientais sobre os constructos performance e custos transacionais, tanto no caso dos hospitais OSS quanto dos hospitais da administração direta.

A variável de influências ambientais foi acrescentada no modelo para que seja identificada qualquer interferência ambiental sobre a performance dos hospitais e sobre sua capacidade de minimização dos custos transacionais.

A taxonomia proposta por Williamson (1985) para a análise das transações, que possibilitou um aprofundamento nas dimensões microanalíticas da economia, buscando compreender as relações entre níveis diferentes de eficácia e a economia dos custos de transação, ainda está sendo pavimentada de operacionalizações e de referências empíricas que lhe deem maior sustentação. Não obstante, as operacionalizações e as propostas de medidores para as características das transações mostraram-se muito inadequadas para nossos propósitos de aplicação à gestão pública e de hospitais. A maior parte refere-se à área de vendas ou manufaturas.

Figura 1: **Relacionamentos entre os contructos e os conceitos propostos**

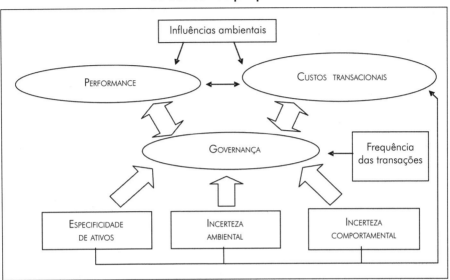

Apresentamos, a seguir, o modelo empregado para a realização do presente estudo da governança dos hospitais OSS, seus constructos, variáveis e subvariáveis, com suas respectivas definições.

O constructo *governança* refere-se aos arranjos institucionais que governam a organização, regendo as relações entre o principal e os seus administradores. Tem como ponto de partida dois polos, diametralmente opostos e excludentes, que são a hierarquia e o mercado, mas constrói um *continuum* entre eles, estabelecendo um sem-número de situações intermediárias. Foi operacionalmente definido a partir de sete variáveis, baseadas em um estudo relativo à governança hospitalar realizado por José Mendes Ribeiro (Ministério da Saúde, 2003) e em Palay (1984). São elas:

- a autonomia decisória;
- a gestão de pessoas;
- a gestão de materiais;
- a gestão financeira;
- o planejamento estratégico;
- o controle externo;
- a competição.

O constructo da *especificidade dos ativos* refere-se à transferibilidade dos ativos que apoiam uma dada transação (Williamson, 1985). Ativos com um alto grau de especificidade representam custos perdidos (*sunk costs*) que possuem pouco ou nenhum valor fora da relação particular de negócio. A caracterização mais comum para descrever a especificidade dos ativos e que foi aqui empregada é a proposta por Williamson (1985), que identifica seis tipos principais:

- especificidade de lugar;
- especificidade de ativo físico;
- especificidade de ativo humano;
- capital da marca registrada;
- ativos dedicados;
- especificidade temporal.

Os ativos humanos específicos são os mais comumente pesquisados e empregados, tanto nos estudos empíricos quanto nas aplicações de TCA em geral. De acordo com Rindfleisch e Heide (1997), essa popularidade deve-se a muitos estudos de TCA que envolvem contextos nos quais os investimentos humanos representam um substancial custo de fazer o negócio; e aos ativos específicos humanos que levam a uma ampla variedade de modelos de mensuração. A medida mais comumente utilizada é a de Anderson (1985), que reflete o quão necessário é, para o pessoal de vendas, estabelecer relacionamentos com a firma em ordem e o quanto precisam aprender.

O constructo da *incerteza ambiental* refere-se às mudanças não antecipadas em circunstâncias que margeiam o negócio, o que evidencia a capacidade do principal e do agente de preverem as condições ambientais necessárias durante a vigência do contrato entre ambos.

Entre os constructos da TCA, a incerteza ambiental é a mais problemática para mensuração. Segundo Rindfleisch e Heide (1997), há duas operacionalizações opostas para esse constructo. A primeira, e mais utilizada, enfatiza sua natureza imprevisível, e a segunda, tanto sua imprevisibilidade quanto sua complexidade. O autor cita o estudo de Anderson (1985) — que usa uma escala de nove itens e endereça elementos relacionados tanto à instabilidade associada à turbulência ambiental (complexidade e volatilidade) quanto aos perigos de se aventurar em atividades novas (outros mercados e vendas) — e o de Heide e John (1990); e também especifica dois tipos de imprevisibilidade: de volume e tecnológica.

A escolha da conceituação mais apropriada para as investigações de TCA depende dos elementos-chave do ambiente externo que poderiam agir como um desincentivo para os modos hierárquicos de governança. Na falta de uma suposição teórica, a imprevisibilidade operacional tradicional pode ser suficiente.

Alguns estudos têm acessado a incerteza ambiental por meio de medidas de um único item. Rindfleisch e Heide (1997) citam o estudo de Anderson e Schmittlein (1984), que mediram a incerteza como o esperado desvio entre a previsão e as vendas realizadas; e o estudo de Masten, que empregou um questionário com categorias dicotômicas.

Para fins da presente pesquisa, o constructo da incerteza ambiental é estabelecido por meio de duas variáveis: o desvio em relação à demanda por serviços de saúde, à morbimortalidade e aos custos; e a influência política externa no processo decisório, na gestão de pessoas, no processo de aquisições e na gestão financeira. A escolha dessas variáveis segue a operacionalização descrita por Rindfleisch e Heide (1997) relativa ao aspecto da incerteza e baseia-se nos estudos de Heide e John (1990) e de Anderson e Schmittlein (1984), que sugerem medidas da incerteza que incluem desvios entre certos parâmetros esperados e os realizados.

O constructo da *incerteza comportamental* surge das dificuldades associadas ao monitoramento da performance contratual dos parceiros de negócio ou da capacidade de avaliação da performance do agente pelo principal. Comparada com as duas variáveis anteriores, a incerteza comportamental possui bem menos operacionalizações.

A maior parte dos estudos a conceitua como o grau de dificuldade associado à avaliação da performance dos parceiros da transação. Esse conceito é muito próximo à discussão teórica de Williamson (1985) sobre incerteza comportamental, mas muitos estudos utilizam a visão de Anderson (1985), cuja origem foi a análise da dificuldade de avaliação da performance da força de vendas e que utiliza, para acessar esse constructo, uma escala de sete itens, focando em fatores como o grau das vendas do time e a exatidão dos registros de venda. Diferente da especificidade dos ativos e da incerteza ambiental, parecem existir poucas medidas secundárias de incerteza comportamental, sendo difícil extraí-la desse tipo de fonte.

O constructo em questão foi estabelecido a partir de quatro variáveis, também inspiradas pelo estudo de Anderson (1985), mas adaptadas ao contexto da gestão pública em saúde: a acuidade dos registros do agente; a disponibilidade de protocolos para a prestação de serviços pelo agente; o desvio entre o esperado do uso dos protocolos e o realizado e a capacidade de avaliação pelo principal dos serviços prestados pelo agente.

Os custos de transação são os custos requeridos para negociar, monitorar e controlar as trocas entre as organizações, indivíduos e agentes econômicos.

Para identificar os custos de transação relacionados ao novo modelo de governança das OSS, os do tipo *ex-ante*, para desenhar e negociar os contratos, e os *ex-post*, que compreendem os custos de monitoramento e cumprimento dos acordos, foram levantados os custos relativos aos problemas de estabelecimento de salvaguardas contratuais e os decorrentes ao grau de incerteza nos três atributos estudados das transações.

O constructo *performance* é dado pela relação entre os resultados obtidos e a quantidade de recursos usados para alcançá-los. São analisados dois grupos de variáveis: quanto à produção obtida de serviços (*outputs*) e quanto aos insumos utilizados (*inputs*). As subvariáveis relativas ao primeiro grupo são o número de altas hospitalares e de atendimentos de emergência. O segundo grupo refere-se ao total de leitos em operação e ao número de médicos (e residentes), de enfermeiros (e residentes de enfermagem), de pessoal não médico e não enfermeiro, de consultórios ambulatoriais e de consultórios da emergência.

Não é abordada com maior profundidade a quarta variável, frequência das transações, por ser uma variável bidimensional e diretamente observada, dispensando uma construção mais elaborada. Para o presente estudo, são consideradas apenas duas subvariáveis para comporem a frequência das transações: o número de altas hospitalares e o de atendimentos de emergência.

Metodologia

A metodologia utilizada foi um estudo de caso múltiplo com dois grupos de hospitais públicos estaduais localizados na região metropolitana de São Paulo (três hospitais governados segundo o modelo OSS e três, pelo modelo tradicional de administração pública direta), similares em termos de porte (número de leitos e de consultórios ambulatoriais), perfil assistencial e papéis de referência de atendimento para a rede de saúde. O grupo de hospitais da administração direta serviu como comparação para as análises relativas à percepção dos dirigentes dos hospitais OSS a respeito das características das transações realizadas (a especificidade dos ativos e as incertezas ambiental e comportamental) e da performance dos hospitais OSS. Além disso, também permitiu verificar se houve interferência de efeitos ambientais sobre a rede estadual e sobre a população.

Os seis hospitais selecionados apresentam características típicas de um hospital SUS de média complexidade em um grande centro urbano, em termos de tamanho, de complexidade tecnológica e perfil da população. Outro aspecto relevante é que a implantação do modelo OSS foi iniciada há uma década e, portanto, é uma experiência já consolidada e que não foi interrompida.

Os seis hospitais públicos estaduais estudados, apesar de não serem estatisticamente representativos, são significativos, pois correspondem a 13,1% das unidades hospitalares públicas próprias da SES/SP, a 15,2% dos leitos operacionais e 21,3% das internações. Os três hospitais OSS estudados correspondem a 25,1% dos leitos, 27,1% das internações e a cerca de um terço das consultas ambulatoriais, atendimentos de emergência e serviços externos de apoio à diagnose e terapia realizados pelos 14 hospitais OSS existentes no final de 2007. Já os três hospitais da administração direta correspondem a 10,5% dos leitos operacionais e a 16,4% das internações efetuadas pelos hospitais com esse modelo de governança. Os hospitais selecionados localizam-se no município de São Paulo ou na região metropolitana: dois na zona sul, dois na zona norte, um no município de Guarulhos e outro no de Taboão da Serra.

A opção pela metodologia de caso múltiplo deveu-se à sua capacidade de reunir uma diversidade de situações, de padrões e de contingências, para os dois modelos de governança estudados, que permitisse um entendimento aprofundado dos atores, das interações e dos comportamentos ocorridos para o processo estudado, e ao mesmo tempo trouxesse maior confiabilidade para a compreensão dos comportamentos e dos eventos estudados, sobretudo os relacionados à teoria. Esta metodologia foi escolhida visando explorar sua capacidade em descrever, compreender e predizer ou controlar o fenômeno em questão, de maneira que fosse possível generalizar seus significados e descobertas a outras situações, o que constitui uma perspectiva mais ampla do que a defendida por Yin (1994)[6] para estudos de caso.

Em termos metodológicos, foram empregados: a visita a hospitais dos dois grupos; a observação direta; a aplicação de questionários semiestruturados a pessoas-chave como os dirigentes dos dois grupos de hospitais, ao coordenador geral de contratualização de serviços da SES e ao subsecretário estadual de saúde; a consulta a documentos oficiais e a relatórios gerenciais dos hospitais e da SES; a coleta de dados dos hospitais nos sistemas de informação oficiais do Ministério da Saúde, como o Cadastro Nacional de Estabelecimentos de Saúde (Cnes), e os sistemas ambulatorial e hospitalar SIA/SIH do Sistema Único de Saúde e, por fim, a coleta dos dados orçamentários relativos aos hospitais pesquisados.

Os dados obtidos na fase de campo foram em grande parte numéricos, sejam escalas de importância (ordinais), números que representam alternativas mutuamente exclusivas (nominais) e dados e avaliações dos hospitais, dos contratos e pessoais dos entrevistados (escalas de intervalo). O tratamento da informação baseou-se no cálculo de médias e medianas.

Foram estimados quatro constructos, dois conceitos e uma variável unidimensional, que serão descritos a seguir. Os constructos são: governança; especificidade dos ativos; incerteza ambiental; e incerteza comportamental. Os conceitos, eficiência e custos de transação. A variável unidimensional é a frequência das transações.

> Governança: indicador da forma de governança da transação, sendo um *continuum* entre mercado (zero) e hierarquia (um).

---

[6] Segundo Yin (1994), estudo de caso é um estudo empírico que investiga um fenômeno contemporâneo dentro de seu contexto real, especialmente quando as fronteiras entre o fenômeno e o contexto não são muito nítidas.

- Especificidade dos ativos, incerteza ambiental e incerteza comportamental: índice final em uma escala de 0 a 1 ponto, calculado pela média aritmética dos valores obtidos entre os hospitais OSS e os da administração direta (sendo 0 nenhuma especificidade ou incerteza e 1, máxima especificidade ou incerteza).
- Eficiência: análise dos indicadores clássicos de gestão hospitalar.
- Custos de transação: incluem os custos de transação do tipo *ex-ante*, relativos ao período em que foi negociado o contrato, os quais deverão ser amortizados a cada ano em que o contrato for válido, e os custos durante, que são os incorridos mensalmente.
- Frequência das transações: análise dos dados reportados pela SES e pelos hospitais OSS.

Resultados da pesquisa

A governança hospitalar das OSS e da administração direta

O modelo de governança da administração direta, que está implantado em 32 hospitais públicos estaduais, é quase idêntico ao que se considera como o modelo hierarquizado ideal. Segundo a escala proposta nesse estudo, que vai de 0 (mercado) até 1 (hierarquia), o modelo da administração direta atingiu 0,97, e só não alcançou a pontuação máxima pelo fato de esses hospitais contarem com um sistema de incentivos financeiros para a premiação do bom desempenho, o que é um artifício característico do ambiente de mercado.

O modelo de governança das OSS alcançou uma pontuação de 0,647. Isso o classifica como um híbrido entre a governança pelo mercado e a pela hierarquia; entretanto, está mais próximo desta do que daquela. O modelo das OSS apresenta muitas características típicas de relações hierárquicas, tais como: a impossibilidade de o hospital obter outras fontes de financiamento da venda de serviços, além do orçamento estadual;[7] a impossibilidade de o hospital fixar os preços e a quantidade de serviços que deseja

---

[7] Além da receita da SES, os hospitais OSS estudados possuem apenas rendimentos financeiros da aplicação de seus recursos monetários, que corresponderam a 0,01% e 1,5% da receita operacional bruta anual de 2006.

prestar; a incapacidade de definir objetivos e metas e de planejar-se com autonomia; ser submetido a monitoramento e avaliação permanente dos órgãos federais e estaduais públicos de controle, inclusive contábil; ter exclusividade na provisão de serviços na região em que se situa; e a capacidade da SES de interferir sobre o mandato da diretoria do hospital, tanto diante de uma situação de mau desempenho em termos de resultados quantitativos e qualitativos, quanto em situações de total discricionariedade.

Apesar das críticas do Conselho Regional de Medicina de São Paulo e do sindicato dos médicos no que tange à introdução desse modelo para a governança de hospitais públicos como uma forma de privatizar serviços, introduzir uma lógica de mercado e terceirizar serviços, é possível concluir que o modelo é bastante distante de uma governança realmente de mercado e que guarda a maior parte dos elementos característicos do modelo hierarquizado.

A especificidade dos ativos, a incerteza ambiental e a incerteza comportamental nos hospitais OSS e nos da administração direta

Neste item analisamos as percepções dos dirigentes dos hospitais OSS, dos hospitais da administração direta e da Coordenação de Gestão de Contratos de Serviços (CGCSS) sobre as três características mais importantes — especificidade dos ativos, incerteza ambiental e incerteza comportamental — referentes à transação da provisão de serviços hospitalares pela SES, segundo a abordagem dos custos de transação. Os três constructos apresentados variam em uma escala contínua de 0 a 1: a pontuação 0 consiste no menor grau de especificidade do ativo ou de incerteza, e o grau 1 significa o maior grau.

A especificidade dos ativos: para mensurar a percepção dos atores que participam mais diretamente da contratação dos hospitais OSS foram entrevistadas a direção de três desses hospitais e a direção da CGCSS e, em seguida, foi construído um índice calculado pela média das percepções apuradas. Também foi investigada a percepção dos dirigentes dos hospitais da administração direta quanto à especificidade de seus ativos, a fim de comparar as percepções dos dirigentes dos dois grupos de hospitais.

A principal descoberta relativa à análise dos ativos é que a percepção dos atores indica que os ativos dessa transação apresentam baixa especificidade (média geral de 0,310), o que também sugere uma baixa necessidade de salvaguardas para os ativos empregados na transação. Outro aspecto é que a percepção dos três grupos de atores sobre os ativos variou muito pouco, sobretudo entre os dirigentes dos hospitais OSS (0,306) e os da administração direta (0,314). As diferenças entre esses dois grupos devem-se ao maior treinamento antes do início das atividades profissionais e um uso ligeiramente maior de ativos dedicados pelos hospitais OSS.

O fato de o índice da especificidade dos ativos para os hospitais OSS ser quase idêntico ao da administração direta indica que os hospitais dos dois grupos estão submetidos a características muito semelhantes quanto à provisão dos serviços, que são: boa disponibilidade de recursos humanos; baixa necessidade de requalificação da mão de obra; baixo uso de ativos dedicados; dificuldades de encaminhamento de pacientes para outras unidades e dificuldade de remanejamento dos serviços.

A incerteza ambiental: a análise da incerteza ambiental permitiu algumas descobertas. A primeira delas é que ao subdividirmos o índice em dois, empregando as operacionalizações citadas por Rindfleisch e Heide (1997), verificamos que foi significativa a diferença de comportamento entre os dois subcomponentes. O primeiro consiste na capacidade dos atores em preverem o comportamento de aspectos relevantes de suas atividades, como a quantidade, o tipo e os custos dos serviços hospitalares prestados. O segundo subcomponente consiste nos aspectos institucionais presentes nos hospitais, que os permitem dar respostas às mudanças ambientais. Ao final foi calculado um índice global para os dois subcomponentes.

Uma análise do primeiro subcomponente permite inferir que não há pressão ambiental significativa sobre os dois grupos de hospitais. Verificamos que:

- a diferença em termos do planejado e o realizado foi pequena para os hospitais OSS, indicando que a incerteza e a mudança no contexto ambiental são baixas (índice de 0,11 em um máximo de 1,0);

- os hospitais OSS relataram diferenças sempre inferiores a 10%, na quantidade, no tipo das internações e nos custos hospitalares. Os hospitais da administração direta apresentaram uma variação maior no item dos custos hospitalares no ano de 2007, com 15% de diferença em relação ao projetado, enquanto os hospitais OSS apresentaram uma diferença de 7% face o planejado;
- os hospitais da administração direta tiveram dificuldade em comparar o realizado e o planejado, pois nem todos possuíam essa informação, mas apesar disso reportaram ter sido pequena.

A análise do segundo subcomponente do índice permite identificar que o grau de incerteza ambiental é muito maior para os hospitais da administração direta (1,0) do que para os hospitais OSS (0,50). Isso é explicado pelo fato de a governança dos hospitais da administração direta possuir vários intensificadores institucionais da incerteza ambiental, como: falta de autonomia para que o dirigente componha a sua diretoria; a impossibilidade de gerenciar os recursos humanos; a dificuldade de remanejar as aquisições do hospital e para fazer sua gestão financeira; além da inexistência de compromissos entre o hospital e o governo para a prestação de serviços, com metas e padrões de qualidade.

No caso das OSS, a incerteza ambiental é alimentada pela inexistência de mecanismos contratuais que possibilitem uma mediação independente dos conflitos entre as partes e pela ausência de cláusulas de adaptação caso aconteçam mudanças não esperadas. Os hospitais OSS contornam a falta dos mecanismos contratuais citados, renegociando as metas de produção e seu orçamento nas reuniões trimestrais de acompanhamento e avaliação realizadas pela CGCSS.

Após agregarmos o efeito dos dois subcomponentes para determinar o índice total relativo à incerteza ambiental, calculando a média simples entre ambos, concluímos que o grau desse constructo para os hospitais OSS é 0,392; enquanto para os hospitais da administração direta é bem mais alto, de 0,74. Isso significa que o modelo das OSS apresenta aspectos institucionais que ocasionam um menor grau de incerteza ambiental, o que se traduz em baixos custos de transação por falhas nesse aspecto da transação. Mas ambos os índices referentes às duas governanças podem ser reduzidos mediante ações de mudança institucional.

A incerteza comportamental: da análise do constructo, constatou-se o baixo nível de incerteza para os hospitais OSS (0,157), explicado pela combinação do uso de protocolos clínicos e cirúrgicos e a baixa reportagem de desvios de uso, um elevado nível de informatização dos hospitais e a existência de diversas rotinas de auditoria e de controle, por diferentes órgãos governamentais, estaduais e federais. O nível de incerteza comportamental para os hospitais da administração direta não é alto (0,321), se comparado ao que se espera para hospitais típicos SUS, em virtude da informatização e do uso de protocolos clínicos e cirúrgicos (limitado a determinados serviços e especialidades no hospital).

Dessa forma, pode-se afirmar que o nível de incerteza comportamental na administração direta é superior ao dos hospitais OSS em virtude de fatores como o uso menos abrangente de protocolos de serviço. Nenhum dos hospitais da administração direta soube estimar o desvio do uso dos protocolos, nem mesmo referente às clínicas onde estes estão estabelecidos.

A frequência das transações

Em função da natureza dos serviços hospitalares e do papel desempenhado por essa organização no subsistema de saúde, é possível afirmar que os hospitais públicos típicos possuem alta e relativamente previsível demanda no curto e médio prazo, salvo, é claro, nas unidades mal dimensionadas ou em situações de surto. Pode-se observar, pelo quadro 2, que nos últimos anos houve uma significativa manutenção do mesmo volume de produção de serviços. Na maior parte das vezes, a quantidade de procedimentos hospitalares realizados nos seis hospitais analisados teve uma variação inferior a 7% de um ano para outro, e quando isto não ocorreu, deveu-se a fatores relacionados à oferta do serviço e não à sua demanda, como a abertura de um novo serviço no hospital, uma reforma, a substituição de equipamentos, mudança de *layout* interno e outros.

Quadro 2: **Produção de AIHs nos hospitais estudados de 2004 a 2006**

Variação na frequência SIH	2004/2005	2005/2006
H. G. 1	11,80	(5,44)
H. G. 2	9,78	2,03
H. G. 3	18,48	4,41
Subtotal OSS	13,47	0,70
H. G. 1	7,43	12,64
H. G. 2	1,90	(3,69)
H. G. 3	(11,72)	(0,29)
Subtotal admin. direta	(1,10)	2,71
Total geral	7,35	1,48

Fonte: SIH/SUS Datasus/MS.

Os hospitais OSS, do ponto de vista assistencial, não diferem muito dos hospitais da administração direta. Cada um dos seis hospitais estudados é a referência de atendimento na sua populosa e adensada região de abrangência, que variou de 600 mil a mais de um milhão de habitantes, para uma ampla gama de serviços de complexidade secundária e em certos casos até terciária.

Não há, nos seis hospitais, uma margem expressiva para o encaminhamento de pacientes que necessitem de cuidados que em tese são de sua responsabilidade no âmbito da regional de saúde em que se encontram, e isso se deve a dois fatores. O primeiro, relacionado à própria característica da prestação dos serviços hospitalares, é variável e complexo, segundo Shortell e Kaluzny (1988), porque frequentemente apresenta um caráter emergencial e inadiável. O segundo, é que não há outros provedores públicos para o atendimento de pacientes SUS na região de atendimento dos hospitais estudados porque são a principal ou a única referência na maior parte dos serviços que prestam.

As características relativas à frequência das transações, de manutenção do mesmo patamar de demanda por serviços e com bom nível de previsibilidade desse quantitativo apontam para uma governança de mercado. Entretanto, a baixa capacidade de deslocamento dessa demanda em termos espaciais e intertemporais, em função tanto da gravidade e da urgência dos serviços quanto da centralização do atendimento em um número reduzido e específico de prestadores, sugere uma governança hierarquizada. A resultante dessas duas forças é insuficiente para determinar sozinha a governança da transação de contratação de serviços nos hospitais estudados, mas, se vista isoladamente, permite para uma estrutura de governança híbrida.

Os custos de transação do modelo OSS

O modelo OSS apresenta custos de transação subdivididos em dois tipos: os localizados na estrutura administrativa da SES (especificamente na Coordenadoria de Gestão de Contratos de Serviços de Saúde) e os existentes em cada um dos hospitais OSS. Nesta seção, são apresentados os custos de transação advindos da introdução do modelo das OSS, conforme a classificação apresentada no quadro 1. Não obstante, não é escopo deste estudo levantar os custos de transação referentes aos hospitais OSS e, sim, levantar os custos de transação novos, assumidos com a introdução desse modelo pela SES, exclusivamente associados ao modelo das OSS e que não estão presentes no modelo hierarquizado.

Os custos transacionais incorridos no âmbito da SES relativos ao modelo das OSS: antes de se discorrer diretamente sobre essa parcela dos custos de transação relativos à implantação da governança das OSS, é necessário dimensionar a estrutura montada para a gestão dos contratos para a prestação de serviços hospitalares, ambulatoriais e de exames de análises clínicas. A SES/SP possui, ao final de 2007, 30 serviços administrados sob a égide da contratualização, com a seguinte distribuição: 14 hospitais OSS; nove sob convênio análogo; três ambulatórios; um centro de referência do idoso e três centros estaduais de análises clínicas, conforme o quadro 3, a seguir. Todos os serviços estão subordinados à CGCSS que, dependendo do tipo de contratualização, tem diferentes atribuições.[8]

---

[8] No caso das OSS, a CGCSS, além de elaborar o contrato de gestão, também é responsável: (i) pelo monitoramento trimestral da execução do contrato, da execução física e financeira dos recursos repassados; (ii) pela renegociação trimestral de ajustes que forem necessários tanto nas metas assistenciais (quantitativas e qualitativas) quanto da execução financeira; (iii) pelo levantamento anual dos

Quadro 3: **Serviços administrados pela CGCSS/SES/SP**

	Quantidade		Orçamento 2008 (Projeto de Lei)
	Firmado até 2007	Ativado em 2007	
Hospitais OSS sob contrato de gestão	13	1	1.335.850.491,0
Hospitais sob convênio análogo	7	2	
Ambulatórios sob contrato de gestão	1	2	
Centro de referência do idoso	1	—	
Centros estaduais de análises clínicas	1	1	
Total	23	6	

Fonte: Coordenadoria de Gestão de Contratos de Serviços de Saúde (SES/SP).

Procurou-se identificar os custos transacionais diretos, incorridos na SES, relativos aos três hospitais analisados ou para o conjunto dos 14 hospitais OSS, segundo os tipos de custos considerados (especificidade dos ativos, incerteza comportamental e incerteza ambiental). Os custos de oportunidade não foram computados em virtude da dificuldade de operacionalizar suas estimativas e de compará-las com os resultados das operações realizadas pelos hospitais OSS.

A primeira dificuldade para a estimativa dos custos transacionais foi o fato de que a contabilidade pública não os identifica por hospital e também não contabiliza em separado os gastos referentes às atividades de criação de salvaguardas contratuais, de avaliação de performance (incluindo os custos de testagem e de seleção das organizações OSS) e de adaptação contratual. Em virtude da dificuldade de identificar quem na CGCSS ou na SES é encarregado disso e durante quanto tempo, considerou-se o custo administrativo total da equipe, que é responsável por realizar basicamente todas as funções de planejamento, julgamento, seleção, negociação, contratação, monitoramento e avaliação dos serviços contratados. Caso não existissem contratações, os serviços estariam sendo providos segundo a governança

---

inservíveis entre os hospitais para a troca de unidades; e (iv) pela avaliação contratual de final de ano, assim como a análise orçamentária para o exercício subsequente. Caso haja desinteresse pela OSS quanto à gestão do hospital, ela fica obrigada a continuar prestando os serviços de saúde por um prazo mínimo de 180 dias, e cabe à CGCSS publicar novo edital de chamamento de OSS interessadas.

da administração direta e os dirigentes dos hospitais estariam subordinados à coordenadoria.

Segundo o projeto de lei referente ao orçamento estadual para 2008, o gasto previsto com o suporte administrativo da Coordenadoria de Gestão de Contratos de Serviços de Saúde, em termos da coordenação e administração geral, é de R$ 1,166 milhão para o custeio de uma equipe de 17 pessoas. Esse montante equivale a menos de 0,1% do orçamento total dos 30 serviços administrados segundo a égide da contratualização (R$ 1,335 bilhão).

Uma estimativa direta do custo de transação no âmbito da SES para a contratualização de cada serviço poderia ser obtida pela divisão do orçamento relativo à administração geral pelo número de serviços contratualizados, o que daria um valor de R$ 38.866,66 por serviço. A contratualização de serviços de acordo com o modelo das OSS (os 14 hospitais, os três ambulatórios e o centro de referência do idoso) não é muito distinta dos convênios análogos e dos convênios com os centros de análises clínicas, pelo fato de também possuírem avaliações de desempenho e revisões de metas trimestrais, mas diferem basicamente pelo tipo de auditoria dos órgãos de controle.

Vale ressaltar que a SES iniciou o processo de implantação do modelo das OSS em 1998 com a contratualização de 12 hospitais e esse processo vem se expandindo desde então. Atualmente já são 30 serviços contratualizados pela CGCSS, que ganhou para o ano de 2008 o *status* de unidade orçamentária própria; assim, o custo médio, por parte da SES, de administração de cada contrato e o custo para cada transação vêm se reduzindo.

Os custos transacionais incorridos no âmbito dos hospitais OSS relativos ao seu modelo de governança: a principal constatação da pesquisa no que diz respeito aos custos transacionais incorridos nos hospitais OSS decorrentes de seu modelo de governança é que estes são pouco significativos. Os únicos itens que chamam a atenção são a contratação de um serviço de auditoria contábil e de um serviço de assistência jurídica, pagos com recursos oriundos de cada hospital. Esse custo foi estimado em R$ 50 mil por hospital OSS por mês, ou R$ 600 mil anuais, que correspondem a 0,9% do orçamento total médio de cada unidade.

Os dois aspectos supramencionados atendem à correção de problemas de governança para os três tipos de características das transações (especificidade dos ativos, incerteza comportamental e ambiental). Os demais custos das OSS relativos à criação de salvaguardas, à avaliação de desempenho e à adaptação a mudanças ambientais — que são exclusivamente relacionados ao modelo híbrido e, portanto, não deveriam fazer parte da planilha de custos de hospitais da administração direta — são marginais. Essas atividades nas OSS estão associadas aos processos corriqueiros de gestão de qualquer hospital bem administrado e que busque bons padrões de qualidade da atenção. A seguir, tais atividades serão analisadas mais detalhadamente.

No que tange à criação de salvaguardas para as organizações contratadas gerirem os hospitais, uma das questões identificadas na pesquisa é o baixo risco dessa operação e sua pouca necessidade para as organizações OSS. Isso ocorre porque:

- as organizações contratadas não realizam qualquer tipo de investimento no hospital com recursos próprios, dependendo totalmente dos recursos orçamentários transferidos mensalmente pela SES, tanto relativos a investimentos quanto ao custeio de novos serviços;
- todas as aquisições do hospital são de patrimônio da SES, mesmo que adquiridas pela OSS;
- a OSS não pode fazer retiradas ou transferências para a sua controladora a título de dividendos e lucros, posto ser uma instituição sem fins lucrativos;
- caso haja rompimento do contrato pela SES, não decorrente de má gestão, culpa ou dolo da contratada, o estado arcará com os custos relativos à dispensa do pessoal contratado.

Há outros motivos que também atuam por fazerem com que cada OSS não despenda muitos recursos financeiros no desenho de salvaguardas contratuais para se proteger enquanto entidade; um deles é que o contrato de gestão é padrão e somente varia no que diz respeito às metas assistenciais e aos recursos financeiros. Outro fator é a flexibilidade do contrato e de sua gestão pela CGCSS da SES, possibilitando que se firmem termos aditivos para a realização de investimentos que se demonstrem necessários durante a vigência do contrato, para garantir seu custeio e para corrigir desequilíbrios na relação entre as partes.

Com respeito à avaliação de performance pelos hospitais, não há, no modelo OSS, a requisição de um esforço que seja muito diferente dos procedimentos usuais de gestão de um hospital que se organiza para ter as informações necessárias para uma tomada de decisão mais qualificada. A necessidade de implantação de sistemas de informação e a implantação de rotinas de planejamento, de controle, de monitoramento e de avaliação dos serviços, ao mesmo tempo em que são cruciais para a relação de contratualização dos serviços, também são essenciais para a gestão de qualquer organização complexa.

Os requisitos estabelecidos pela CGCSS, como a prestação trimestral de contas, a avaliação anual de metas e a renegociação contratual, são poderosos e muito úteis para que o hospital avalie seu desempenho, revise procedimentos e realize um replanejamento. Mas, assim como na implantação de rotinas para a coleta e processamento de dados sobre o desempenho do hospital, não foram identificados, em nenhum dos três hospitais OSS, uma estrutura formal ou mesmo funcionários dedicados integralmente para atender a prestação de contas, a avaliação e a renegociação contratual com a SES.

Quanto à incerteza ambiental e aos custos correspondentes de adaptação contratual, de comunicação das novas diretrizes, de negociação e de coordenação, um dos aspectos verificados no estudo foi justamente que o modelo das OSS avança na redução dessa incerteza. O contrato de gestão possui um prazo de vigência de cinco anos, razoavelmente longo na administração pública, que, somado aos mecanismos de proteção às influências políticas e interrupções na gestão, possibilita uma estabilidade e um nível de continuidade administrativa muito altos se comparados ao modelo hierarquizado. Fora isso, não foram detectadas, na fase de entrevistas com os dirigentes e na avaliação dos dados de produção dos hospitais, alterações ambientais significativas em termos de custos e da demanda por serviços de internação e ambulatoriais.

Em virtude dessa dupla conjugação de fatores — uma estrutura organizacional que favorece a estabilidade e a continuidade, e um ambiente pouco incerto no curto prazo —, não há gastos exagerados pelos hospitais OSS em comparação com os da administração direta.

A eficiência dos hospitais OSS e da administração direta

Nesta seção são apresentados os resultados de uma análise comparada da eficiência dos três hospitais OSS e dos três hospitais da administração direta, selecionados na amostra. Foi realizada uma análise do grau de eficiência dos dois grupos de hospitais, utilizando-se um grande número de indicadores de eficiência e de qualidade da atenção hospitalar, que permitiram compor quatro perspectivas de análise comparada desses hospitais, a saber: eficiência geral, eficiência técnica, eficiência alocativa e qualidade da atenção hospitalar. Os dados utilizados foram coletados da base do SIA/SIH SUS, do CNES, ambos do Datasus/MS, e da CGCSS, da SES/SP, e referem-se ao ano de 2006; eventualmente, alguns se referem ao segundo trimestre de 2007.

Eficiência geral: a análise dos dados permite perceber, em primeiro lugar, que os hospitais OSS estudados são, em média, um pouco maiores do que os da administração direta, em termos de porte, de pessoal e de gastos. Os hospitais OSS possuem 29% mais leitos, 41% mais médicos, 27% mais funcionários, 17% menos consultórios ambulatoriais e gastam 54% mais do que os três hospitais selecionados da administração direta.

Os hospitais OSS, apesar de não contarem com muita diferença em termos de especialidades e de referências na rede em comparação com o outro grupo de hospitais, apresentam maior complexidade na atenção prestada a seus pacientes. Isso pode ser confirmado:

- por terem atendido 33% mais pacientes internados acima de 60 anos;
- pelo valor médio das autorizações gerais de internação hospitalar (AIHs) e o valor médio das AIHs relativas à clínica cirúrgica serem, respectivamente, 28% e 22% superiores às realizadas pelos hospitais da administração direta; e

• pelo valor médio do repasse federal para o custeio do atendimento ambulatorial (SIA/SUS) ter sido 52% superior no caso dos hospitais OSS.

Esses fatores indicam o uso de mais insumos médicos e tecnológicos e de procedimentos de maior complexidade por internação e por atendimento ambulatorial.

Além dessas diferenças apontadas entre os dois grupos, também é possível inferir que os hospitais OSS produziram relativamente mais serviços, utilizando uma composição de profissionais com mais médicos e menos funcionários por leito; realizaram, em 2006, 10% mais internações por médico; utilizaram 9% mais médicos por leito operacional e 1,6% menos funcionários por leito do que os hospitais da administração direta.

Apesar de os hospitais OSS estudados terem apresentado uma despesa média total 54% acima da incorrida pelos hospitais da administração direta, o gasto médio por leito operacional já foi um pouco menor, 18% acima, e o gasto médio por internação teve um comportamento oposto, 1,7% menor do que o verificado pelos hospitais da administração direta. O fato de terem incorrido em menores gastos por internação, mesmo diante de um quadro característico de realização de procedimentos de maior complexidade, deve-se ao processamento de 20% mais AIHs emitidas por leito operacional e 114% mais atendimentos ambulatoriais por sala, do que os da administração direta.

Quadro 4: **Eficiência dos hospitais OSS e da administração direta**

Dados gerais (ano 2006)	Hospitais OSS	Hospitais admin. direta
Despesas médias totais (valores correntes)	65.265.861	42.307.370
Média de AIHs processadas	16.054	10.340
Média de atendimentos ambulatoriais	1.044.299	487.981
Número médio de leitos	262,67	202,67
Número médio de ambulatórios	46,00	55,67
Despesa média total por leito	248.474,09	209.466,09
Despesa média por internação	4.065,31	4.134,90
Média de médicos	388	274,67
Média do total de funcionários	1.253	982

Continua

Dados gerais (ano 2006)	Hospitais OSS	Hospitais admin. direta
Média médicos/leitos	1,477	1,355
Média funcionários/leitos	4,77	4,85
Proporção média de internações > 60 anos	17,36%	13,09%
Valor médio da AIH na clínica cirúrgica	538,73	441,77
Valor médio da AIH	522,11	408,11
Valor médio do atendimento ambulatorial	6,57	4,32

Fonte: SIH/SUS/Datasus, Cnes/Datasus e CGCSS/SES/SP.

Eficiência técnica: mede a capacidade de se produzir o máximo de resultados com uma dada quantidade de insumos. Já foi evidenciado na descrição da amostra que os hospitais dos dois grupos estudados apresentam condições similares de estrutura e operam com parâmetros assistenciais, com profissionais, tecnologias, ambientes e custos similares.

Conforme pode ser percebido no quadro 5, a seguir, os hospitais OSS são significativamente mais eficientes do que os da administração direta, efetuando mais atendimentos de internação e ambulatoriais por leito e por consultório disponível. Isso pode ser constatado pelo fato de que cada leito dos hospitais OSS proporcionou, em média, 61,1 altas; enquanto nos hospitais da administração direta foram 51 altas, ou seja, um quantitativo 20% inferior. No caso dos leitos cirúrgicos, a diferença do índice de renovação entre os dois grupos de hospitais foi muito maior, com 60,5% mais altas para cada leito dos hospitais OSS.

No sentido oposto, quanto menor a complexidade do serviço hospitalar, menor a diferença observada no índice de renovação de leitos entre os dois grupos de hospitais. Os OSS tiveram 10,8% e 3,5%, mais altas por leito, respectivamente, na clínica médica e na pediatria; apenas na obstetrícia houve um melhor aproveitamento dos leitos por parte dos hospitais da administração direta, com 17% mais altas. Há de se ressaltar, nesse caso, que o valor médio da AIH obstétrica para os hospitais OSS foi 7,2% superior ao realizado pelo outro grupo, indicando a necessidade de maior tempo médio de permanência das pacientes obstétricas atendidas.

Quadro 5: **Eficiência técnica dos hospitais OSS e da administração direta**

Eficiência técnica (ano 2006)	Hospitais OSS	Hospitais admin. direta
Total AIH/leito total (índice de renovação)	61,12	51,02
N. AIH/leito cirúrgico	81,12	50,55
N. AIH/leito clínica médica	53,88	48,65
N. AIH/leito obstétrico	81,70	98,19
N. AIH/leito pediátrico	63,93	61,77
Atendimentos ambulat./consultórios	22.702,2	8.766,1

Fonte: SIH/SUS/Datasus, Cnes/Datasus e CGCSS/SES/SP.

Eficiência alocativa: as variáveis de eficiência alocativa, que medem as condições de utilização dos insumos, também possibilitam uma aproximação comparativa do desempenho das organizações.

Observando o quadro 6, a seguir, pode-se perceber, em primeiro lugar, a significativa diferença entre os dois grupos de hospitais quanto ao giro do leito. Cada leito dos hospitais OSS, em média, apresenta 20% mais internações. Mesmo com tempo médio de permanência muito próximo, com uma diferença inferior a 1% entre os dois grupos, a eficiência na gestão dos leitos pelos hospitais OSS está refletida, por exemplo, na taxa de ocupação 21,4% superior aos hospitais da administração direta e no intervalo de substituição do leito, que, nesses hospitais, é inferior a um dia para substituir um paciente internado, enquanto na administração direta são quase 2 dias (1,979 dias), ou seja 2,72 vezes mais tempo.

Quadro 6: **Eficiência alocativa dos hospitais OSS e da administração direta**

Eficiência alocativa (ano 2006)	Hospitais OSS	Hospitais admin. direta
Giro médio do leito	30,30	25,20
Taxa de ocupação	87,77%	72,30%
Tempo médio de permanência na clínica cirúrgica	3,71	4,05
Tempo médio de permanência geral (dias)	5,21	5,17
Intervalo de substituição (dias)	0,726	1,98

Fonte: SIH/SUS/Datasus, Cnes/Datasus e CGCSS/SES/SP.

Qualidade: há uma ampla gama de indicadores relativos à qualidade hospitalar. Escolheram-se, então, os mais agregadores, que captassem os efeitos de uma boa gestão tanto do leito quanto da clínica e que, ao mesmo tempo, fossem sensíveis e coerentes com os indicadores escolhidos para a análise de eficiência. Por esse motivo, opta-se por trabalhar com os indicadores de mortalidade geral e os de mortalidade pelas especialidades mais relevantes nesses hospitais.

A primeira descoberta é que, apesar de os hospitais OSS terem uma clientela um pouco mais velha e de haver um indicativo de cuidarem de atendimentos com maiores requisitos de complexidade de atenção, a taxa de mortalidade geral foi quase idêntica à verificada nos hospitais da administração direta e até inferior (1%).

Como pode ser observado no quadro 7, a diferença entre os dois grupos é expressiva no caso da clínica cirúrgica, com 32% de maior taxa de mortalidade, para os hospitais OSS. Essa diferença é de 10% na clínica pediátrica e, na clínica médica, as taxas são praticamente idênticas.

Quadro 7: **Qualidade da atenção nos hospitais OSS e da administração direta**

Qualidade da atenção (ano 2006, por mil)	Hospitais OSS	Hospitais admin. direta
Mortalidade geral	4,25	4,28
Mortalidade cirúrgica	1,94	1,47
Mortalidade clínica médica	14,64	14,65
Mortalidade clínica pediátrica	2,65	2,40

Fonte: SIH/SUS/Datasus, Cnes/Datasus e CGCSS/SES/SP.

Conclusão

Esta pesquisa realizou uma análise do modelo híbrido de governança das OSS, verificando se o mesmo é adequado para governar a provisão pública de serviços hospitalares na grande São Paulo e sustentou a tese de que a sua implantação em organizações que antes seguiam tipos hierarquizados cria novos custos de transação, que não impedem a continuidade do modelo porque a escolha da forma de governança não é unicamente baseada na minimização dos custos de transação, mas também nos efeitos de desempenho proporcionados. Essa tese contrapõe um dos argumentos centrais da teoria dos custos de transação, que argumenta que a escolha do modelo de governança mais adequado a uma transação se dá em função da capacidade de minimização dos custos transacionais e que sua ausência favoreceria a governança de mercado. Para a realização do estudo, foram analisados três hospitais com a governança híbrida entre o mercado e a hierarquia, gerenciados pelas OSS, três hospitais da administração direta, os custos transacionais relacionados com a introdução do modelo das OSS e os resultados obtidos pelos dois grupos de hospitais em termos da eficiência e da qualidade na prestação de serviços.

Por meio da experiência de implantação pela Secretaria de Estado da Saúde de São Paulo (SES/SP) do modelo de governança híbrido das OSS, que tem entre seus principais elementos os contratos de gestão baseados em desempenho, pôde-se confirmar a tese proposta. Os custos de transação relativos à introdução do modelo das OSS não foram estudados, estimados ou considerados na decisão da SES, em 1998, para sua implantação em um grupo inicial de 12 hospitais e, mesmo depois da expansão do modelo, permanecem desconhecidos. Também se verificou que o impacto da introdução da governança das OSS foi de apenas cerca de 1% do valor dos custos totais. Caso os custos de transação fossem bem mais significativos, talvez a expansão do modelo tivesse tido obstáculos mais sérios. Ao contrário do que a TCA afirma, os baixos custos de transação não foram suficientes para direcionar a governança dos hospitais recém-inaugurados para um modelo puramente de mercado. Os fatores políticos, conjunturais e principalmente a legitimação via eficiência de resultados foram os motivos para a escolha do modelo híbrido das OSS, sua continuidade e sua expansão para outros serviços de saúde providos pela SES/SP.

A pesquisa mostrou que o diferencial de desempenho dos hospitais OSS foi um fator relevante para a expansão do modelo de governança das OSS para outros hospitais. Com base nos dados coletados a respeito da prestação de serviços hospitalares pelos dois grupos de hospitais em 2006 e 2007, é possível inferir que os hospitais OSS foram mais eficientes do que os da administração direta, efetuando mais atendimentos de internação e ambulatoriais por leito e por consultório disponível. Isso pode ser constatado pelo fato de que cada leito dos hospitais OSS proporcionou, em média, 20% mais altas hospitalares. No caso dos leitos cirúrgicos, a diferença foi muito maior, com 60,5% mais altas para cada leito, a taxa de ocupação hospitalar foi 21,4% superior e o intervalo de substituição do leito, nesses hospitais, foi inferior a um dia para substituir um paciente internado, enquanto na administração direta foram quase 2 dias (1,979 dias), ou seja, 2,72 vezes mais tempo. Os hospitais OSS também produziram mais serviços por pessoal disponível. Foram realizadas 10% mais internações por médico; foram utilizados 9% mais médicos por leito operacional e 1,6% menos funcionários por leito. Os melhores indicadores de eficiência não foram obtidos à custa de uma piora na qualidade do atendimento. Apesar de os hospitais OSS terem uma clientela um pouco mais velha e de haver um indicativo de cuidarem de atendimentos com maiores requisitos de complexidade de atenção, a taxa de mortalidade geral foi quase idêntica à verificada nos hospitais da administração direta e até inferior (1%).

Este trabalho tem contribuições que podem ser subdivididas em teóricas e práticas. Quanto às contribuições teóricas, em primeiro lugar espera-se que os construtos desenvolvidos (de governança, de especificidade dos ativos, de incerteza ambiental e de incerteza comportamental) e os conceitos de custos de transação e de frequência das transações contribuam para a realização de outros estudos relativos à abordagem de custos de transação em hospitais, proporcionando maior empiricismo à teoria, maior operacionalização aos seus conceitos e maior capacidade analítica. Uma segunda contribuição é relativa às medidas obtidas pela presente pesquisa com a aplicação das escalas métricas referentes aos constructos e aos conceitos expostos. Tais medidas podem contribuir para que se desenvolvam *benchmarks* relativos a esses conceitos da TCA, principalmente se aplicados à governança de hospitais públicos. Um terceiro aspecto é que pesquisas futuras sobre modelos de governança híbrida e sobre custos de transação podem se apoiar em algumas das contribuições teóricas realizadas pelo presente estudo referentes ao campo da TCA. Contrariamente ao que foi sugerido por Williamson (1981a, 1981b, 1985, 2002), verificou-se, por exemplo, a importância de outros fatores além dos custos de transação para a escolha do modelo de governança mais apropriado, sobretudo o desempenho auferido pela governança das OSS. Outra descoberta do estudo, também contrariando a literatura, é que o custo de transação relativo à implantação da governança das OSS foi muito pouco influenciado pela característica da especificidade dos ativos e muito afetado pela incerteza comportamental. Um quarto aspecto refere-se à aplicação da TCA à governança de hospitais públicos. Como não se conhecem outras aplicações dessa abordagem neste campo, entende-se que é importante a realização de estudos similares na área para que os resultados sejam comparados e se verifique se as conclusões aqui levantadas podem ser generalizadas a outros estabelecimentos hospitalares, e se os campos da gestão em saúde e da gestão hospitalar apresentam particularidades que explicam uma perspectiva própria dentro da TCA.

Em termos de contribuições práticas, há algumas aplicações no campo das políticas públicas e das políticas de saúde que proporcionam elementos técnicos para o processo decisório vivenciado pelo gestor público na escolha da governança mais adequada a uma determinada transação. A criação das OSS chegou a ser considerada uma verdadeira reforma no campo da gestão pública hospitalar pelo fato de introduzir um modelo novo e alternativo à gestão tradicional. Os resultados obtidos até o momento — a obtenção de bons padrões de desempenho hospitalar, a expansão contínua dessa iniciativa, certa simplicidade do modelo implantado e o fato de os hospitais estaduais OSS de São Paulo apresentarem características típicas de hospitais de média complexidade do SUS, especialmente das capitais dos estados — tornam a experiência das OSS muito atrativa aos governos estaduais e municipais, para que possam replicá-la em outros hospitais públicos e outras regiões do país. Portanto, as conclusões deste estudo têm forte apelo sobre as políticas públicas em saúde que buscam a melhoria da eficiência hospitalar via mudança nos modelos de governança dessas instituições.

Verificou-se neste estudo que os hospitais OSS são mais eficientes do que os da administração direta, que os custos de transação adicionais são muito pequenos e que a introdução do modelo das OSS reduziu os níveis de incerteza comportamental e ambiental, os quais ficaram significativamente mais baixos do que os percebidos pelos hospitais da administração direta. Essas considerações podem ser úteis para que os gestores públicos de saúde deem mais importância a temas como reforma hospitalar, eficiência hospitalar, mudança institucional de hospitais públicos e percebam que essa agenda pode ser uma estratégia de melhor acesso ao SUS e de aumento na oferta de atendimento e de provisão de saúde. Além disso, pode haver a sensibilização dos gestores públicos da saúde e dos administradores hospitalares para que considerem os modelos alternativos de governança hospitalar, híbridos, como formas mais eficientes de provisão de serviços, sem abrirem mão de seus instrumentos de controle, das prerrogativas de atendimento e de responsabilização sobre a comunidade e do cumprimento de seus deveres junto à SES/SP. Outra possibilidade, que tem sido explorada em São Paulo, é utilizar os hospitais OSS como *benchmarking* para o restante da rede, servindo como referência de eficiência e de efetividade para a rede hospitalar da administração direta e indutor de melhores práticas.

No que diz respeito ao modelo das OSS, existem algumas oportunidades de aprimoramento do modelo, como a introdução de cláusulas de adequação automática do contrato diante das mudanças ambientais e a introdução de um mediador neutro para solucionar conflitos que não conseguiram ser contornados apenas entre o principal e o agente.

Encerra-se a presente tese com o incentivo aos gestores públicos da saúde nos três níveis de governo a ousarem mais na governança das unidades de saúde sob suas responsabilidades, buscando implantar mecanismos institucionais que tenham maior capacidade de alcançar seus objetivos precípuos de ampliação do acesso à saúde, de aumento e de melhoria no atendimento, e de obtenção de níveis mais elevados de satisfação no trabalho. Investir esforços nesse sentido é uma forma de consolidar o Sistema Único de Saúde e de colocá-lo ao alcance de todos. Uma análise cuidadosa dos aspectos defendidos aqui pode revelar um caminho viável para reformas no segmento hospitalar, as quais seriam consideradas pertinentes pelos três níveis de governo em seus processos gerenciais e organizacionais.

Referências

ACKROYD, S.; THOMPSON, P. *Organizational misbehaviour*. London: Sage Publications Ltd, 1999.

ANDERSON, Erin. The salesperson as outside agent or employee: A transaction cost analysis. *Marketing Science*, v. 4, n. 3, p. 234-254, 1985.

_____; SCHMITTLEIN, D. Integration of the sales force: An empirical examination. *Rand Journal of Economics*, v. 15, p. 385-395, 1984.

BARATA, Luiz Roberto Barradas; MENDES, José Dínio Vaz. Organizações Sociais de Saúde: a experiência exitosa de gestão pública de saúde do estado de São Paulo. São Paulo, jul. 2007. Mimeografado.

BARBOSA, Pedro Ribeiro. Gestão em saúde: o desafio dos hospitais como referência para inovações em todo o sistema de saúde. In: FLEURY, Sônia. *Saúde e democracia*: a luta do Cebes. São Paulo: Lemos Editorial, 1997.

BARNEY, Jay B. The debate between traditional management theory and organizational economics: Substantive differences or intergroup conflict? *The Academy of Management Review*, v. 15, n. 3, p. 382-393, July 1990.

BORYS, Bryan; JEMISON, David B. Hybrid arrangements as strategic alliances: Theoretical issues in organizational combinations. *The Academy of Management Review*, v. 14, n. 2, p. 234-249, Apr. 1989.

BRASIL. Presidência da República. *Plano diretor da reforma do aparelho de Estado*. Brasília: Presidência da República, Câmara da Reforma do Estado, Ministério da Administração e da Reforma do Estado, 1995.

CARVALHO, Cristina Amélia; VIEIRA, Marcelo Milano Falcão; GOULART, Sueli. A trajetória conservadora da teoria institucional. *Revista de Administração Pública*, Rio de Janeiro, v. 39, n. 4, p. 849-874, jul./ago. 2005.

CHAMPAGNE, François. *The ability to manage change in health care organizations*. Commission on the Future of Health Care in Canada. Montreal: University of Montreal, nov. 2002. Discussion paper n. 39.

CLEGG, Stewart; HARDY, Cynthia; NORD, Walter (Eds.). *Handbook of organizational studies*. Thousand Oaks: Sage, 1996.

COMMONS, John R. Institutional economics. *The American Economic Review*, v. 26, n. 1, p. 237-249, 1936.

COSTA, Nilson do Rosário; RIBEIRO, José Mendes. *Estudo comparativo do desempenho de hospitais em regime de organização social*. Programa de pesquisas — Em busca da excelência: fortalecendo o desempenho hospitalar no Brasil. Relatório final. Ministério da Saúde. Banco Mundial, maio 2005.

COUTTOLENC, Bernard F. (Coord.). *Estudo de custos, eficiência e mecanismos de pagamento, fase II*: eficiência e mecanismo de pagamento. Programa de pesquisas — Em busca da excelência: fortalecendo o desempenho hospitalar no Brasil. Relatório final. Ministério da Saúde. Banco Mundial, nov. 2004.

EASTAUGH, Steven R. *Health economics*: Efficiency, quality and equity. Westport, London: Auburn House, 1992.

EHRENHARD, Michel; MUNTSLAG, Dennis; WILDEROM, Celeste. Implementation of managing for results: A structural analysis. Interpretations of middle manager's behaviours in the dutch ministries. EGOS COLLOQUIM, 20th. Netherlands, University of Twente, Jul., 1-3, 2004.

FAURE-GRIMAUD, Antoine; LAFFONT, Jean-Jacques; MARTIMORT, David. Transaction costs of collusion and organizational design. Center for law, economics and organization research paper series. California: University of Southern California Laws School, fev. 2001. Disponível em: <http://papers.ssrn.com/abstract_id=279523>. Acesso em: 1 mar. 2005.

FONTES FILHO, Joaquim Rubens. Governança organizacional aplicada ao setor público. In: CONGRESO INTERNACIONAL DEL CLAD SOBRE LA REFORMA DEL ESTADO Y DE LA ADMINISTRACIÓN PÚBLICA, VIII. *Analles...* Panamá, 29/31 out. 2003.

HEIDE, Jan B.; WATHNE, Kenneth H. Opportunism in interfirm relationships: Forms, outcomes, and solutions. *Journal of Marketing*, v. 64, n. 4, p. 36-51, Oct. 2000.

_____.; JOHN, George. Alliances in industrial purchasing: The determinants of joint action in buyer-supplier relationships. *Journal of Marketing Research*, v. 27, n. 10, p. 24-36, Feb. 1990. Disponível em: <www.jstor.org/stable/3172548>. Acesso em: 12 dez. 2006.

HORN, Murray. *Advance praise for the political economy of public administration*. New York: Cambridge University Press, 1995.

KISSIL, Marcos. *Em busca da excelência*: fortalecendo o desempenho hospitalar no Brasil. Relatório final do estudo sobre qualidade hospitalar. Programa de pesquisas — Ministério da Saúde e Banco Mundial, maio 2005.

KNIGHT, Frank H. Institutionalism and empiricism in economics. *The American Economic Review*, v. 42, n. 2, p. 45-55, May 1952. Papers and proceedings of the Sixty-Fourth Annual Meeting of the American Economic Association.

LA FORGIA, Gerard Martin. Analytic and technical assistance program for Brazilian hospitals. In search for excelence: Strengthening hospital performance in Brazil (Hosperform). World Bank, June 2005. Mimeografado.

MACHADO, André Gustavo Carvalho et al. Teoria dos custos de transação: um estudo multicasos de empresas integradas verticalmente. In: SIMPEP, XI. Bauru (SP), 8/10 nov. 2004.

MANTZAVINOS, C.; DOUGLASS, C.; NORTH, Syed Shariq. Learning, institutions and economic performance. Bonn: Max Planck Institute for Research on Collective Goods, n. 13, 2003. Disponível em: <http://ssrn.com/abstract=510902>. Acesso em: 1 abr. 2006.

MILGROM, Paul; ROBERTS, John. *Economics, organization and management*. New Jersey: Prentice Hall, 1992.

NASCIMENTO, Eliana Cassiano Verdade. *Programa de comunicação integrada de marketing para o modelo organização social de saúde, implantado no estado de São Paulo*. Monografia (MBA Economia e Gestão de Organizações de Saúde) — Pontifícia Universidade Católica, São Paulo, 2003.

NORTH, Douglas C. The Adam Smith address: Economic theory in a dynamic world. *Business Economics*, v. 30, p. 7-15, Jan. 1995.

OLIVEIRA, José Maurício. *Novas configurações organizacionais em hospitais brasileiros*: entre o desejo e a realidade. Tese (Doutorado) — Faculdade de Ciências Médicas, Universidade Estadual de Campinas, Campinas, 2004.

PALAY, Thomas M. Avoiding regulatory constraints: Contractual safeguards and the role of informal agreements. *Journal of Legal Studies*, v. 13, n. 2, p. 265-287, 13 June 1984.

PEYSER, Alexandre A. M. *Revitalizando empresas maduras*. Dissertação (MPA) — Escola de Administração de Empresas de São Paulo, Fundação Getulio Vargas, São Paulo, 2003.

PRATT, John W.; ZECKHAUSER, Richard J. Principals and agents: The structure of business. In: _____; _____. *Principals and agents*: An overview. Boston: Harvard Business School Press, 1985. p. 1-10.

QUINHÕES, Trajano A. T. *Uma experiência inovadora na gestão pública, o caso do Hospital Geral de Fortaleza*. Dissertação (Mestrado) — Escola Brasileira de Administração Pública, Fundação Getulio Vargas, Rio de Janeiro, 1997.

RINDFLEISCH, Aric; HEIDE, Jan B. Transaction cost analysis: Past, present and future applications. *Journal of Marketing*, New York, v. 61, n. 4, Oct. 1997.

SÃO PAULO. Lei Complementar nº 846, 4 jun. 1998.

_____. Secretaria de Estado da Saúde. *Organizações Sociais de Saúde*: a experiência da Secretaria de Estado da Saúde, 2007.

SCOTT, W. Richard. The adolescence of institutional theory. *Administrative Science Quarterly*, v. 32, n. 4, p. 493-511, 1987.

SELZNICK, Philip. Institutionalism "old" and "new". *Administrative Science Quarterly*, v. 41, n. 2, p. 270-277, 1996.

SHORTELL, Stephen M., KALUZNY, D. D. *Health care management*. A text in organization teory and behavior. 2. ed. New York: Delmar Publishers Inc, 1988.

SIMON, Herbert A. Rational decision making in business organizations. *The American Economic Review*, v. 69, n. 4, p. 493-513, Sept. 1979.

SUTTON, Robert I.; STAW, Barry M. O que não é teoria? *Revista de Administração de Empresas*, São Paulo, v. 43, n. 3, p. 69-73, jul./set. 2003.

TIGRE, Paulo Bastos. Inovação e teoria da firma em três paradigmas. *Revista de Economia Contemporânea*, n. 3, p. 67-111, jan./jun. 1998.

THOMPSON. P.; O'CONNELL DAVIDSON, J. The continuity of discontinuity: Managerial rhetoric in turbulent times. *Personnel Review*, v. 24, n. 4, p. 17-33, 1995.

VIEIRA, Marcelo Milano Falcão; ZOUAIN, Deborah Moraes (Orgs.). *Pesquisa qualitativa em administração*. Rio de Janeiro: FGV, 2004.

YIN, R. K. *Case study research*: Design and methods. London: Sage, 1994.

WATHNE, Kenneth H.; HEIDE, Jan B. Opportunism in interfirm relationships: Forms, outcomes and solutions. *Journal of Marketing*, v. 64, n. 4, p. 36-51, Oct. 2000.

WILLIAMSON, Oliver E. Transaction cost economics: The governance of contractual relations. *Journal of Law and Economics*, p. 233-262, 22 Oct. 1979.

_____. The economics of organization: The transaction cost approach. *American Journal of Sociology*, v. 87, n. 3, p. 548-577, 1981a.

_____. The modern corporation: Origins, evolution, attributes. *Journal of Economic Literature*, v. 19, n. 4, p. 1.537-1.569, Dec. 1981b.

_____. *The economic institutions of capitalism*: Firms, markets, relational contracting. The New York: Free Press, 1985.

_____. The theory of the firm as governance structure: From choice to contract. *Journal of Economic Perspectives*, v. 16, n. 3, p. 171-195, Summer 2002.

WORLD BANK. *Enhancing performance in Brazil's health sector*: Lessons from innovations in the State of São Paulo and the city of Curitiba. Report nº 35.691-BR, 29 Oct. 2006.

_____. *Improving the quality of health spending resource management in Brazil's unified health system (SUS)*. Report nº 36.601-BR, 22 Jan. 2007.

4

O planejamento estratégico municipal como instrumento de gestão em cenários complexos: um estudo sobre os condicionantes dos planos das cidades de Barcelona e do Rio de Janeiro*

Janaina de Mendonça Fernandes

Toda metrópole é um cenário complexo que possui sua dinâmica própria e particular, que vai além da interação das pessoas com o espaço urbano. Essa dinâmica é marcada pelo desenho de seus espaços, pela sua história e pelas relações econômicas, sociais e culturais desenvolvidas nestes espaços. Os espaços moldam as relações presentes neles da mesma forma que são moldados pelas relações. Visto desta forma, a administração de uma cidade ganha um papel primordial neste cenário complexo: o papel de planejar e intervir nestes espaços para que estas interações se deem da melhor forma possível.

Em adição a esta complexidade já presente nessas grandes metrópoles, nas décadas de 1970 e 80, com a crise nas cidades industriais e o advento da globalização, esses espaços passam a se configurar como centro de negócios e lócus privilegiado do capital transnacional. Assim, a administração dessas cidades, seus cenários urbanos e consequentemente seus espaços se tornam cada vez mais complexos. Esses centros urbanos foram designados por alguns autores como cidades globais, e possuem caracterís-

---

* Agradecimentos especiais à Coordenação de Aperfeiçoamento de Pessoal de Nível Superior (Capes), que, por meio do Programa de Doutorado no País com Estágio no Exterior (PDEE), proporcionou a pesquisa de campo realizada em Barcelona.

ticas similares. Algumas linhas de pesquisa acreditam que é possível reproduzir estas experiências por meio do planejamento estratégico, que surge como resposta à crise do antigo padrão de planejamento urbano.

Desse modo, o presente trabalho diz respeito à questão urbana, procurando observar quais os condicionantes que levam à adoção e a perpetuação do processo de planificação da cidade de Barcelona, sob a perspectiva da administração pública, acessando elementos do urbanismo, da sociologia, da política e da administração. Por se tratar de um estudo exploratório, de acordo com Vergara (2005), não houve hipóteses previamente delineadas.

Teve-se como objetivo principal analisar os mecanismos de gestão dos planejamentos estratégicos da experiência de Barcelona e do Rio de Janeiro, verificando quais os condicionantes que permitiram a adoção e a perpetuação do método de planificação nas referidas cidades, respondendo a seguinte questão: partindo da premissa de que a metodologia do planejamento estratégico adotada por Barcelona é similar à adotada pelo Rio de Janeiro, quais os condicionantes que levam a resultantes diferentes de planificação nas duas cidades?

Além disso, a relevância deste estudo se mostra ante a disseminação da metodologia de planificação elaborada dentro do contexto do planejamento estratégico de Barcelona como instrumento de gestão de cidades em diferentes partes do mundo, com o incentivo e difusão de diversas agências multilaterais, como o Banco Internacional de Desenvolvimento (BID). Contudo, para replicar uma metodologia de planejamento estratégico em contextos diferentes, torna-se necessária uma avaliação profunda dos condicionantes que propiciaram a adoção e a perpetuação desta metodologia ao longo do tempo, e se esses condicionantes foram determinantes para a sua aplicação e perpetuação. Assim, a justificativa desta pesquisa fundamenta-se a partir do momento em que tais condicionantes são determinantes para a aplicação do método, tornando-se necessárias adaptações para aplicação em outras localidades, fato que pode ser observado quando o método foi replicado no Rio de Janeiro. Por isso, a pesquisa foi imprescindível para saber se os condicionantes são determinantes ou não.

Ao iniciar a pesquisa sobre as cidades de Barcelona e do Rio de Janeiro, um cenário complexo se apresentou. Em relação a Barcelona há uma história que se destaca pelo sentimento de nação presente na Catalunha, que pode ter influenciado uma tradição de planificação continuada; uma estrutura administrativa municipal e regional; e também um cenário político estável. Todos esses fatores dão suporte à metodologia de planejamento estratégico delineado nos planos estratégicos de Barcelona e que propiciaram o salto de escala dado do terceiro plano (municipal) para o quarto plano (metropolitano). Além disso, deve-se considerar a capacidade dos gestores em negociar e a janela de oportunidade aberta pelas Olimpíadas de 1992.

Já em relação ao Rio de Janeiro, o fato de a cidade ter sido capital do Brasil, as relações políticas que se estabeleceram no cenário carioca, assim como a debilidade das instituições presentes na cidade, fizeram com que os planos cariocas, apesar de terem utilizado a mesma metodologia dos planos catalães, seguissem outros caminhos.

Como se pôde notar durante a pesquisa, muitos fatores, além da globalização, influenciaram direta e indiretamente o contexto em que os planos estratégicos das duas cidades estão inseridos. Esses fatores apresentam-se no decorrer deste trabalho divididos em quatro partes. Na primeira parte, são descritos os contextos nos quais estão inseridos os planos estratégicos da cidade de Barcelona: o histórico, o institucional e o político, além das teorias utilizadas para proceder a suas análises. Na segunda, são descritos os contextos nos quais estão inseridos os planos estratégicos da cidade do Rio de Janeiro: o histórico, o institucional e o político, além das teorias utilizadas para proceder a suas análises. Na terceira, apresentou-se a metodologia; análise de conteúdo; a coleta dos dados; as entrevistas em profundidade com agentes diretamente envolvidos no processo de planificação das duas cidades; e a análise dos dados, feita com o auxílio do *software* ATLAS Ti. Na quarta e última parte, apresenta-se a conclusão do trabalho, na qual se observa que o condicionante que mais impactou a adoção e a perpetuação do processo de planificação da cidade de Barcelona foi o condicionante institucional, enquanto no Rio de Janeiro foi o condicionante político.

Os contextos histórico, político e institucional de Barcelona

Nesta parte do trabalho apresentam-se os contextos histórico, político e institucional em que se insere o processo de planificação da cidade de Barcelona e de sua região metropolitana e as teorias que auxiliaram a análise realizada. Para melhor entendimento do processo como um todo, optou-se por discutir a teoria em conjunto com a apresentação dos referidos contextos, o que permite a apreciação direta da análise teórica no processo de planificação catalão.

O condicionante histórico de Barcelona

Por vários séculos, a Catalunha passou por um processo de recuperação e de valorização de suas raízes, tornando-se uma uma região diferente do restante da Espanha. A partir da metade do século XIX, a Catalunha se organizou em torno de um projeto político objetivando solidificar sua identidade regional própria. Esse processo foi acompanhado por um crescente desenvolvimento econômico, evidente desde o início do século XX (Generalitat de Catalunya, 2007).

Este desenvolvimento se estendeu até a Guerra Civil de 1936, que instituiu 40 anos de ditadura. Durante o período da ditadura, novamente, a Catalunha voltou a ter sua autonomia reduzida, sua língua proibida e sua identidade cultural perseguida por Franco e seus seguidores. Isso só foi mudar depois de 40 anos, quando a democracia é restabelecida com a promulgação da Constituição espanhola de 1978 (Generalitat de Catalunya, 2007).

Entretanto, uma questão torna a região da Catalunha diferente das demais: a configuração atual do seu poder político não é definida pela Constituição de 1978, mas sim pelo Estatuto da Autonomia de 1977. Diferentemente das outras instituições autônomas do Estado espanhol, a Generalitat de Catalunya foi restabelecida no ano de 1977, antes da promulgação da Constituição de 1978. Isso porque a Generalitat de Catalunya já existia na Espanha aproximadamente há 700 anos, na figura do organismo executivo criado pelas Cortes Gerais da Confederação da coroa catalano-aragonesa (Generalitat de Catalunya, 2007).

Assim, o fato de a Catalunha ser uma região independente com instituições autônomas desde o século X e ter sempre lutado para manter sua autonomia, mesmo durante a ditadura, faz com que, de alguma forma, seu processo histórico gere o que Peter Evans (1997) define como dotes socioculturais. Esses dotes se constituem por meio do exercício democrático e do associativismo ao longo do tempo, e contribuem para a formação de um estoque de capital social acumulado durante o processo histórico. Contudo, segundo o mesmo autor, não são apenas os dotes socioculturais que são capazes de formar a base para a criação de capital social, pois a sinergia entre Estado e sociedade também forma estas bases.

Além disso, em relação à região metropolitana de Barcelona, há mais de 50 anos que existem instituições de caráter metropolitano, o que demonstra uma tradição destes municípios em planificar conjuntamente. Logo, os agentes presentes na dada região de alguma forma já estavam concertados dentro destas entidades, o que pode ter facilitado o salto de escala dado do terceiro plano estratégico de Barcelona, um plano municipal, para o quarto plano estratégico de Barcelona, um plano metropolitano que engloba os 36 municípios da AMB (Área Metropolitana de Barcelona). Esse forte associativismo de alguma forma acaba também corroborando a existência dos dotes socioculturais delineados dentro da teoria de Evans (1997). Isso porque, na Catalunha, o exercício democrático e o associativismo, ao longo do tempo, constituíram um estoque de capital social acumulado durante o processo histórico. Essas bases para construção de capital social, existentes devido a esses dotes socioculturais que surgiram ao longo do tempo, por meio do exercício cívico e do forte associativismo, fazem com que os governos tenham um melhor desempenho, por meio da sinergia Estado-sociedade (Evans, 1997).

A história pode ter facilitado a implementação da metodologia dos planos estratégicos de Barcelona, mas ela por si só não explica todo o processo ocorrido, que culminou na implementação e continuidade dos referidos planos. Parte da explicação pode estar contida também na reforma administrativa elaborada pela prefeitura e que teve início em 1979. A referida reforma será analisada mais detalhadamente no próximo seguimento deste texto. Além disso, o cenário político catalão, que propiciou a reforma, também pode ter tido impacto na decisão de iniciar e perpetuar o processo de planificação da cidade.

Assim, se elencam mais dois condicionantes para a adoção e perpetuação do método de planificação na cidade de Barcelona — a reforma administrativa municipal e o cenário político no qual a prefeitura se inseria —, que, conjugados à história da cidade, podem ter dado suporte para os mecanismos institucionais do plano estratégico municipal, fazendo com que seus agentes se ajustassem, dando assim continuidade e capilaridade ao processo de planificação da cidade. E é sobre esses dois condicionantes, o institucional e o político, que se discutirá adiante.

O condicionante institucional de Barcelona

Subirats (1989) relata que os efeitos da crise dos anos 1970 e os seus reflexos em todo o mundo fizeram com que muitos governos reestruturassem a administração pública, incrementando a capacidade de resposta aos anseios de grupos de interesse que pressionavam o governo em busca de políticas públicas para atender suas demandas. Foi o que ocorreu na Espanha, na década de 1970, quando uma profunda crise acabou estimulando o governo deste país a buscar novas soluções. Neste sentido, o governo espanhol, ao executar suas ações, focou reformas administrativas que incrementassem sua eficácia, discutindo os critérios que tornam os problemas prioritários. Assim, a administração pública do referido país passou a analisar quais objetivos traçar para alcançar os resultados previstos dentro de um governo com fortes restrições orçamentárias. Isso porque a incapacidade da administração pública em continuar a assumir o crescimento da máquina estatal contribuiu para a necessidade de se redefinir o que é público e privado. Essa discussão teve como pano de fundo as restrições financeiras que se impunham em relação à eficácia dos serviços prestados.

Logo, na Espanha, essas preocupações impactaram a estrutura da administração pública em seus diferentes níveis. Em primeiro lugar, a reestruturação passou por redirecionar o enfoque dos estudos sobre administração pública, que deixaram de ser centrados na legitimidade de suas ações, adotando uma perspectiva voltada para os resultados de suas atuações e das técnicas de análise que permitam melhorá-las. Não que a legitimidade deixa de ser importante, apenas o foco dos estudos é deslocado (Subirats, 1989).

Esse novo foco poderia tornar mais plausível o trabalho descritivo da realidade política e administrativa para a qual a política pública irá ser elaborada, implementada e desenvolvida, tornando mais fácil dar continuidade aos programas da administração pública. Mas, sobretudo, com este processo descritivo, este novo foco pode tornar mais eficiente e eficaz as referidas políticas públicas. Contudo, o mesmo autor destaca que a natureza da administração pública não permite a aplicação direta de técnicas generalizadas provenientes do ambiente privado. O mais correto seria, portanto, a combinação entre uma mentalidade de melhora da gestão e as particularidades do setor público (Subirats, 1989). Para aplicação destas diretrizes propostas por Subirats, o primeiro passo seria definir o problema para que se possa pôr em marcha uma política pública. Sem a definição clara de um problema não há como se postular visões do mesmo ligadas a soluções.

Em Barcelona não foi diferente. Em 1979, a prefeitura da cidade de Barcelona se encontrava em uma profunda crise. O problema definido pela prefeitura para ser enfrentado foi o fato de a administração pública local não conseguir responder às demandas da cidade e de seus cidadãos. Para resolver essa questão, iniciou-se uma reforma administrativa, nos moldes propostos por Subirats (1989). Esta reforma tinha o intuito de pôr em ordem a máquina estatal da administração municipal e impulsionar políticas que dessem respostas às múltiplas demandas sociais, e foi feita em dois movimentos de reestruturação. O rigor e a formalidade administrativa marcaram esse primeiro movimento de reestruturação da prefeitura, em que a base da administração local foi organizada e assentada, para posteriormente iniciar o segundo movimento de mudança, o chamado movimento transformador. O segundo movimento de mudança teve início em um novo mandato municipal e voltou seu foco para a eficácia do funcionamento da prefeitura (Ajuntament de Barcelona, 1999).

Mediante esta nova perspectiva, a capacidade de inovação dos poderes públicos para enfrentar as novas necessidades passa a ser uma condição importante para se estruturar políticas públicas e desenvolver programas de atuação com continuidade. A sucessão e a finalização de políticas públicas se tornam um ponto chave em momentos muito relevantes para a estrutura da administração pública, por conta das questões ligadas ao conhecimento e à resistência a mudanças de toda organização burocrática. Assim, a agenda de mudanças na administração da cidade de Barcelona teve continuidade em um segundo movimento de mudanças, o movimento de transformação, que se iniciou na década de 1990, tendo seu ponto máximo no ano de 1992, ano dos Jogos Olímpicos (Ajuntament de Barcelona, 1999).

Assim, o modelo de análise de políticas públicas, na perspectiva de Subirats (1989), além de se encaixar nas medidas adotadas pelo município de Barcelona para solucionar a crise que a administração pública enfrentava, parece servir como base de análise para a estruturação da cidade para sediar os Jogos Olímpicos de 1992 e, posteriormente, para explicar a decisão da prefeitura em manter o nível de investimentos elevado para que a cidade continuasse crescendo após as Olimpíadas. Além disso, no caso de Barcelona, houve o protagonismo da iniciativa pública adiante da liderança da estruturação da cidade em torno dos jogos e na busca da eficiência pelo setor público em face do grande consenso social e político do momento (Monclús, 2003).

Logo, com base no que foi delineado, pode-se observar que, na formação da agenda política, diferentes fatores interferem, desde a elaboração do problema até a esfera decisória da política pública elaborada para solucioná-lo, se perpetuando em sua implementação. Assim, uma vez definido o problema e assumida a condição de problema a ser resolvido pelo poder público, é necessário seguir adiante traçando as diferentes alternativas de ação (Subirats, 1989). Foi o que aconteceu na década de 1990 na cidade de Barcelona, onde o modelo gerencial desenvolvido pela prefeitura da cidade tomou impulso. Até o ano de 1992, ano dos Jogos Olímpicos, o esforço de investimento foi muito grande. Era necessário transformar Barcelona não apenas para as Olimpíadas, mas também para responder ao déficit histórico de demandas de infraestrutura e dos cidadãos (Ajuntament de Barcelona, 1999). Para responder a esse déficit, e ao mesmo tempo manter o nível de crescimento na cidade após a realização dos Jogos Olímpicos (problema elencado pelo primeiro plano estratégico da cidade), a agenda da prefeitura foi alterada em torno de um processo de planificação continuado, decisão que vai ao encontro da elaboração e implementação do primeiro plano estratégico da cidade.

Assim, os Jogos Olímpicos mudaram profundamente a cidade, foram produzidos incrementos significativos atrelados à decisão de se intensificar os ingressos fiscais. Era prioritário otimizar recursos, racionalizar a organização governamental e sua gestão, além de melhorar os serviços prestados aos cidadãos. O objetivo central era o de desenhar políticas que permitiram incrementar os investimentos na cidade (Ajuntament de Barcelona, 1999). Dessa forma, antes de os Jogos Olímpicos se realizarem, algumas diretrizes administrativas foram tomadas e, a partir do ano de 1991, o governo municipal iniciou uma política de contenção de despesas e de modernização administrativa. A partir deste ponto, apostou-se em aprofundar o processo de gerenciamento no sentido de enfatizar os critérios de gestão em todos os setores e distritos da administração municipal (Ajuntament de Barcelona, 1999).

Após essas reformas, especialmente após o ano de 1992, segundo Marshall (2000), Barcelona tornou-se conhecida na Europa por seus ambiciosos programas de planejamento urbano realizados sob a liderança do município. Alguns autores defendem que o "modelo Barcelona" de planejamento emergiu desta experiência, conjuntamente com uma abordagem distinta para governança urbana, e este princípio aplica-se particularmente ao período posterior às Olimpíadas (Marshall, 2000).

Esta busca da prefeitura de Barcelona pela adaptação da cidade a esta nova realidade ligada à globalização e, paralelamente a isto, à qualidade dos serviços, bem como às reformas empreendidas em sua gestão e implementadas desde os anos 1970, faz com que seja possível traçar um paralelo destes processos com a metodologia de planificação de Barcelona que vá ao encontro da teoria desenvolvida por Skocpol, Evans e Rueschmeyer (1985). Esses autores repensaram o papel do Estado em relação à economia e à sociedade, considerando-o um agente independente e autônomo. Para Sckocpol (1985), um Estado autônomo e independente é concebido como uma organização que formula e busca alcançar metas que não apenas reflitam os interesses da sociedade, de uma classe ou de um grupo.

A perspectiva de Evans (1995), tomando como base o estudo de diversos países em desenvolvimento, tem como eixo a ideia de que as instituições têm um papel primordial na formação do capital social. De acordo com o referido autor, para que as instituições do Estado funcionem bem, é necessário que haja uma sinergia entre o Estado e a sociedade civil na implantação de políticas para o desenvolvimento social. A abordagem desenvolvida por Evans (1995) tem como eixo a autonomia do Estado, autonomia exercida e construída pela prefeitura da capital catalã.

Conforme ressaltado anteriormente, de acordo com a mesma chave analítica, alguns locais possuem os chamados dotes socioculturais que auxiliam na construção desta sinergia. Mas, independentemente destes dotes, para o autor é possível promover as bases para construção de capital social por meio da sinergia Estado e sociedade, promovendo-se políticas participativas.

Assim, Evans (1995) desenvolve o conceito de autonomia inserida (*embedded autonomy*), que vê o Estado como agente na elaboração e implementação de políticas públicas em uma combinação da burocracia conectada fortemente com a estrutura social que a cerca. Com isso, o Estado estará dotado de autonomia, pois irá exercer sua autoridade por meio de um aparato burocrático sólido (*autonomy*) ao mesmo tempo em que irá se inserir (*embeddedness*) no setor privado, estabelecendo laços de confiança que irão propiciar a cooperação para atingir seus objetivos. Segundo a tese de Evans (1995), o governo tem uma importância primordial na indução do bom funcionamento das instituições do Estado, o que se dá por meio da elaboração de políticas públicas com participação, interação entre o Estado e sociedade. Tendo o Estado uma boa autonomia e agindo combinadamente com a sociedade civil organizada, pode-se: ampliar a democracia, tornar políticas públicas mais eficientes e responsáveis, além de reformar as instituições públicas e ampliar as dotações sociais latentes. Resumindo, um Estado com instituições fortes é um Estado autônomo, isto é, um Estado que tem um corpo burocrático que não pode ser atingido. Este corpo garante sua autonomia, que é definida como a capacidade do Estado em adotar políticas, mesmo sendo contrárias a certos grupos de interesse. No entanto, esse mesmo Estado deve aumentar a capacidade de participação da sociedade civil, não devendo ver a sociedade como cliente, mas sim como partícipe importante na formulação das agendas governamentais (Evans, 1995).

Essa perspectiva é adequada a Barcelona, onde a cidade passou a enfatizar o papel da prefeitura não mais como um operador executivo, mas como um catalisador dos diferentes agentes presentes na cidade, fortalecendo a administração pública e sua burocracia neste sentido (Ajuntament de Barcelona, 1999). Assim, em tese, o modelo criado dentro da administração municipal de Barcelona buscou evitar disfunções geradas pelas interferências da política nas tarefas ligadas à burocracia da administração municipal, fortalecendo a burocracia e as instituições municipais, como defende a teoria de Evans (1995). Dentro desta estrutura, os Conselheiros Eleitos (*Consejales Electos*), os vereadores, se tornariam o elo principal de interlocução com a sociedade, dependendo deles as decisões políticas e o controle (fiscalização) dos resultados da política municipal, desvinculando da função os vereadores da gestão e a burocracia municipal (Ajuntament de Barcelona, 1999).

Paralelamente, a administração da prefeitura, em sua parte burocrática, necessitava se apoiar e se adaptar à dimensão política do governo da cidade, para que a burocracia ganhasse força e articulação com as decisões de cunho político. Em tese, tratava-se de deixar as tarefas administrativas quotidianas, a obtenção de resultados que cumpram as decisões políticas e o desenvolvimento de programas de atuação politicamente pactuados, a cargo dos burocratas de carreira. Assim, as funções exercidas pelos representantes eleitos, teoricamente, não entrariam em conflito com as dos burocratas de carreira (Ajuntament de Barcelona, 1999). Com isto, Barcelona estruturou a administração do município sobre dois eixos: o eixo da gestão, que envolve a execução e a gestão das políticas públicas, que ficou sob a responsabilidade dos burocratas de carreira; e o eixo da política, que envolve as questões ligadas ao governo e aos órgãos de controle e que abrange as funções dos políticos eleitos (Ajuntament de Barcelona, 1999).

A função principal da administração municipal da cidade de Barcelona passa a ser definida como a de impulsionar, incentivar e liderar iniciativas para prestação de serviços para a cidade, o que exige delinear estratégias e planos, em vez de atuar como prestadora de serviços básicos. Em tese, a administração municipal passaria apenas a garantir a adequada prestação de alguns serviços urbanos e buscar a almejada disciplina urbana. A prefeitura passou a realizar o que ela mesma denominou como "construir a cidade" sobre as bases e com a colaboração dos agentes urbanos, que incluem uma gama ampla e plural de instituições públicas e privadas. O objetivo era o de definir denominações comuns, áreas de consenso para facilitar iniciativas supostamente em favor da cidade (Ajuntament de Barcelona, 1999).

Além disso, deve-se destacar no processo catalão o que Evans (1995) define como construtibilidade, que explica que a sinergia não é apenas dependente dos chamados dotes socioculturais, que são formados ao longo do tempo por um processo histórico que forma capital social. A construtibilidade pode ser induzida por arranjos institucionais, isto é, pela construção e implementação de políticas públicas baseadas na participação. Essas políticas públicas fundamentadas na participação geram, assim, as bases para a construção de capital social, impactando positivamente o Estado. Desse modo, o Estado passaria a funcionar melhor por conta da sinergia Estado-sociedade induzida pelas políticas participativas.

No caso de Barcelona, a sinergia se dá tanto pela existência da chamada construtibilidade quanto pelos dotes socioculturais, como observado no início deste texto. A construtibilidade é definida por Evans (1997) como um processo possível na maior parte dos contextos, e que pode ser alcançado por meio de políticas públicas baseadas na participação, que ao longo do tempo gerariam as bases para construção de capital social. Essa construtibilidade se realizaria em Barcelona pela busca da prefeitura em realizar o que ela mesma denominou como "construir a cidade" sobre as bases e com a colaboração dos agentes urbanos. Assim como pelo foco dado a políticas participativas, fato que pode ser observado dentro da reforma administrativa da prefeitura, quando, em 1996, a participação adquire um papel fundamental na gestão da cidade e os mecanismos participativos e os espaços de diálogo com a cidade são reforçados.

Este novo direcionamento da administração pública municipal de alguma forma deu impulso à implementação e continuidade do processo de planificação da cidade. Isso porque, paralelamente à reforma administrativa da prefeitura de Barcelona, em 1990, o Primeiro Plano Estratégico foi delineado com objetivos muito próximos à reforma em curso (Associació Pla Estratégic Barcelona 2000, 2003). Além disso, seguindo os moldes da sinergia que se dá por meio da construtibilidade (Evans, 1997), assim como a reforma administrativa, a metodologia do plano estratégico também se configura um processo participativo que cria consenso entre os diferentes agentes urbanos a respeito do futuro da cidade.

Ademais, a administração local traça um problema que ganha força e passa a nortear a política a ser implementada: como manter o nível de investimentos elevado após a realização dos jogos e, assim, garantir o crescimento da cidade de Barcelona? O caminho para a solução deste problema vai ao encontro da teoria desenvolvida por Subirats (1989). Isso porque, como já ressaltado anteriormente, a finalidade do primeiro Plano Estratégico Econômico e Social, Barcelona 2000, era dar continuidade ao dinamismo e ao impulso econômicos gerados pelos Jogos Olímpicos. Para tanto, foi produzido um marco de reflexão, o diagnóstico da cidade, onde foi estabelecido um programa de atuação e de geração de consenso a médio e longo prazos, em torno de um ideal de cidade a ser alcançado. A prefeitura de Barcelona era a instituição promotora deste marco de reflexão. Contudo, um dos objetivos a serem atingidos era o denominado protagonismo da cidade no plano, isto é, a participação dos diferentes agentes sociais e econômicos presentes em Barcelona. Em tese, por meio desta participação, a geração de consenso se tornaria mais fácil (Ajuntament de Barcelona, 1999).

Neste sentido, a metodologia dos planos estratégicos de Barcelona tenta corroborar esta articulação política e administrativa delineada pela prefeitura em sua reforma administrativa, assim como a tentativa de sinergia definida por Evans (1997). Isso porque é uma metodologia participativa, em que diferentes instâncias de planejamento, como o Consejo General del Plan Estratégico e o Comité Ejecutivo, contam com a participação dos denominados agentes urbanos de Barcelona, assim como da prefeitura da cidade. Contudo, o contexto político também deve ser levado em conta, conforme defende Evans (1997).

Assim, observando o ponto de vista defendido por Evans (1997), em que a sinergia não depende apenas dos chamados dotes socioculturais, podendo ser construída por arranjos institucionais entre o Estado e sociedade por meio de políticas participativas, as tentativas de sinergia podem ou não dar certo, sendo primordial neste processo o contexto político como fator no sucesso das referidas tentativas. Logo, a premissa mínima para facilitar a sinergia é o contexto político, tendo o setor público que incorporar a construção cívica como parte de sua missão (Evans, 1997).

Tendo isto como base, nas próximas páginas será discutido mais um condicionante para a adoção e perpetuação do processo de planificação da cidade de Barcelona: seu contexto político. Contexto este que pode ter influenciado a implementação e a sustentação do tempo dos planos estratégicos da referida cidade.

O condicionante político

É na primeira metade da década de 1980 que começam a se esboçar as mudanças que fizeram com que surgisse o chamado método de planificação de Barcelona. É importante entender essas mudanças dentro de um novo paradigma do urbanismo que despontava em escala internacional. Essas mudanças substantivas estavam associadas à desaceleração do crescimento demográfico e urbano que se observa nas cidades europeias, à crise econômica dos anos 1970 e início dos 1980 e aos movimentos que questionam o planejamento convencional e o urbanismo funcionalista. Mas, no caso de Barcelona, especificamente, é importante entender também sua conjuntura especial, e fazem parte desta conjuntura as alterações políticas pelas quais passava a Espanha, em especial a redemocratização do país e a reestruturação do Estado em torno da eficácia de suas ações (Monclús, 2003).

Além disso, segundo Subirats (1989), não se pode supor que a implantação de qualquer técnica de gestão irá suplantar a capacidade de decisão das pessoas constitucionalmente eleitas para exercer cargos públicos.

Logo, a análise do contexto político no qual a administração pública da cidade de Barcelona está inserida é um fator primordial tanto para a compreensão de sua reforma gerencial quanto para se analisar a implementação e a continuidade de seus planos estratégicos. Isso porque este contexto pode ter impacto direto na sustentabilidade do processo de planificação da capital da Catalunha.

Os municípios, segundo o art. 140 da Constituição espanhola, têm a sua autonomia garantida, gozam de personalidade jurídica plena e são governados e administrados pelos seus *ayuntamientos* (prefeituras) que são governados por seus *alcaldes* (prefeitos) e *consejales* (vereadores). As eleições dos *consejales* são realizadas por meio de sufrágio universal, em listas fechadas e apresentadas pelos partidos, isto é, se vota no partido de preferência. Já o prefeito, de acordo com o cap. IX, art. 196 da Lei orgânica nº 5/1985, que estabelece o regime eleitoral espanhol, é eleito pelos *consejales*. Podem ser candidatos todos os *consejales* que encabeçam a lista das candidaturas dos partidos eleitos. Em se obtendo a maioria absoluta dos votos do *consejo*, o candidato é eleito *alcalde*. Caso isso não ocorra, é proclamado *alcalde* aquele que encabeça a lista do partido que obteve mais votos populares em todo o município (Espanha, 1985). É bom lembrar que, na Espanha, escolhem-se nas eleições os partidos de preferência e não os candidatos deste partido. Os candidatos são apresentados em uma lista fechada ordenada pelo partido. Após a distribuição dos pontos por partidos, verifica-se a ordem da lista de cada candidatura e as cadeiras são atribuídas aos candidatos do partido de acordo com esta ordem (Espanha, 1985).

Este sistema eleitoral teve um impacto na configuração do cenário político da cidade de Barcelona e consequentemente na constituição de seus planos estratégicos. Graças a este sistema, a elaboração de estratégias para a cidade poderia ser pensada dentro de um horizonte de tempo maior que um mandato. Isso porque não há limite de perpetuação no poder; desde que se tenha a maioria dos votos e consequentemente a maioria das cadeiras no conselho, há uma estabilidade política maior devido à fidelidade partidária e ao sistema eleitoral parlamentarista. É assim que o PSC (Partit dels Socialistes de Catalunya) está no poder desde 1979. Mesmo havendo eleições de quatro em quatro anos, houve poucas trocas de prefeitos durante todo o período analisado (Ajuntament de Barcelona, 1999).

O primeiro prefeito representado do partido eleito, em 1979, foi Narcís Serra, que saiu do cargo em 1982 para assumir o Ministério de Defesa no governo de Felipe Gonzáles, na época presidente da Espanha. Narcís Serra apontou como seu sucessor Pasqual Maragall, que teve seu mandato confirmado nas eleições municipais de 1983. Pasqual Maragall fica no cargo até 1997, quando sai da prefeitura para se candidatar e se eleger como Presidente de la Generalitat (governador da Catalunha), apontando para seu lugar Joan Clos (Ajuntament de Barcelona, 2007).

Joan Clos assumiu em 1997, tendo seu mandato confirmado nas eleições de 1999, mantendo-se no cargo até setembro de 2006, quando deixou o posto para assumir o Ministério de Indústria, Comércio e Turismo no governo de José Luis Rodríguez Zapatero, atual presidente da Espanha. Joan Clos indicou para seu lugar como *alcalde* Jordi Hereu, também do PSC, que teve seu mandato confirmado nas eleições de 2007 (Ajuntament de Barcelona, 2007). Logo, o sistema eleitoral e a estabilidade política por ele proporcionada podem ter relação com a constituição dos planos estratégicos da cidade de Barcelona. Isso porque a estabilidade nas resultantes do processo político pode ter facilitado a continuidade do processo de desenvolvimento da planificação da cidade, e sua constituição como município central de uma região metropolitana integrada por um sistema regional metropolitano.

Assim, a transformação da cidade teve seu ápice em 1992, com a realização dos Jogos Olímpicos de Barcelona, a partir dos fortes investimentos em infraestrutura entre os anos de 1987 e 1992. O PSC já estava há 13 anos no poder e, com isso, pôde proceder à reforma administrativa da prefeitura, assim como dar início e continuidade ao processo de planificação da cidade, já que o Primeiro Plano Estratégico da cidade de Barcelona data de 1990, alavancando assim a transformação urbana.

Entretanto, antes da referida transformação, havia no governo a denominada "consciência de crise", que, segundo Borja (1995), se refletia na degradação do centro histórico da cidade e no crescimento desordenado do centro moderno, processos que impactavam de forma negativa os cidadãos e os agentes urbanos. Nos bairros populares, era necessário atender a diferentes demandas sociais que surgiram com a longa falta de investimentos durante o período ditatorial. Com o advento da democracia e as primeiras eleições locais livres em 1979, era necessário dar respostas às demandas reprimidas. Neste sentido, a perpetuação do PSC no poder facilitou o desenvolvimento da reforma administrativa da prefeitura e da estruturação dos planos estratégicos da cidade.

Assim, de acordo com Borja (1995), a velocidade da mudança foi impulsionada pela crise em que a cidade de Barcelona e sua região metropolitana se encontravam. Um dos fatores que auxiliaram na mudança e na implementação do planejamento estratégico da cidade foi, como já ressaltado, a transição da ditadura para a democracia, entre os anos de 1975 e 1979, e os primeiros anos do governo local eleito democraticamente em 1979. A continuidade do mesmo partido no poder, nas eleições posteriores de 1983, 1987, 1991, 1995, 1999, 2003 e 2007, também possibilitou a continuidade das mudanças implementadas. Logo, a velocidade com que as mudanças se deram pode ser explicada por uma coincidência de fatores estruturais e conjunturais. O primeiro fator estrutural descrito por Borja (1995) é o fato de a economia industrial estar em crise, mas Barcelona tinha uma base diversificada de mão de obra qualificada. Outro fator estrutural importante destacado pelo autor era a estrutura social, que, apesar de desigual, estava de alguma forma organizada e articulada. O último fator estrutural eram as possibilidades oferecidas em termos de estruturação de uma cultura urbana comum.

Os fatores conjunturais relatados por Borja (1995) se dividem em três: o primeiro era a reação econômica europeia e consequentemente a espanhola, que se deu em parte por meio da integração da Espanha no mercado comum europeu na década de 1980; o segundo fator conjuntural foi a eleição do governo socialista no âmbito federal, em 1982, que se mostrou mais aberto a cooperar com o poder local e regional do que os governos centralistas anteriormente no poder, desde o fim da Guerra Civil Espanhola em 1939; o terceiro fator conjuntural foi o resultado eleitoral de 1979, confirmado em 1983, 1987 e 1991 com a maioria da esquerda e apoio do centro, ou seja, a estabilidade política.

Além disso, de acordo com Marshall (2000), os políticos que governam a cidade acreditam no processo de planificação de Barcelona, bem como têm a convicção de que esse processo se tornou uma parte essencial da governança mais ampla da cidade. Logo, com a continuação dos socialistas no município, parece provável que o planejamento estratégico permanecerá como parte da cidade e da governança da máquina estatal.

Essa estabilidade política pode ter também facilitado o denominado protagonismo da cidade e a geração de consenso em torno de um projeto comum e de uma visão de futuro que envolvesse os agentes urbanos, tendo como base a participação, pontos-chaves na metodologia de planificação desenvolvida dentro dos planos estratégicos da cidade e posteriormente de sua região metropolitana, gerando assim um ciclo de planificação continuado. Para facilitar a compreensão do ciclo de planificação, dividiu-se esse ciclo em seis etapas; contudo, como o próprio nome do processo sugere, trata-se de um ciclo em que a ordem das etapas não é importante. O que interessa é o processo contínuo de planificação, que foi alavancado pelos contextos histórico, institucional e político da cidade de Barcelona.

Na primeira etapa do ciclo de planejamento, há a implementação dos mecanismos institucionais. A partir daí, passa-se à segunda etapa: a elaboração do diagnóstico, da qual se destacam as potencialidades e as fraquezas da cidade e, posteriormente, de sua região metropolitana. Na terceira etapa, de estudos ou de atualização ou elaboração do plano, iniciam-se as análises de diagnóstico para elaborar a visão de futuro, os objetivos e os projetos do plano. Depois, na quarta etapa, passa-se para a elaboração do documento do plano estratégico em si, com a definição de projetos, objetivos e indicadores e metas temporais para cada objetivo e projeto, que serão submetidos ao conselho geral, que aprovará ou não o que foi redigido. Passa-se, então, para a quinta fase: a implementação do plano estratégico. Após a implementação, chega-se à sexta etapa: a avaliação das ações implementadas. A partir da sexta etapa, inicia-se novamente o processo, gerando assim o que definimos como ciclo da planificação continuado. Tendo este ciclo como base, observamos que os quatro planos estratégicos de Barcelona possuíam uma visão competitiva da cidade e pretendiam uma inserção no contexto regional, na comunidade econômica europeia e no mercado internacional globalizado, tendo para isto uma lógica e uma continuidade.

Assim, a metodologia, bem como a estrutura dos mecanismos institucionais, foi mantida do primeiro até o terceiro plano. Já o quarto plano deixou de ser apenas para a cidade e passou a englobar toda a região metropolitana de Barcelona, isto é, 36 municípios (Associació Pla Estratègic Barcelona 2000, 2006).

Tendo todos estes condicionantes como base, a seguir, podem-se observar a metodologia, a coleta e análise de dados que foram realizadas para cumprir o objetivo central deste estudo, e analisar os mecanismos de gestão dos planejamentos estratégicos da experiência de Barcelona, verificando quais os condicionantes que permitiram a adoção e a perpetuação do método de planificação na referida cidade.

Os contextos histórico, político e institucional do Rio de Janeiro

Nesta parte do trabalho apresentam-se os contextos histórico, político e institucional em que se insere o processo de planificação da cidade do Rio de Janeiro e as teorias que auxiliaram a análise realizada. Para melhor entendimento do processo, assim como na parte deste texto em que discutiram-se os contextos de Barcelona, optou-se por discutir a teoria em conjunto com a apresentação dos referidos contextos, o que permite a apreciação direta da análise teórica no processo de planificação catalão.

Os condicionantes históricos e políticos do Rio de Janeiro

O Rio de Janeiro tem uma tradição de planificação descontinuada. Ao longo do tempo, a cidade passou por diferentes intervenções planejadas. Algumas destas intervenções se tornaram estanques, isto é, cumpridas até o fim, mas sem a implementação de um ciclo de planificação após a sua execução. Um exemplo disto é a reforma Pereira Passos, o primeiro plano estratégico da cidade do Rio de Janeiro. Outras intervenções planificadoras foram interrompidas, parcialmente implementadas, ou sequer chegaram a se tornar realidade, como o Plano Agache, o Plano Doxiadis, o Plano Diretor Decenal e o segundo Plano Estratégico, que em tese deveria formar com o primeiro um ciclo de planificação, mas que se configurou de outra forma, como veremos mais adiante.

O primeiro Plano Estratégico do Rio de Janeiro, que teve início em 1993 e foi elaborado no período de 1994 a 1995, fez uso da metodologia utilizada na cidade de Barcelona. Metodologia esta que objetiva a resolução de problemas econômicos e ambientais, além de conflitos sociais presentes nas grandes metrópoles de forma participativa, adotando para isto um Conselho Diretor (Aguiar, 1998).

Já o segundo Plano Estratégico carioca voltou seu foco para as regiões da cidade, e em vez de um conselho representativo, adotou como fundamento a busca de um diálogo mais direto com os seus cidadãos. De acordo com o próprio plano, isso foi feito para renovar de forma mais ampla e democrática o pacto anterior, que envolvia apenas a sociedade civil organizada (Plano Estratégico do Rio de Janeiro, 2004).

No intervalo entre esses grandes movimentos de pensamento sobre os problemas urbanos da cidade, que se configuraram em forma de plano, o Rio foi alvo de planos urbanísticos apequenados que, em sua maioria, viam os problemas urbanos da cidade sob apenas um ponto de vista.

A história do Rio de Janeiro se confunde com a própria história política e administrativa do Brasil, e tal fato, como veremos mais adiante, apresentará diversas e complexas implicações que, por um lado, auxiliam o desenvolvimento da cidade e, por outro, problematizam a constituição de sua identidade como ente federativo. A política da cidade do Rio de Janeiro foi largamente influenciada pelo plano federal. Assim, seria plausível afirmar que o Rio foi palco de diferentes etapas da trajetória do país na sua constituição como nação, e isso ficou marcado na conformação da cidade, seja na sua administração, seja na sua identidade.

A fim de resumir melhor uma história tão imbricada com a trajetória nacional, para a construção do contexto onde se insere o objeto desta análise, dividiu-se a história da cidade do Rio de Janeiro em três fases:

- Fase 1 — o Rio de Janeiro capital do Brasil.
- Fase 2 — o Rio de Janeiro do estado da Guanabara ao estado do Rio.
- Fase 3 — o Rio de Janeiro de hoje.

Na primeira fase, o Rio de Janeiro capital do Brasil, a questão que movia a política carioca era a autonomia, que fomentava constantes embates entre as elites locais e as elites nacionais, e como resultado interfeririam diretamente na maneira como a cidade era administrada. Algumas vezes, a cidade era autônoma em seus mecanismos de gestão e, outras vezes, sofria com a intervenção federal. Além disso, a cidade passou por grandes intervenções sem continuidade, conforme demonstrado na figura 1.

Figura 1: **Fase 1 da história política da cidade do Rio de Janeiro**

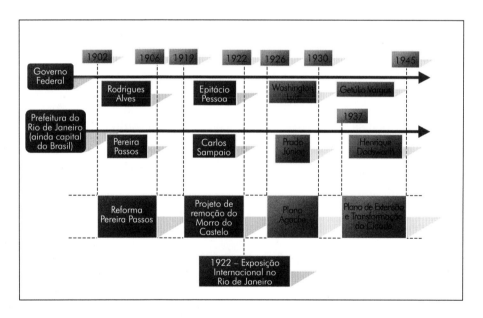

A segunda fase, o Rio de Janeiro do estado da Guanabara ao estado do Rio, foi a época em que a cidade deixa de ser capital do país, vivenciando um período como cidade-Estado e passando a ser capital do estado do Rio de Janeiro com a fusão. O que deu início ao processo de fusão foi a Constituição de 1946, que trazia no seu texto novamente a transferência da capital do país para o interior. Dez anos depois, no governo de Juscelino Kubitschek (1956-1961), essa transferência começa a ganhar corpo com a construção de Brasília. Assim, enquanto Brasília era construída, a cidade perguntava-se: qual seria a nova configuração política e administrativa da cidade do Rio de Janeiro? De certa maneira, a transferência da capital poderia se configurar como uma oportunidade para se alcançar a tão almejada autonomia da cidade.

Alguns grupos políticos locais viam na transferência, e no debate gerado em torno da nova configuração política e administrativa da cidade, uma possibilidade de controlar a prefeitura. Para tanto, era necessário observar de perto o comportamento da esfera federal em relação à transferência. Isso porque a constituição em vigor apontava para a transformação da cidade do Rio de Janeiro em um estado da federação, mas alternativas a esta determinação constitucional já estavam sendo aventadas e alguns setores políticos apontavam para a fusão com o estado do Rio de Janeiro, transformando a antiga capital da República na capital de um novo estado, e foi o que ocorreu.

Contudo, essa prerrogativa não durou muito e durante o II PND (Plano Nacional de Desenvolvimento), o Rio de Janeiro perde o *status* de cidade-Estado e em meio a diversos embates políticos passa a ser capital do estado do Rio de Janeiro.

Assim, diante dos embates entre o governo federal e o governo local, o processo de planificação da cidade, bem como a possibilidade de formação de novos grupos políticos organizados em torno de interesses locais foram interrompidos nesta época. Essa possibilidade, tal como a retomada do processo de planificação urbano, só iria ressurgir após o fim do regime militar com a abertura política e a convocação da Assembleia Constituinte. A figura que segue resume o processo político e os planos urbanísticos pelos quais a cidade passou durante esta fase histórica.

Figura 2: **Fase 2 da história política da cidade do Rio de Janeiro**

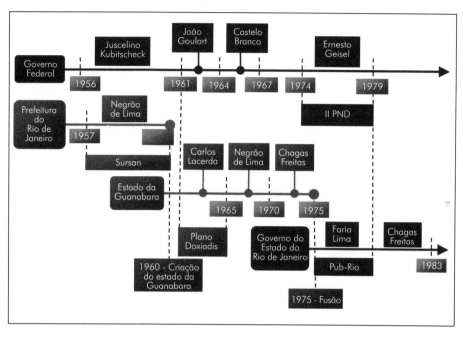

Na terceira fase, o Rio de Janeiro de hoje, a cidade com base na Constituição de 1988, assim como os demais municípios da federação, ganha *status* de ente federado e passa a ter autonomia para gerir seu próprio território. Neste último contexto, foram elaborados os dois planos estratégicos cariocas, objetivo de nossa análise.

A abertura política começou a ocorrer a partir dos meados da década de 1970, e novas lideranças começaram a despontar no cenário político carioca, após a morte de Carlos Lacerda em abril de 1977, de Juscelino Kubitscheck e de João Goulart em 1976. Em 1980, ressurge Leonel Brizola, que logo se firma como nome de peso no cenário político carioca e nacional.

Leonel Brizola buscou trazer para si o marco trabalhista e, mesmo perdendo a legenda do PTB para Ivete Vargas, fundou o PDT (Partido Democrático Trabalhista), partido no qual permaneceu até o final de sua vida e pelo qual, em 1982, foi, pela primeira vez, eleito governador do estado do Rio de Janeiro (1983-1987). Durante o mandato de Brizola, a prefeitura do Rio de Janeiro também era do PDT, partido que se manteve no executivo municipal durante três mandatos seguidos: o primeiro mandato foi exercido por Marcello Alencar (1983-1986); o segundo por Saturnino Braga (1986-1988); e o terceiro, novamente, por Marcello Alencar (1989-1993).

Foi durante o segundo mandato do então prefeito Marcello Alencar (1989-1993) que a forma de se gerir os municípios foi impactada pela Constituição de 1988, que definiu, entre outras coisas, a competência privativa dos municípios em gerir seu próprio território e estabeleceu para isto um instrumento legal: o Plano Diretor Decenal. Esse plano seria obrigatório para municípios com mais de 20 mil habitantes. O Rio de Janeiro, que na época possuía 5.474.000 habitantes, vê-se obrigado a elaborar um Plano Diretor. Após inúmeras discussões com diferentes setores da sociedade, já que a Constituição determina que as políticas urbanas devem ser elaboradas de forma participativa, em 1991, o plano é encaminhado para a Câmara Municipal, sendo aprovado em 1992, pois o presente instrumento, de acordo com a Constituição, se apresenta como lei (Lei Complementar nº 16/92).

Nas eleições seguintes, o cenário político do Rio de Janeiro começa a se alterar e introduz Cidinha Campos como candidata de Brizola e possível sucessora de Marcello Alencar na prefeitura da cidade do Rio de Janeiro. A candidata não chega ao segundo turno das eleições de 1992 para prefeito da cidade, sendo eleito Cesar Maia pela primeira vez.

Em seu primeiro mandato, Cesar Maia convida para a secretaria de urbanismo o arquiteto Luís Paulo Conde. Juntos, eles empreendem o primeiro Plano Estratégico da cidade do Rio de Janeiro. O Plano Estratégico é um plano que desenha diferentes ações dentro do município, possuindo alguns objetos territoriais que não devem ir contra o plano diretor. O Plano Estratégico não se configura como lei e pode ser alterado de acordo com as mudanças no cenário da cidade. Por sua natureza, o plano estratégico prioriza ações em detrimento de outras, mas não as localiza no espaço. O plano é baseado no consenso e na participação em diferentes fases, e as propostas são pactuadas desde o início com a sociedade. É um plano de compromissos, não é normativo e se configura como um plano de ação.

O primeiro plano estratégico, empreendido por Cesar Maia e Luís Paulo Conde, teve início em 1993, sendo elaborado no período que vai de 1994 a 1995, utilizando para isso a metodologia da cidade de Barcelona.

Já em relação ao cargo de prefeito, a reeleição não era permitida naquela época. Assim, em 1996, Luís Paulo Conde, com o apoio de Cesar Maia, o seu padrinho político, se elege prefeito da cidade do Rio de Janeiro. Tanto Cesar como Conde eram membros do PFL (Partido da Frente Liberal, à direita do espectro político) naquele momento. Contudo, Luís Paulo Conde é eleito como sucessor de Cesar Maia no governo do Rio de Janeiro.

Posteriormente, a legislação muda. Essa mudança permite que Luís Paulo Conde, rompido e afastado, politicamente, de Cesar Maia desde o ano de 1999, concorra pelo PFL novamente ao cargo de prefeito em 2000. Desta vez, Conde enfrenta nas urnas Cesar Maia, Leonel Brizola e Benedita da Silva, entre outros.

Cesar Maia é reeleito em 2004 no primeiro turno, exercendo, assim, a partir de 2005, seu terceiro mandato, e empreendendo o segundo Plano Estratégico da cidade do Rio de Janeiro, que se configura de forma distinta do primeiro. Este segundo plano foi realizado por uma equipe local, fazendo uso de uma metodologia distinta da empreendida em seu primeiro mandato, conforme veremos mais adiante. Um ponto importante que deve ser observado são as constantes trocas partidárias. O atual prefeito do Rio de Janeiro, antes de seu primeiro mandato, era membro do PDT (Partido Democrático Trabalhista). Foi eleito pela primeira vez prefeito, em 1992, pelo PMDB (Partido do Movimento Democrático Brasileiro). Em seu segundo mandato, em 2001, estava no PTB (Partido Trabalhista Brasileiro) e, atualmente, é membro do PFL (Partido da Frente Liberal, recém-batizado Democratas), conforme a figura 3 (Tribunal Superior Eleitoral, 2007).

Mesmo com as constantes trocas, a liderança carismática de Cesar Maia foi construída e permaneceu durante todos os seus mandatos. Além disso, Cesar Maia conseguiu impor um estilo próprio na gestão da prefeitura do Rio de Janeiro, muito próximo à matriz lacerdista. Matriz esta que se caracteriza pela "preservação da ordem urbana, a realização de um conjunto expressivo de obras e uma boa gerência administrativa" (Motta, 2004a:99). Cesar Maia, em tese, em seus três mandatos buscou seguir, mesmo que discursivamente, esta matriz.

Figura 3: **Fase 3 da história política do Rio de Janeiro**

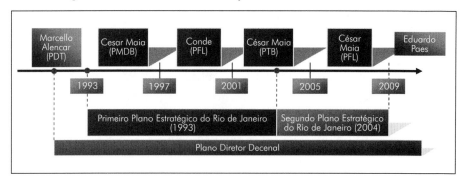

Este estilo político carioca pode ter influenciado na constituição dos dois planos estratégicos do Rio de Janeiro. Mas a forma com que a administração pública municipal, no Brasil, passou a se configurar, após a Constituição de 1988, principalmente com o advento do Estatuto da Cidade, pode também ter tido um impacto na constituição e na elaboração dos planos cariocas. Isso porque foi a partir da aprovação do Estatuto da Cidade, presente na Constituição de 1988, que os municípios passaram a ter o direito de legislarem e planejarem seu próprio território, o que acabou abrindo a possibilidade para que a prefeitura do Rio de Janeiro pudesse empreender os planos estratégicos da cidade de forma participativa, como se autodefinem os documentos. É o que veremos a seguir na próxima seção deste trabalho.

O condicionante institucional carioca

Na década de 1970, a participação pública se referia à democratização do país por meio da abertura de canais de representação popular e da centralização das ações nas massas populares. Na década de 1980, houve ênfase na consolidação e na conquista desses novos canais de participação e representação na esfera pública. Um bom exemplo disto foi o movimento de participação popular na Constituinte, que permitiu a elaboração de emendas populares, o que iniciou uma nova fase no planejamento de políticas públicas no Brasil, em que as demandas de cunho reivindicativo das fases anteriores se sistematizaram e se traduziram em propostas políticas nos canais institucionais conquistados (Gohn, 2002).

Assim, após 20 anos de ditadura, nos anos 1980, o Brasil começava a reconstruir suas instituições políticas por meio da redemocratização. Os movimentos sociais, antes reprimidos ou cooptados pelo poder, foram atores importantes exercendo pressão social, principalmente no que tange à questão urbana, organizando manifestações e se mantendo vivos na época da repressão. Diferentes resultados foram alcançados, fóruns foram construídos, trabalhadores passaram a ser representados, partidos políticos foram fundados, houve uma reconquista dos direitos fundamentais, a imprensa voltou a ser livre e, o mais importante, voltou-se a votar livremente, elegendo reais representantes nas diversas instâncias de poder (Gohn, 1995; Doimo, 1995; Carvalho, 2004; Jacobi, 1987).

A Constituição Brasileira de 1988, procurando democratizar e tornar transparentes os processos decisórios de planejamento, a alocação de recursos e a execução de políticas públicas, propõe um modelo jurídico e de gestão em que os diversos setores sociais, independentemente da posição na hierarquia social, possam manifestar seus interesses de forma livre e transparente em instâncias decisórias. No que diz respeito à problemática urbana, a Carta Magna incorporou parte do postulado na Emenda Popular pela Reforma Urbana, resultante de amplo movimento de âmbito nacional: o Movimento Nacional pela Reforma Urbana, que foi constituído durante o período em que funcionou a Assembleia Nacional Constituinte (Cardoso, 1997). Foram construídas outras dimensões de participação. A busca da redemocratização do Estado passava pela questão da participação em conselhos, dando-se prioridade ao debate do caráter consultivo ou normativo que os constituía (Gohn, 2002).

Com a redemocratização do país e a participação pública na Constituinte, tem início uma nova fase, na qual as demandas se sistematizam e se consubstanciam em propostas políticas nos canais institucionais conquistados, em que as arenas passam a estar situadas dentro dos órgãos públicos (Teodósio, 2002). Além disso, segundo Cardoso (1997), a Constituição de 1988 definiu claramente as competências comuns e específicas das instâncias federal, estadual e municipal.

São estabelecidos como competências comuns à União, estados e municípios: a proteção ao meio ambiente e o combate à poluição em qualquer uma de suas formas; a preservação de florestas, fauna e flora; a promoção de programas de construção de moradia e melhoria das condições habitacionais e de saneamento básico; e o combate às causas da pobreza e aos fatores de marginalização, promovendo a integração social dos setores desfavorecidos. São competências privativas dos municípios: legislar sobre assuntos de interesse local; suplementar a legislação federal e estadual no que couber; organizar e prestar diretamente, sob regime de concessão ou permissão, os serviços públicos de interesse local, incluído o transporte coletivo, que tem caráter essencial; e promover o adequado ordenamento territorial, mediante o planejamento e controle do uso, do parcelamento e da ocupação do solo urbano (Cardoso, 1997:92).

Através de conselhos setoriais, proliferam as experiências de participação no país. É percebida também uma diferenciação das mobilizações sociais anteriores à década de 1990, muito centradas em movimentos de massa e em pressões contra o Estado (Gohn, 2002).

A participação pública, a partir da década de 1990, toma forma de parceria, uma institucionalização de processos mais ou menos avançados de gestão conjunta de diferentes políticas públicas, e é nesse caminho que parecem se encontrar os planos estratégicos do Rio de Janeiro como uma tentativa de parceria entre o setor público e o setor privado na gestão da cidade, no caminho da sinergia de Evans (1997).

Neste sentido, as instituições têm um papel primordial na formação do capital social. Como já ressaltado anteriormente, de acordo com Evans (1995), para que as instituições do Estado funcionem bem é necessário sinergia entre o Estado e a sociedade civil na implantação de políticas. Para tanto, esse mesmo Estado deve aumentar a capacidade de participação da sociedade civil, não devendo ver a sociedade como cliente, mas sim como partícipe importante na formulação das agendas governamentais.

Nesse contexto, no primeiro governo do prefeito Cesar Maia no município do Rio de Janeiro, a administração pública municipal vê a possibilidade de delinear juntamente com a participação da sociedade o primeiro Plano

Estratégico do Rio de Janeiro, Rio Sempre Rio (Aguiar, 1998), utilizando para isto a mesma metodologia dos planos estratégicos de Barcelona.

Esse processo teve como fator crítico a escassez de recursos públicos e a exigência da competitividade entre as cidades para atração de investimentos que fizeram com que a metodologia catalã, por meio do reconhecimento internacional dos resultados obtidos após as Olimpíadas de 1992, fosse difundida para diferentes cidades, inclusive para o Rio de Janeiro (Aguiar, 1998). A metodologia catalã é adotada pelo Rio de Janeiro até mesmo em termos do seu planejamento participativo (Aguiar, 1998).

Foi dentro do contexto institucional municipal da primeira gestão do prefeito Cesar Maia (1993-1997) — delineado, portanto, após a promulgação da Constituição de 1988, quando os municípios passaram a ter direitos de gerir seus próprios territórios com a participação da sociedade civil organizada —, que o primeiro Plano Estratégico do Rio de Janeiro, denominado Rio Sempre Rio, foi desenhado e implementado.

Esse processo teve início em 1993, primeiro ano do primeiro mandato de Cesar Maia como prefeito do Rio de Janeiro, quando Luís Paulo Conde era o seu secretário de Urbanismo. Juntos, o prefeito e o secretário organizam um seminário na prefeitura do Rio de Janeiro com a mesma equipe que fez o primeiro plano de Barcelona. Durante o seminário, iniciou-se a elaboração do primeiro plano estratégico para a cidade do Rio de Janeiro, com o intuito de resgatar a imagem da cidade e retirá-la da crise em que se encontrava.

A questão que orientava o seminário era: como resolver a crise em que o Rio de Janeiro estava imerso? A compreensão deste problema e a alteração da agenda política, no sentido de estruturar políticas capazes de promover soluções, dependeriam da política feita pelos diversos atores com o intuito de influenciar esta agenda (Kingdon, 2003). Neste sentido, a elaboração do seminário Rio-Barcelona cumpriu seu papel, abrindo uma "janela de oportunidade" para alteração da agenda política da cidade, pois gerou um contexto favorável de negociação entre os agentes políticos urbanos.

O segundo Plano Estratégico da cidade do Rio de Janeiro é um conjunto de 12 planos regionais que, teoricamente, se configuram como um desdobramento do primeiro Plano da Cidade, conforme as primeiras frases presentes no referido documento: "A presente publicação apresenta o Plano Estratégico II da cidade do Rio de Janeiro — 'As Cidades da Cidade' —, um desdobramento inovador do Plano Estratégico anterior" (Plano Estratégico do Rio de Janeiro, 2004:8). Os mecanismos institucionais de planificação são 12 comissões regionais que correspondem a cada uma das regiões em que a cidade é geograficamente dividida. Essas comissões contavam com a participação direta de qualquer cidadão que se apresentasse para discutir as propostas delineadas para a região na qual reside.

O plano deixou de ter um escritório autônomo de coordenação, não administrado pela prefeitura do Rio de Janeiro, passando a ser coordenado e administrado pelo IPP (Instituto Municipal de Urbanismo Pereira Passos). Este instituto é uma autarquia vinculada à Secretaria Municipal de Urbanismo, criada pela Lei nº 2.689 de 1º de dezembro de 1998. O plano também passa a ser financiado totalmente pela prefeitura. Além disso, a metodologia utilizada para elaboração dos 12 planos foi diferente da usada no primeiro. Segundo descrito no próprio plano, houve uma adaptação do método de planejamento estratégico ao de Plataformas Tecnológicas adotado pelo Ministério de Ciência e Tecnologia. Com a fusão das duas metodologias surgiu, segundo delineado no plano, um terceiro método, cuja primeira aplicação foi no segundo plano estratégico da cidade do Rio de Janeiro e que tinha como objetivo estimular a emulação do ambiente de comunicação (Plano Estratégico do Rio de Janeiro, 2004:25), envolvendo nas discussões dos planos a sociedade civil, a administração municipal e seus diferentes órgãos.

De acordo com o que foi discutido acima, o segundo plano não constitui o que identificamos na análise empreendida como ciclo de planificação, pois há uma interrupção no processo de planejamento continuado. Os planos estratégicos que foram elaborados e implementados na cidade do Rio de Janeiro tiveram um caminho distinto dos planos catalães. Apesar de o primeiro utilizar uma metodologia muito similar à de Barcelona, e o segundo se autodefinir como desdobramento do primeiro, a segunda geração do plano estratégico carioca se configura como uma continuidade apequenada do processo de planificação. Isso se dá porque, seja por condicionantes históricos, políticos ou institucionais, o processo contínuo de planificação não se estabeleceu.

Assim, no sentido de mapear tais condicionantes e responder à pergunta traçada na introdução deste trabalho, realizou-se uma extensa pesquisa de campo no Rio de Janeiro e em Barcelona. O objetivo principal foi analisar os mecanismos de gestão dos planejamentos estratégicos das experiências de Barcelona e do Rio de Janeiro, verificando quais os condicionantes que permitiram a adoção e a perpetuação do método de planificação das duas cidades e de que forma esta planificação ocorreu. Na próxima parte deste trabalho será apresentada a metodologia utilizada para esta análise e os resultados da pesquisa de campo empreendida.

Metodologia e coleta de dados

De acordo com a taxonomia de Vergara (2005), esta pesquisa é uma análise exploratória dos contextos políticos, sociais e históricos que impulsionaram planos instituídos na cidade de Barcelona. Seguindo a mesma taxonomia, esta é uma pesquisa bibliográfica e documental. Bibliográfica, pois foram utilizados materiais publicados em diferentes fontes de referência. Documental, devido ao fato de estar se utilizando documentos pesquisados nos órgãos públicos das duas cidades relativos à construção do objeto de estudo.

Trata-se também de uma pesquisa de campo, pois se realizaram 24 entrevistas semiestruturadas com agentes envolvidos na concepção e na gestão dos planos catalães e cariocas. A seleção dos sujeitos se deu pelo critério de acessibilidade e de relevância destes agentes no processo de planificação. Assim, foram entrevistados em Barcelona:

- O senhor Juan Campreciós, coordenador do Plano Estratégico de Barcelona.
- A professora doutora Mireia Belil, professora universitária e pesquisadora, que desenvolve estudos sobre a área metropolitana de Barcelona na Fundació Fòrum Universal de les Cultures, e que participou do plano estratégico de Barcelona em suas primeiras versões.

- O senhor Joan Playà, prefeito de Castellbisbal, município da região metropolitana de Barcelona que faz parte do Plano Estratégico.
- O professor doutor Manuel de Forn, professor universitário e consultor, que participou da elaboração dos planos estratégicos de Barcelona.
- O senhor Josep Carreras, chefe do Servei d'Informació i Estudis Territorials de la Mancomunitat de Municipis de l'Àrea Metropolitana de Barcelona, instituição que possui ligação e caminha paralelamente ao Plano Estratégico de Barcelona, foi o quinto entrevistado em Barcelona.
- O senhor Jaume Vendrell, gerente da Mancomunitat de Municipis de l'Àrea Metropolitana de Barcelona, instituição que possui ligação e caminha paralelamente ao Plano Estratégico de Barcelona.
- O senhor Jose Manuel Jurado, responsável de Medi Ambient de la Comissió Obrera Nacional de Catalunya, sindicato que participa dos grupos de trabalho do Plano Estratégico de Barcelona.
- O senhor Jordi López, diretor-geral da LocalRet, instituição que participa dos grupos de trabalho do Plano Estratégico de Barcelona.
- O senhor Carlos Martinez, responsável, entre outras atribuições, por acompanhar o Plano Estratégico Metropolitano de Barcelona na Comissió Obrera Nacional de Catalunya, instituição que participa dos grupos de trabalho do referido plano.
- O professor doutor Juli Ponce Sole, professor titular de direito institucional da Faculdade de Direito da Universidade de Barcelona, especialista em direito urbanístico e diretor da Escola de Governo da Catalunha.
- O senhor Juan Martinez, Presidente da Confav (Confederación de Asociaciones de Vecinos).
- O professor doutor Juan Subirats, que fez parte de um grupo de intelectuais responsável pela análise da reforma do Estado espanhol e que fazia parte dos precursores da metodologia utilizada no plano catalão.

No Rio de Janeiro foram entrevistados:
- A professora Hélia Nacif, secretária de Urbanismo na gestão de Luís Paulo Conde, prefeito da cidade do Rio de Janeiro de 1997 a 2000.
- O senhor Bernardo Horta, terceiro diretor executivo do primeiro plano carioca.
- O professor doutor Carlos Vainer, professor do Ippur (Instituto de Pesquisa e Planejamento Urbano e Regional) da UFRJ (Universidade Fede-

ral do Rio de Janeiro). O referido professor participou de alguns grupos de trabalho do primeiro plano do Rio de Janeiro e passou a ter uma visão crítica de todo o processo.
- O senhor Rodrigo Lopes, segundo gestor do primeiro plano estratégico do Rio de Janeiro.
- A professora doutora Maria Alice Rezende de Carvalho, professora do Iuperj (Instituto Universitário de Pesquisas do Rio de Janeiro). A entrevistada participou de grupos de trabalho do primeiro plano estratégico do Rio de Janeiro.
- A senhora Cecília Maria Neder Castro, na época da realização deste trabalho, gestora do segundo plano estratégico da cidade do Rio de Janeiro.
- O professor doutor Carlos Lessa, primeiro gestor do primeiro plano estratégico do Rio de Janeiro.
- A vereadora e professora doutora Aspásia Camargo. A entrevista critica muito o processo de planificação do Rio de Janeiro e a forma com que as elites dirigentes gerem a cidade.
- O senhor Sérgio Guilherme Lyra de Aguiar, na época presidente da Associação Comercial do Rio de Janeiro, coordenador da entidade mantenedora do primeiro plano estratégico carioca.
- A décima entrevista foi com o deputado estadual Luís Paulo da Rocha. A entrevista auxiliou no entendimento do processo de transição do governo Marcello Alencar para o primeiro governo Cesar Maia.
- O ex-prefeito Cesar Maia.
- O senhor Sergio Magalhães, ex-secretário de Habitação, que integrou o primeiro plano estratégico do Rio de Janeiro e que também fez parte do Conselho Executivo do plano.

Objetivou-se, por meio destas 24 entrevistas e do método de análise escolhido, realizar a correspondência entre as estruturas semânticas, linguísticas ou sociológicas dos enunciados observados no decorrer da leitura das transcrições. Isso é possível, pois o método de análise de conteúdo configura-se como um conjunto de técnicas com procedimentos sistematizados e objetivados, estruturados para descrever os conteúdos das mensagens analisadas (Bardin, 1977).

Os dados coletados, tanto em documentos como em entrevistas (que devem ser preferencialmente abertas ou semiestruturadas), são analisados de acordo com categorias preestabelecidas ou não, que dependem do tipo de grade que se opta em trabalhar e da unidade de análise definida pelo pesquisador (parágrafo, frase, expressão ou palavra). Após a categorização do material e de sua inserção na grade, procede-se à análise de conteúdo adotando, para tanto, procedimentos que vão desde estatísticos a interpretativos, ou ambos (Vergara, 2005).

As grades podem ser de três tipos: aberta, fechada ou mista. Neste texto, optou-se por uma grade aberta, na qual as categorias não são definidas preliminarmente. Ao fim da pesquisa, estabelece-se a grade categórica final levando-se em consideração os arranjos feitos no decorrer do trabalho (Vergara, 2005). Utilizou-se o critério semântico de categorização, no qual cada categoria tem um tema que agrupa elementos de análise. Para ilustrar esta opção, será observado o exemplo dado por Dellagnelo e Silva (2005:112): "Os elementos que refletem ansiedade serão agrupados em uma categoria ansiedade; os elementos que refletem valores individuais serão agrupados em uma categoria individualismo".

Dentro desta análise, procurou-se desvendar a visão dos agentes envolvidos na concepção dos planos de Barcelona e do Rio de Janeiro com o objetivo de observar o que sustentaram estes planos ao longo do tempo, os seus processos de planificação e de que forma estes processos se configuraram.

Análise dos dados

Dentro desta pesquisa, no decorrer da análise do material coletado, após a leitura e interpretação das transcrições das 24 entrevistas realizadas em campo, diferentes elementos emergiram e se repetiram. Esses elementos apontaram para a criação de diferentes categorias. Tendo como base o desenho prévio das categorias e os elementos que apontaram para sua criação, retomou-se a teoria utilizada para análise dos processos de planificação das duas cidades a fim de se verificar se a interpretação dos dados estava de acordo com o marco teórico utilizado. Após a verificação, agruparam-se os elementos observados em quatro grandes categorias e a categoria instituições foi dividida em três subcategorias, que juntas definem a categoria mais geral que as deriva, conforme se pode observar abaixo:

- Categoria 1 — Personalismo político: definido como as relações pessoais que se sobrepõem às relações institucionais.
- Categoria 2 — Instituições: se subdivide em três subcategorias:
  - Categoria 2.1 — Porosidade institucional: definida como a sinergia, presença de laços entre o Estado e a sociedade. Esta porosidade pode criar as bases para a constituição de capital social, influenciando positivamente o desempenho institucional.
  - Categoria 2.2 — Responsividade institucional: definida como a capacidade das instituições em responderem demandas advindas da sociedade.
  - Categoria 2.3 — Adaptabilidade institucional: definida como a capacidade das instituições em se adaptarem às mudanças dos cenários no qual elas se inserem.
- Categoria 3 — Agenda política: processo de articulação de agentes com objetivos comuns em torno de uma política pública estruturada.
- Categoria 4 — Dotes socioculturais: definida como o capital social acumulado ao longo do tempo por meio do exercício cívico.

Após verificação das categorias que auxiliaram a análise do material coletado, com a ajuda do software de análise de conteúdo ATLAS ti, visando consolidar as categorias principais que foram extraídas da leitura e da interpretação das entrevistas, e que corresponderão à espinha dorsal da conclusão deste texto, foi possível estabelecer a relação entre as categorias da análise de conteúdo, conforme a figura 4, a seguir.

Por meio da análise das relações estabelecidas entre as categorias e subcategorias, observou-se que não há citações diretas para a categoria instituições, mas que as subcategorias responsividade, porosidade e adaptabilidade fazem parte da categoria. Em conjunto, essas três subcategorias puderam ser utilizadas para analisar de que forma tais características institucionais contribuíram para a perpetuação dos processos de planificação nas duas cidades. A categoria instituições, em conjunto com as outras duas categorias, dotes socioculturais e personalismo político, está associada à categoria agenda política. Assim, pôde-se observar qual categoria influenciou mais fortemente na agenda política, mantendo, ou não, um processo de articulação de agentes com objetivos comuns em torno de uma política pública estruturada.

Figura 4: **Relações entre categorias da análise**

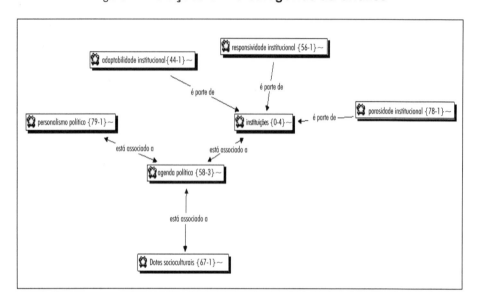

Estruturada esta rede de relacionamento entre as categorias e subcategorias, foi possível saber quais foram os condicionantes que permitiram a adoção e a perpetuação do método de planificação das duas cidades, segundo a percepção dos entrevistados. Deve-se ressaltar que as categorias e subcategorias que emergiram da coleta de dados realizada por meio de entrevistas, com agentes envolvidos direta e indiretamente no processo de planificação das duas cidades, referem-se a condicionantes históricos (percebidos pela categoria dotes socioculturais), condicionantes políticos (captados pela categoria personalismo político) e condicionantes institucionais (coletados por meio da categoria instituições e suas subcategorias). Todos esses condicionantes estavam associados à agenda política, estruturando ou não um ciclo de planificação continuado (percebido por meio da presença da categoria agenda política). Pode-se verificar a estrutura de análise na figura 5, abaixo.

Figura 5: **Estrutura da análise dos dados**

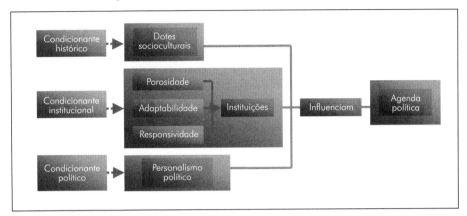

Tanto o condicionante político como o condicionante institucional sofrem influências de fatores históricos. No entanto, para efeito de análise e para que a observação dos dados coletados ficasse mais clara, metodologicamente, optou-se por observar apenas um fator histórico, os dotes socioculturais, e separar este condicionante histórico em uma categoria específica. A referida opção possibilitou que as conclusões finais deste trabalho tivessem uma maior objetividade. Assim, a seguir, a descrição dos cenários complexos das duas cidades.

Cenário complexo de Barcelona

Por meio da análise das frequências das categorias no cenário complexo de Barcelona, nota-se que a agenda política pode ter estruturado um ciclo de planificação continuado, o que, em tese, pode ser observado pelo número de citações desta categoria, 45 no total. Percebe-se também que, em princípio, há certo equilíbrio entre as subcategorias da categoria instituições. Isso porque ao mesmo tempo em que as instituições são muito porosas (49 citações), elas são responsivas (36 citações) e adaptáveis (37 citações). Além disso, a soma do número de citações destas subcategorias que compõem a categoria instituições alcança um total de 112 citações, o que faz com que a categoria instituições seja a mais associada à categoria agenda política. Assim, por meio da análise das relações estabelecidas entre as categorias e subcategorias, observou-se que não há citações diretas para a categoria instituições, mas que as subcategorias responsividade, porosidade e adaptabilidade, que fazem parte da categoria, em conjunto puderam ser utilizadas para analisar e observar que tais características institucionais contribuíram fortemente para a perpetuação dos processos de planificação nas duas cidades.

Tabela 1: **Cenário complexo de Barcelona**

Entrevistados	Adaptabilidade institucional	Agenda política	Dotes socioculturais	Personalismo político	Porosidade institucional	Responsividade institucional
B1	5	6	11	0	8	13
B2	1	3	0	0	7	4
B3	6	6	4	0	8	2
B4	1	8	11	0	6	2
B5	2	8	4	0	2	2
B6	6	0	1	3	1	7
B7	2	5	0	1	6	2
B8	2	2	2	0	4	0
B9	2	2	4	2	1	1
B10	3	1	7	0	4	2
B11	3	0	6	0	1	1
B12	4	4	3	1	1	0
Total	37	45	53	7	49	36

Em tese, esta constatação pode levar a crer que as instituições catalãs são estruturadas de uma maneira que se consegue levar adiante políticas públicas, de forma a dar continuidade à agenda política, articulando agentes com objetivos comuns em torno de uma política pública estruturada e, por conseguinte, mantendo o ciclo de planificação, independentemente de quem esteja no poder, tendo em vista também que o personalismo político é mínimo, com apenas 7 citações.

Tudo isso pode ser mais bem entendido por meio do gráfico 1, a seguir, no qual se encontram as distribuições proporcionais das categorias e subcategorias de Barcelona. Nesse gráfico, é possível notar que apesar de a categoria dotes socioculturais ter um peso maior em relação às outras categorias separadamente, com um total de 23% das citações, essa relação muda se observarmos as subcategorias da categoria instituições em conjunto. Há um peso maior das características institucionais presentes no processo de planificação de Barcelona, observando-se em conjunto as subcategorias porosidade institucional (20% das citações), responsividade institucional (16% das citações) e adaptabilidade institucional (16% das citações), o que faz com que a categoria instituições (com todas as suas subcategorias em conjunto) possua maior influência na agenda política.

Gráfico 1: **Distribuições proporcionais das categorias e subcategorias de Barcelona**

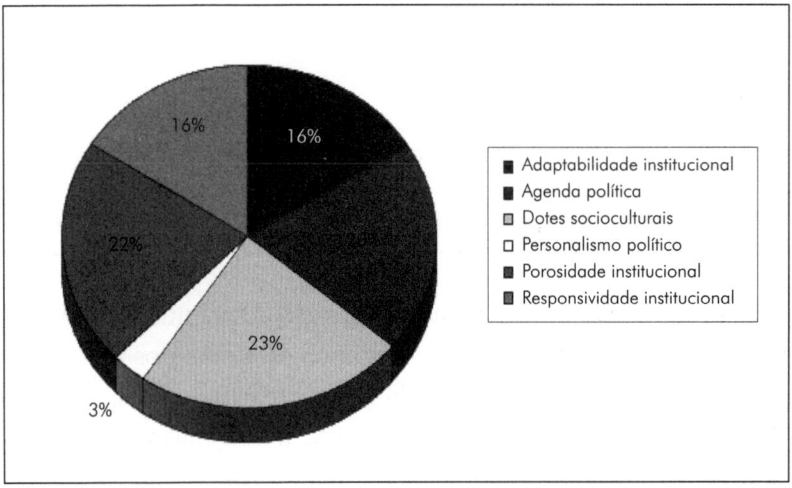

Cenário complexo do Rio de Janeiro

Por meio da análise das frequências das categorias no cenário complexo do Rio de Janeiro, podemos observar que, de acordo com a figura 4 (Relações entre categorias da análise de conteúdo), a agenda política da cidade não estrutura um ciclo de planificação continuado, o que pode ser observado pelo número baixo de citações ligadas à categoria agenda política (apenas 13 citações). Esta constatação corrobora o que já foi delineado dentro do item referente ao Rio de Janeiro neste texto, em que se observa uma interrupção no chamado ciclo de planificação carioca.

Tabela 2: **Distribuições proporcionais das categorias e subcategorias do Rio de Janeiro**

Entrevistados	Adaptabilidade institucional	Agenda política	Dotes socioculturais	Personalismo político	Porosidade institucional	Responsividade institucional
RJ1	2	1	0	4	3	1
RJ2	0	0	0	12	1	0
RJ3	0	2	1	8	2	0
RJ4	0	3	1	4	8	1
RJ5	0	0	4	8	2	5
RJ6	0	0	1	16	0	2
RJ7	4	1	2	2	1	3
RJ8	0	0	0	8	2	1
RJ9	0	1	5	0	5	3
RJ10	0	1	0	3	3	3
RJ11	0	1	0	3	1	1
RJ12	1	3	0	4	1	0
Total	7	13	14	72	29	20

Esta possível não estruturação de um ciclo de planificação continuado pode ter ocorrido mediante a forte presença de elementos ligados à categoria personalismo político detectada nos dados analisados, em um total de 72 citações. Contudo, este mesmo forte personalismo, que pode ter impedido a constituição de um ciclo de planificação, pode ter colaborado para a implementação e elaboração do primeiro plano estratégico carioca, corroborando a tradição de planejamento descontinuado já destacado neste texto.

Além disso, a não constituição deste ciclo de planificação pela interrupção do processo no segundo plano pode ter sido influenciada não só pelos elementos da categoria personalismo político, mas também pela possível falta de elementos da categoria dotes socioculturais, com apenas 14 citações, e, em princípio, debilidade das instituições cariocas. Essa possível debilidade pode ser observada pela baixa presença de elementos ligados às subcategorias responsividade institucional (apenas 20 citações), porosidade institucional (apenas 27 citações), mas principalmente pela baixíssima presença de elementos ligados à adaptabilidade institucional (apenas 7 citações) captadas na análise dos dados deste trabalho.

Outro possível viés de análise é que o grande peso do personalismo político pode ter influenciado a pouca capacidade à adaptação das instituições a uma nova metodologia de planificação, a metodologia catalã. No gráfico 2, abaixo, se encontram as distribuições proporcionais das categorias do Rio de Janeiro. Nesse gráfico, é possível notar a presença marcante do personalismo político carioca em detrimento das demais categorias e subcategorias.

Gráfico 2: **Distribuições proporcionais das categorias e subcategorias do Rio de Janeiro**

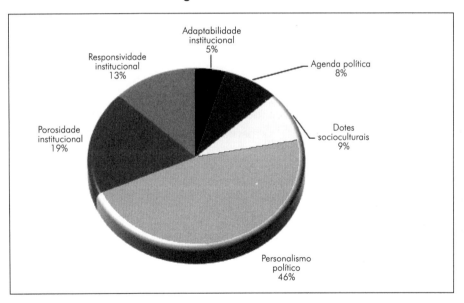

Há certo desequilíbrio, na percepção dos entrevistados, entre a categoria dotes socioculturais, as características institucionais e o personalismo político, presentes no cenário carioca. Esse desequilíbrio pode ter impedido o estabelecimento de uma agenda política, categoria com apenas 8% do percentual de citações, estruturada em torno de um ciclo de planificação continuado. Além disso, nota-se que a mesma categoria agenda política pode ter sido impactada pelo personalismo que, em princípio, pode ter impedido a estruturação de um ciclo de planificação continuado. Assim, tendo em vista os cenários complexos apresentados acima e as conclusões preliminares que puderam ser extraídas dos contextos das duas cidades, na próxima etapa delinearam-se as conclusões do estudo empreendido.

Conclusão

Neste texto, verificou-se que o Rio de Janeiro e Barcelona são muito diferentes e que se inseriam em cenários complexos muito distintos. Portanto, apesar de utilizarem o mesmo método de planificação, os condicionantes que permitiram a adoção e a perpetuação do método de planificação das duas cidades não poderiam ser analisados em conjunto. Esta constatação fez com que se procedesse a uma análise individual de cada cidade, isso porque a análise conjunta poderia induzir ao erro. Logo, tendo em mente a necessidade de se proceder a uma análise dissociada das duas cidades, e partindo da premissa de que a metodologia do planejamento estratégico adotada por Barcelona é similar à adotada pelo Rio de Janeiro, por meio da pesquisa empreendida, verificou-se que os condicionantes que permitiram a adoção e a perpetuação do método de planificação das duas cidades foram distintos.

Respondendo à pergunta proposta, no caso de Barcelona, o condicionante que mais influenciou na adoção e na perpetuação do método de planificação foi o condicionante institucional, mantendo certo equilíbrio entre os elementos relacionados à porosidade, adaptabilidade e responsividade das instituições catalãs. Assim, com base na preponderância deste condicionante, pode-se supostamente concluir que as instituições catalãs são estruturadas de uma maneira em que se conseguem levar adiante políticas públicas, dando continuidade à agenda política. Desse modo, alcançando o objetivo central deste trabalho, conclui-se que os mecanismos de gestão dos planejamentos estratégicos de Barcelona, por conta do condicionante institucional, permitem levar adiante o método de planificação, estabelecendo, então, o ciclo de planificação continuado e uma agenda política, isto é, permitindo a criação e a manutenção de um processo de articulação de agentes com objetivos comuns em torno de uma política pública estruturada.

Em relação ao Rio de Janeiro, e também respondendo à pergunta proposta, o condicionante que mais influenciou na adoção do método de planificação carioca foi o político. Entretanto, este mesmo condicionante pode ter impedido que se estruturasse um ciclo de planificação continuado. Isso porque a agenda política da cidade não sustenta um ciclo de planificação continuado; há uma interrupção e até mesmo a não constituição do chamado ciclo de planificação carioca. Esta possível não estruturação de um ciclo de planificação continuado pode ter ocorrido por conta do forte personalismo político. Contudo, esse mesmo condicionante pode ter colaborado para a implementação e elaboração do primeiro plano estratégico carioca, corroborando a tradição de planejamento descontinuado destacado em item anterior deste trabalho. Além disso, a interrupção ou não constituição deste ciclo de planificação, por meio da elaboração do segundo plano, pode ter sido influenciada não só pelo personalismo político, mas também pela possível falta de dotes socioculturais.

Dessa forma, alcançando o objetivo central deste trabalho em relação ao Rio de Janeiro, conclui-se que os mecanismos de gestão dos planejamentos estratégicos cariocas são fortemente impactados pela debilidade das suas instituições, que possuem baixa responsividade, baixa porosidade e principalmente baixíssima adaptabilidade. Mesmo unindo o condicionante histórico ao condicionante institucional, eles não suplantariam o condicionante político que impacta diretamente a constituição da agenda política do Rio de Janeiro, em torno de um processo de articulação de agentes com objetivos comuns que envolve uma política pública estruturada.

Além disso, no caso carioca, a baixíssima adaptabilidade institucional dificulta a alteração das instituições no sentido de implementar um processo baseado em uma metodologia estrangeira, feita em um cenário complexo distinto. O personalismo político domina as relações institucionais, o que impede a alteração das mesmas. Logo, há um grande peso do personalismo político que pode ter influenciado a pouca capacidade à adaptação das instituições a uma nova metodologia de planificação. Unindo esses fatores ao desequilíbrio entre os dotes socioculturais, as características institucionais e o personalismo político, presentes no cenário carioca, conclui-se que essa instabilidade pode ter impedido o estabelecimento de uma agenda política, estruturada em torno de um ciclo de planificação continuado e de um processo de articulação de agentes com objetivos comuns em torno de uma política pública estruturada. Além disso, a falta de dotes socioculturais e de tradição em se estabelecer um processo de planificação continuado faz com que o condicionante histórico carioca abra espaço para o condicionante político, dentro de uma perspectiva de análise deste trabalho. Com isso, pode-se depreender que o mesmo condicionante que possibilitou o início do processo de planificação carioca, por meio do primeiro plano estratégico da cidade, foi o que impediu que esse processo se constituísse como um ciclo de planificação continuado no segundo plano.

Esta conclusão nos permite observar que a metodologia catalã, tão embasada em um cenário complexo, no qual o principal condicionante é o institucional, deveria ter sido adaptada ao cenário carioca, fortemente marcado pelo condicionante político. Essa adaptação poderia ter permitido o estabelecimento de uma agenda política estruturada em torno de um ciclo de planificação continuado, não apenas para a cidade do Rio de Janeiro, mas para toda a sua região metropolitana. O método de planificação catalão, apesar das diversas críticas que sofre, funciona no cenário complexo de Barcelona. É preciso delinear uma metodologia carioca para o cenário complexo do Rio de Janeiro. Contudo, as adaptações referentes a esta metodologia ou à criação de uma nova metodologia, criando assim um método de planificação carioca, não fazem parte do escopo deste texto, ficando como sugestão para pesquisas futuras.

Além disso, assim como Barcelona, é impossível pensar o Rio de Janeiro sem ter em conta sua região metropolitana. Logo, o Rio de Janeiro, tal como a capital catalã, possui a necessidade de implementar políticas públicas de caráter metropolitano, mas dentro de um cenário complexo completamente diferente do cenário catalão.

No caso de Barcelona, o plano estratégico já é metropolitano, e o fato de o plano ser uma entidade autônoma, não gerida pelas prefeituras e com a participação dos diferentes agentes das cidades, faz com que ele se configure fórum de reflexão em relação à cidade e sua região metropolitana. Mas, em sua fase de implementação e excussão, há a necessidade do apoio de uma entidade metropolitana com competências legais, superando a dificuldade de se passar do discurso para a prática, conforme relatado pelos diferentes agentes entrevistados.

No caso carioca, o Rio de Janeiro necessita retomar a discussão de um planejamento estratégico real e fazer essa discussão no âmbito metropolitano. A partir desta retomada, é preciso suplantar as dificuldades impostas pelo personalismo político consolidando uma metodologia de planificação própria que ao mesmo tempo fortaleça as instituições envolvidas no processo, tornando-as mais porosas, responsivas e adaptáveis, e que consiga levar adiante uma agenda política que gere um ciclo de planificação continuado. Assim como em Barcelona, após esta retomada, torna-se necessária a estruturação de uma entidade metropolitana com competências legais que dê suporte à implementação e à execução deste novo plano.

Tendo em vista a necessidade de ambas as cidades em implementar políticas públicas de caráter metropolitano, seria essencial a criação de entidades metropolitanas com competências reais, tanto em Barcelona como no Rio de Janeiro, com o objetivo de implementar políticas públicas de caráter metropolitano com mais facilidade. Tendo sempre em mente que a entidade metropolitana de Barcelona e a do Rio de Janeiro devem se adaptar aos seus cenários complexos e, portanto, devem ter desenhos institucionais apropriados a estes cenários, isto é, desenhos distintos. Contudo, não fazem parte do escopo deste texto discutir se essas entidades se configurarão como governos ou governanças metropolitanas, bem como definir os desenhos institucionais destas entidades. Ficam, portanto, como sugestões para pesquisas futuras.

Referências

AGUIAR, Frederico Campos Guanais de. *Para onde vai o Rio?* A procura de caminhos pelo Projeto Estratégico na Cidade Maravilhosa. Dissertação (Mestrado) — Escola de Administração, Universidade Federal da Bahia, Salvador, 1998.

AJUNTAMENT DE BARCELONA. *Gobierno y gestión de la ciudad*: Una experiencia de modenización municipal. Barcelona: Ajuntament de Barcelona/Diaz Santos, 1999. Disponível em: <www.bcn.es/alcalde>. Acesso em: mar. 2007.

ASSOCIACIÓ PLA ESTRATÉGIC BARCELONA 2000. *I Plan Estratégico Metropolitano de Barcelona*. Barcelona: Associació Pla Estatégic Barcelona 2000, 2003. Disponível em: <www.bcn2000.es/ca-es/default_ca_es.aspx>. Acesso em: nov. 2006.

BARDIN, Laurence. *Análise de conteúdo*. Lisboa: Edições 70, 1977.

BORJA, J. La transformación urbana de Barcelona: velocidad y globalizad. In: _____. (Org.). *Barcelona*. Un modelo de transformación urbana. Quito: Oficina Regional para América Latina y el Caribe, 1995. p. 1-34.

CARDOSO, Adauto Lúcio. Reforma urbana e planos diretores: avaliação da experiência recente. *Cadernos IPPUR*, Rio de Janeiro, v. 11, n. 1/2, p. 79-111, 1997.

CARVALHO, Maria Alice. *Quatro vezes cidade*. Rio de Janeiro: Sette Letras, 1994.

CARVALHO, Maria do Carmo A. A participação social no Brasil hoje. *Polis Papers*, n. 2, 1998. Disponível em: <www.polis.org.br>. Acesso em: out. 2004.

CARVALHO, Mônica de. Cidade global: anotações críticas sobre um conceito. *Perspectivas em Ciência da Informação*, São Paulo, v. 14, n. 4, p. 70-82, out./dez. 2000.

DELLAGNEO, Eloise Helena Livramento; SILVA, Rosimeri Carvalho. Análise de conteúdo e sua aplicação em pesquisa na administração. In: VIEIRA, Marcelo Milano Falcão; ZOUAIN, Deborah Moraes (Orgs.). *Pesquisa qualitativa em administração*: teoria e prática. Rio de Janeiro: FGV, 2005. p. 97-118.

DOIMO, Ana Maria. *A vez e a voz do popular*: movimentos sociais e participação política no Brasil pós-70. Rio de Janeiro: Relume-Dumará/Anpocs, 1995.

ESPANHA. *Constitución española*. 1978.

_____. *Ley orgánica nº 5/1985* — Del régimen electoral general, de 19 de junio de 1985.

EVANS, Peter. *Embedded autonomy*. Princeton: Princeton University Press, 1995.

_____. *State-society synergy*: Government and social capital in development. Berkeley: University of California, 1997.

GENERALITAT DE CATALUNYA. Disponível em: <www.gencat.net>. Acesso em: maio 2007.

GOHN, Maria da Glória. *Movimentos e lutas sociais na história do Brasil*. São Paulo: Loyola, 1995.

_____. *Os sem-terra, ONGs e cidadania*. São Paulo: Cortez, 1997.

_____. Participação: novas e antigas concepções na gestão pública. In: ENCONTRO NACIONAL DA ANPUR, 9., 2001, Rio de Janeiro. *Anais...* Rio de Janeiro: UFRJ/Ippur, 2002. v. 3. p. 1.206-1.217.

JACOBI, Pedro Ricardo. Movimentos sociais urbanos numa época de transição: limites e potencialidades. In: SADER, Emir (Org.). *Movimentos sociais na transição democrática*. São Paulo: Cortez, 1987.

KINGDON, John W. *Agendas, alternatives, and public policies*. London: Longman, 2003.

MARSHALL, Tim. *Urban planning and governance*: Is there a Barcelona model? Internacional planning studies. Oxford: Oxford Brookes University, 2000. v. 5, n. 3, p. 299-319.

MONCLÚS, Francisco Javier. The Barcelona model: an original formula? From "reconstruction" to strategic urban projects (1979-2004). *Planning Perspectives*, v. 18, n. 4, p. 399-421, Oct. 2003.

MOTTA, Marly. A autonomia carioca e o município do Rio de Janeiro: os novos termos de uma velha relação. _____; FREIRE, Américo; SARMENTO, Carlos Eduardo (Orgs.). *A política carioca em quatro tempos*. Rio de Janeiro: FGV, 2004a. p. 53-76.

_____. Carisma, memória e cultura política: Carlos Lacerda e Leonel Brizola na política do Rio de Janeiro. In: _____; FREIRE, Américo; SARMENTO, Carlos Eduardo (Orgs.). *A política carioca em quatro tempos*. Rio de Janeiro: FGV, 2004b. p. 89-100.

_____. Administrando o Rio de Janeiro: engenheiros x economistas. In: _____; FREIRE, Américo; SARMENTO, Carlos Eduardo (Orgs.). *A política carioca em quatro tempos*. Rio de Janeiro: FGV, 2004c. p. 235-255.

PLANO ESTRATÉGICO DE BARCELONA. Disponível em <www.bcn2000.es/es/default_es.aspx>. Acesso em: jan. 2006.

PLANO ESTRATÉGICO DO RIO DE JANEIRO. *Relatório Final do Plano Estratégico do Rio de Janeiro*: documento de trabalho. Rio de Janeiro: Prefeitura Municipal do Rio de Janeiro, 1995.

_____. Rio de Janeiro: Prefeitura Municipal do Rio de Janeiro, 2004.

SKOCPOL, Theda. Bringing the state back in: Strategies of analysis in current research. In: _____; EVANS, Peter; RUESCHEMEYER, Dietrich (Orgs.) *Bringing the state back in*. Cambridge: Cambridge University Press, 1985. p. 3-35.

_____; EVANS, Peter; RUESCHEMEYER, Dietrich (Orgs.). *Bringing the state back in*. Cambridge: Cambridge University Press, 1985.

SUBIRATS, J. *Análise de políticas y eficácia de la administración*. Madrid: Instituto Nacional de Administración Pública, 1989.

TEODÓSIO, Armindo dos Santos de Souza. Participação popular na gestão de cidades: impasses e perspectivas no cenário brasileiro. In: ENCONTRO NACIONAL DA ANPUR, 9. Anais... Rio de Janeiro, UFRJ/Ippur, 2002. v. 1., p. 129-139.

TRIBUNAL SUPERIOR ELEITORAL. Disponível em: <www.tse.gov.br>. Acesso em: mar. 2007.

VERGARA, Sylvia Constant. *Métodos de pesquisa em administração*. São Paulo: Atlas, 2005.

5

A problematização do lixo e as políticas municipais de apoio ao trabalho dos catadores na cidade do Rio de Janeiro sob a perspectiva analítica de Michel Foucault

Maria Scarlet do Carmo

Este trabalho parte da observação e análise de três estudos de caso de cooperativas de catadores de lixo reciclável pós-consumo na cidade do Rio de Janeiro, apoiadas pelo poder público municipal no início da década de 1990 e nos primeiros anos do presente século. A pesquisa inicial que deu origem a este texto supunha que os catadores poderiam obter rendimentos mais elevados com o comércio de recicláveis à medida que tivessem sua imagem social modificada — já que seriam estigmatizados por venderem coisas que as pessoas descartam, mas que, como recicláveis, adquirem uma conotação positiva (como matéria-prima) — e conforme se organizassem em cooperativas — como as que o poder público apoiou a partir da década de 1990.

Os catadores há muito trabalham no processo de reaproveitamento do resíduo doméstico pós-consumo e sofrem o ônus dos atributos negativos deste objeto devido ao estigma (Bastos, 2007; Eigenheer, 2003; Gonçalves, 2006; Portilho, 1997). Acreditava-se que organizá-los em cooperativas poderia contribuir para melhorar o contexto (social e econômico) de trabalho deles (Gonçalves, 2003; Medina, 2000, 2001; Rodriguez, 2003; Sicular, 1991). A análise de três estudos de caso em cooperativas de catadores, contudo, mostrou que a condição econômica dos catadores não melhorou muito com os apoios recebidos pelo poder público para a formação de cooperativas. Assim, considerando apenas a singularidade das três cooperativas observadas, procurar-se-á neste trabalho discutir os motivos que teriam impedido que o apoio recebido resultasse em melhora econômica para esses grupos de trabalhadores.

As três cooperativas observadas poderiam ser definidas como organizações de cunho empresarial familiar (centralizada: estudo de caso 1), de cunho social (centralizado: estudo de caso 2) e de cunho empresarial (participativo: estudo de caso 3). Não obstante essa diferença no modo como se organizam, é no processo de valorização dos resíduos que parece residir os motivos para que eles não tenham logrado o êxito esperado com os apoios recebidos. A fim de compreender tal fato, este texto procura estabelecer uma relação — a partir do método analítico de Michel Foucault (1972, 1980a, 1991b) — entre os temas que emergem em torno do lixo pós-consumo e do catador como alvo (sujeito) de estratégias (políticas de apoio) por parte do poder público. Propõe-se que o apoio recebido do poder público foi uma resultante do modo como o lixo passou a ser considerado e, nesse sentido, busca problematizar o lixo.

Alguns autores, partindo de outros objetos de análise, ajudam a dar sustentação a esta mesma proposta de problematizar o lixo, à medida que apontam a racionalidade econômica como um aspecto que muitas vezes dá contorno às regras que determinam práticas ligadas ao bem-estar (Cooke, 2004; Ferguson, 1990) da sociedade, por exemplo. Sejam elas regras ligadas à questão do subdesenvolvimento (Escobar, 1995), sejam regras ligadas à preservação das florestas (Agrawal, 2005a, 2005b), ou à questão da cidadania americana (Cruikshank, 1999).

Em seu livro *Encountering development: The making and unmaking of the Third World*, Arturo Escobar (1995), por exemplo, propõe o desenvolvimento como uma produção discursiva, conforme os países pobres da Ásia, América Latina e África foram representados como subdesenvolvidos a partir do final da II Guerra Mundial, decorrente da necessidade de expansão da economia capitalista — circulação (e consumo) de bens (produtos, tecnologias e/ou conhecimentos). Desta forma, o autor procura empreender uma análise do discurso sobre a pobreza a partir do estabelecimento do nexo entre o poder (regras), o conhecimento (unidade discursiva) e a dominação (práticas) como definidores daquilo que seja o desenvolvimento. Assim, o pobre, segundo ele, se tornou alvo de práticas sofisticadas, porém sutis, das quais não teve como escapar — e como alvo de práticas, um sujeito do discurso sobre a pobreza.

Agrawal (2005a, 2005b), por sua vez, trabalha a ideia de sujeito que o discurso sobre a preservação das florestas por parte do Estado indiano no início do século passado teria gerado, mediante o que ele designa por *environmentality*, numa alusão direta ao termo *governmentality* de Michel Foucault (1991a). Barbara Cruikshank (1999) procura mostrar, em *The will to empower*, que o cidadão americano seria mais uma estratégia de governo do que uma solução para problemas de ordem política. Segundo ela, os americanos se transformaram em cidadãos mediante tecnologias — direcionadas para a formação de pessoas politicamente ativas —, de modo que os cidadãos democráticos — pessoas capazes de se autogovernarem — seriam tanto o efeito (sujeito) como o instrumento (objeto) do governo liberal.

É nesse sentido, então, que se propõe neste trabalho, em primeiro lugar, tratar o lixo como uma formação discursiva mediante a qual o catador participa — tal como o pobre em relação ao desenvolvimento, ou o cidadão em relação ao governo neoliberal —, como um de seus elementos constituintes (instrumento) e como o seu resultado (sujeito). Assim, serão estabelecidas as regras — condições históricas de possibilidade — que permitem a referência ao lixo como reciclável e, consequentemente, ao catador como alvo do discurso sobre a reciclagem.

Aqui se entende problematização como a concomitância de temas não necessariamente correlacionados mas que, subitamente, passam a animar um discurso particular, que ganha relevância conforme responde a uma determinada racionalidade (econômica, no caso) e gera efeitos (subjetividades) naqueles que são seus alvos. Nesse sentido, as questões ambiental e econômica suscitadas pelo lixo pós-consumo serão tratadas como temas que surgem concomitantemente e que levam a que o catador de lixo (ou reciclador etc.) se torne um dos seus efeitos — conforme ele passasse a ser alvo de políticas de estimulação por parte do estado (municipalidades). Desta forma, inicialmente este texto estabelece uma arqueologia e uma genealogia do lixo pós-consumo mediante a qual são identificadas as condições para o surgimento do catador como alvo de estratégias por parte do poder público, e são discutidos os modos como essas estratégias são implantadas nas, ou incorporadas às, três cooperativas ora observadas.

A problematização se refere aos eventos discursivos ou às unidades compostas a partir de um campo, especificado no espaço, e de uma continuidade (regularidade), individualizada no tempo (Foucault, 1972), e se vale de elementos não necessariamente correlacionados, mas que, mediante conjunturas determinadas, constituem uma unidade. Ou seja, passam a se referir a um objeto específico (regular no tempo e no espaço). O tipo de resíduo que passa a ser gerado após a Revolução Industrial e o advento da sociedade de consumo; a escassez de recursos naturais; o problema da vazão dos dejetos; o desenvolvimento de tecnologias de reaproveitamento e de um mercado de recicláveis ilustram alguns dos elementos que compõem a regularidade (unidade) do tema relativo ao lixo no tempo e no espaço e que permitem compreender os motivos que levam a que o catador seja tomado como alvo de estratégias.

Logo, a problematização engloba não só a produção de novos discursos (saberes) sobre o lixo, mas os efeitos gerados por esses discursos, como o surgimento de segmentos empreendedores na economia da reciclagem, a mudança de hábitos dos geradores (práticas discursivas) e as políticas (estratégias) voltadas para os catadores. À medida que gera efeitos, um discurso resulta na formação de sujeitos, entendidos no sentido de Foucault (1980b, 1982) como aqueles sobre os quais as formações ou práticas discursivas — oriundas de uma determinada problematização — incidem. Nesse sentido, no caso do lixo pós-consumo doméstico e institucional, procurar-se-á identificar a unidade (arqueologia), as regras (genealogia/poder) e um sujeito determinado que emerge quando este tema passa a ser tratado como reciclável. Ou seja, quando isto surte em políticas de apoio (ou de estimulação) aos catadores. Políticas estas que contribuem para moldar esse trabalhador, ou melhor, que condicionam o que é permitido ou não afirmar a seu respeito.

Ao propor uma problematização do lixo, caberá, então, identificar as regras que conferem sua existência — o seu aparecimento histórico (arqueologia) — e descrever as autoridades que delimitam, designam, nomeiam e estabelecem tal objeto (genealogia). Caberá identificar o que possibilita as enunciações ou o uso de determinadas afirmações para se referir ao lixo em uma determinada época e as condições (legais) que dão o direito a determinados atores e não a outros de praticar e ampliar um conhecimento a seu respeito. Por fim, o que permite o aparecimento de conceitos relacionados ao lixo e compreender as transformações que, como um discurso, este objeto sofre em diferentes momentos e as consequências (os efeitos disso) para o catador.

A arqueologia, segundo Machado (1981), não é um método de análise empírico, mas um exame histórico de um determinado discurso a fim de estabelecer aquilo que é anterior à classificação do mesmo como um conhecimento. Desta forma, a arqueologia implica identificar aquilo que serve de marco para o lixo pós-consumo ser elevado à categoria de discurso — sua localização histórica — ou que lhe dá unidade — as regras que o constituem como um tema —; em tratar o discurso como práticas que configuram os objetos de que fala e em identificar o campo onde eles se localizam e se transformam de modo que seja possível determinar como as regras de formação de um determinado enunciado emergem e se ligam a práticas não discursivas (Foucault, 1972, 1980a). Nesse sentido, implica compreender ou identificar o que possibilita (quais elementos) a produção de um enunciado, o modo como isso acontece e por quem esse enunciado é proferido.

Ao se falar em uma arqueologia está-se a evocar simultaneamente o seu aspecto complementar, a genealogia, mediante a qual são identificadas as condições históricas de possibilidade que levariam à concomitância dos elementos (objetos, afirmações, conceitos, estratégias e teorias) que determinam o discurso que se está a analisar. A genealogia implica o reconhecimento das regras que conferem a unidade de um discurso que, de acordo com Foucault (1972), é formado a partir de dispersões. De modo que, se alteradas as regras, essas dispersões podem vir a se aglutinar (formar uma regularidade) e compor outro discurso.

A genealogia consiste em identificar o grau de importância que alguns discursos (saberes) recebem em detrimento de outros em um determinado período. O discurso, no caso, refere-se ao conhecimento, ou aos saberes que se apresentam como uma unidade, ao passo que as regras de formação do discurso referem-se ao poder e às tecnologias (táticas) que regulam essa formação discursiva.

Os discursos, todavia, têm implicações políticas, assim como sujeitam o "outro" (Rabinow e Dreyfus, 1982). Arqueologia, genealogia e sujeito do discurso formam, então, o arcabouço analítico deste texto, que procura identificar o lugar que os catadores (na condição de sujeito dos discursos sobre o lixo) ocupam nas políticas de estimulação do poder público municipal.

De acordo com Foucault (1972, 1980a), seu método analítico não trata da busca de uma verdade histórica ou do estabelecimento de uma hierarquia de saberes, mas da questão do poder, pois seria a partir dele que a verdade se revela. Seria a partir dele que as hierarquias e os graus de importância são estabelecidos para os saberes e não exatamente pelo fato de haver uma verdade intrínseca contida num determinado conhecimento (Rabinow e Dreyfus, 1982).

Assim, o ponto de chegada deste estudo seria a diferença entre o modo como se estruturaram as três cooperativas observadas e a resultante (efeito) delas nos seus membros (catadores cooperados ou não) — genealogia. O ponto de partida, por sua vez, seria a problematização do lixo pós-consumo.

Este texto, assim, propõe que as políticas de estimulação ao trabalho dos catadores teriam contribuído mais no sentido de conferir positividade ao lixo — que de matéria abjeta passa a ser visto como algo de valor — do que no sentido de melhorar as condições socioeconômicas dos catadores. Essa proposta parte de duas questões, a saber:

- Como a produção de discursos sobre o lixo, representada pelas políticas (estratégias) do poder público a partir da década de 1990, teria impactado o trabalho dos catadores?
- Que condições (conjunturas) permitem aos catadores atenderem às regras que possibilitam especificamente essa produção discursiva (problematização) a partir dessas políticas públicas de estimulação (estratégia)?

Os resultados mostram que, conforme os gestores das cooperativas observadas constroem um discurso particular sobre o lixo e suas organizações, os catadores se situam em lugares diferentes. Essa constatação sugere que talvez seja possível a participação destes últimos não necessariamente na produção das regras discursivas relacionadas ao lixo, mas das relacionadas à estrutura das organizações a que pertencem. Parte-se da perspectiva de Butler (1997), que sugere que embora não seja possível fugir da determinação de ser sujeito, é possível pelo menos mudar a relação com as regras que levam a essa determinação. De modo que os estudos de caso, em certo sentido, ilustram esta determinação.

Mediante o método analítico proposto foi possível, então, rever a suposição inicial de que os catadores poderiam vir a obter rendimentos mais elevados à medida que suas imagens sociais fossem alteradas — em função da positividade conferida ao lixo (reciclável) e em função do fato de virem a se associar em cooperativas.

Inicialmente se estabeleceu uma arqueologia e uma genealogia do lixo, por meio das quais se procurou compreender o que levou a municipalidade a implantar políticas de estimulação ao trabalho dos catadores e o que levou a que cada organização observada se estruturasse do modo como se estruturaram. A expressão "políticas de estimulação" — a ser definida — foi cunhada por Medina (2000, 2007) e neste texto é tomada como um elemento (estratégia) componente da unidade relativa à problematização do lixo, a qual resulta em práticas discursivas distintas (estruturas diferenciadas) de acordo com os dispositivos de que se valem os gestores de cada cooperativa estudada.

Assim, após um breve relato sobre a metodologia de pesquisa, este trabalho estabelece uma arqueologia e uma genealogia do lixo pós-consumo. Posteriormente são colocados aspectos que permitem vislumbrar as condições de possibilidade para a emergência do catador como alvo de estratégias, bem como os efeitos das mesmas sobre aquele. Após estas colocações, é feito um breve relato sobre os estudos de caso para que os achados sejam finalmente discutidos, quando se procura identificar as estratégias de que está imbuída cada organização observada e o lugar que os catadores ocupam na mesma.

O texto conclui com a possibilidade de que os espaços de interlocução entre catadores e poder público talvez não tenham sido totalmente esgotados, como poderia parecer num primeiro momento. Apesar da condição de sujeito, a posição do catador no discurso sobre o lixo (problematizado) parece ser distinta da que ele ocupara anteriormente a tal problematização, já que era alvo do estigma da sociedade e das políticas de repressão (Dias, 2002; Medina, 2000, 2007) do poder público. Embora estudos de caso não permitam o estabelecimento de generalizações, eles permitem proposições. Desta forma, a questão do discurso sobre o lixo pode ser extrapolada para o estudo de outras organizações, mesmo que estruturadas de modos distintos. Por fim, cabe salientar que o apoio do poder público a esta categoria de trabalhadores parece que só pode se dar de fato na medida do reconhecimento sobre a necessidade de inseri-la no discurso sobre o lixo como elaboradora de regras (elemento do discurso) e não mais apenas como um efeito (assujeitado) das mesmas.

Metodologia

Entre os anos de 2002 e 2007, foram realizados três estudos de caso junto a organizações de catadores que se estruturaram a partir da política de estimulação do poder público municipal da cidade do Rio de Janeiro nos anos de 1993/1994 e 2003. O método para obtenção de dados pautou-se em observações de cunho etnográfico e entrevistas, que foram realizadas em um núcleo de cada cooperativa por vez, localizados na zona sul (primeiro e segundo casos) e centro (terceiro caso) da cidade. O período de observação em cada núcleo variou de dois meses (de junho a agosto de 2002, primeiro caso) a seis meses (abril a outubro de 2004, segundo caso, e julho a dezembro de 2004, terceiro caso), com visitas recorrentes nos anos de 2006 e de 2007 a fim de complementar algumas informações. Dados obtidos quando da participação em eventos (encontros de catadores) posteriormente também ajudaram a complementar esses achados.

No primeiro estudo de caso foram realizadas cinco entrevistas abertas (com três catadores, um gestor e um presidente da cooperativa) e 17 semiestruturadas (com catadores); no segundo foram oito entrevistas abertas com cinco cooperados, dois pequenos compradores, três coordenadores de projetos (da cooperativa gestora), um gestor público da Comlurb (Companhia Municipal de Limpeza Urbana) e 21 semiestruturadas (entre 73 cooperados); no terceiro, quatro entrevistas abertas com um gestor, três representantes de duas ONGs e ainda 11 entrevistas semiestruturadas (entre 35 catadores). Os achados dessa pesquisa de campo foram comparados a fim de se estabelecerem diferenças e similaridades entre os três estudos de caso; posteriormente, eles foram confrontados com os achados de pesquisa sobre o lixo e sobre o catador — levantados na literatura especializada no tema e em documentos (projetos e relatórios) do poder público municipal.

De acordo com os princípios do construcionismo, não há realidade externa ao eu, de modo que tudo é estabelecido por meio da interação social, logo, do discurso (Harding, 2003). Embora alguns construcionistas sejam a-históricos, muitos seguem a perspectiva de Foucault sobre a necessidade de compreensão histórica dos modos como a construção social se dá. Segundo Harding (2003), enquanto os autores Berger e Luckman (1967) situam-se entre os maiores teóricos do construcionismo social, as obras de Foucault (1972) e Kuhn (1962) seriam aquelas que forneceriam os recursos necessários para os trabalhos dos construcionistas sociais. Esses recursos, no caso de Foucault, residem em seu método analítico e no modo como ele, além de permitir a compreensão da constituição de determinados fatos (discursos, no caso), permite pensar em suas resultantes em termos subjetivos. Foi a subjetividade dos catadores que permitiu a proposta deste trabalho de problematizar o lixo. E problematizar o lixo só foi possível à medida que a literatura e os documentos foram analisados como enunciados.

Desta forma, problematizar o lixo exigiu um levantamento sobre o assunto (reciclagem, reaproveitamento e catadores), por meio do qual se procurou identificar os discursos que circulam na literatura especializada sobre lixo e catadores para além do que foi colocado pelos entrevistados.

Resultados da pesquisa

Inicialmente será apresentada a arqueologia e a genealogia do lixo. Observou-se que, conforme ele foi alvo de políticas por parte do Estado, esteve associado a três temas distintos — a questão sanitária, a questão ambiental e a questão econômica —, a serem descritos mais adiante. Em seguida, o catador é apresentado não só como uma unidade discursiva, mas como um dos efeitos desses discursos, ou temas, que permeiam o lixo, conforme ele foi alvo de políticas do Estado. Pretende-se mostrar que conforme os discursos sobre o lixo se alteram, modificam-se as políticas voltadas para o catador: de políticas de repressão e omissão para políticas de conspiração e estimulação, como estabelecido por Medina (2000, 2007). Por fim, é descrito o modo como essas estratégias são implantadas em (ou incorporadas à) três cooperativas observadas que, de acordo com a classificação de Medina, estão entre uma política de conspiração e de estimulação.

Arqueologia e genealogia do lixo pós-consumo

Como alvo de políticas do Estado, em momentos diferentes, foram três os temas associados ao lixo: o lixo como uma questão sanitária, uma questão ambiental e uma questão econômica. A questão sanitária estaria ligada aos riscos à saúde causados pelo descarte e acondicionamento inadequados dos resíduos, provocando a proliferação de vetores e, consequentemente, de doenças. Enquanto o sol dava conta de eliminar aquilo que nos excrementos e restos orgânicos dispostos pelas ruas poderiam provocar esses riscos, o lixo não era um problema para a administração das cidades. É com o superpovoamento que esse quadro se altera (Munford, 1961), devido ao acúmulo excessivo de dejetos. Segundo Rodrigues (1995), foi somente no século XIX que o resíduo passou a ser considerado, na França, algo que demandava orçamento e cuidados próprios, tornando-se alvo do Estado. Cada região, atualmente, procura dar conta dessa questão de acordo com suas possibilidades. Considerando o método analítico de Michel Foucault (1972, 1980a) e as condições de possibilidade do lixo como alvo de atenção do Estado, a tabela 1, a seguir, procura apontar alguns dos elementos de que o lixo, como uma formação discursiva ligada a uma questão sanitária, seria composto.

Tabela 1: **Os elementos do discurso sanitário**

Afirmações	Conceitos	Estratégias
• É uma ameaça à saúde • É útil/inútil • É abjeto (amorfo e repugnante) • Representa morte e doença • É perigoso • Gera proliferação de vetores	• Lixo (conotação popular) resíduo (conotação técnica) • Rejeito (não aproveitável) • Molhado (orgânico) • Seco (inorgânico) • Gerador (produtor de resíduos) • Doméstico, comercial, institucional, público, aproveitável, sobra, descartável	• Uso de porcos • Afastado das cidades • Coleta domiciliar mediante o uso de tração (animal e mecânica) • Disposição em lixões • Investimento de capital intensivo • Uso de incineradores • Construção de aterros (controlados ou sanitários)

Fonte: Elaboração do autor.

Entre os anos de 1940 e de 1960, os aterros — grandes espaços para depósito de resíduos a céu aberto — foram considerados a estratégia preferida para resolver este problema de natureza sanitária em países da Europa e nos Estados Unidos. Com o tempo, contudo, a disponibilidade de espaços se tornou um problema que teria exigido dos gestores desses países a concepção e a adoção de novas tecnologias, levando-os a pensar novas soluções. Uma delas foi a incineração, que perdurou até se tornar também inviável.

Não obstante essas soluções, em muitas cidades dos países em desenvolvimento até hoje o lixo é um problema cuja solução não passa pela adoção de uma ou outra dessas tecnologias (Gonçalves, 2003; Portilho, 1997). Tais soluções exigem a manutenção e a compra de equipamentos muito caros (Bartone, 1990), afora o aparente desinteresse pela questão do lixo. De acordo com Cointreau (1986), foi somente no começo da década de 1970 que o gerenciamento de resíduos e o saneamento público passaram a ser levados a sério. O marco dessas iniciativas em muitos países pobres parece ter sido o lançamento, entre a década de 1970 e 1980, pelo Banco Mundial, de um projeto guia voltado para a destinação dos resíduos sólidos.

O breve relato acima, aliado ao que foi colocado na tabela 1, ilustra alguns elementos que permitem pensar o discurso sobre o lixo de acordo com um viés sanitário. Esse viés, embora não seja recente, caracterizaria os motivos iniciais que levaram a que o Estado passasse a se responsabilizar pelo mesmo, no passado e bem recentemente também, de acordo com o "estado da arte" deste tema em cada região do globo. Assim, por ser uma ameaça à saúde, ser abjeto e fonte de vetores, deveria ser eliminado (afastado), e cada região lida com isso de um modo específico, conforme as condições econômicas, culturais e sociais da população.

Como uma questão ambiental, por seu turno, o lixo ganhou relevância a partir da década de 1950, mediante o desenvolvimento de tecnologias de reaproveitamento que se apresentaram como resposta para o problema da vazão (Castillo Berthier, 2003; Melosi, 2001) e seus efeitos no meio ambiente, já que a incineração começava a se mostrar inviável (onerosa). A tabela 2 procura sintetizar a temática ambiental ligada aos resíduos.

Tabela 2: **Os elementos do discurso ambiental**

Afirmações	Conceitos	Estratégias
▸ É uma ameaça ao meio ambiente (poluição) ▸ Apresenta problemas de vazão e de volume	▸ Princípio dos 3Rs (reaproveitamento, reutilização, reciclagem) ▸ Cadeia da reciclagem ▸ Catadores como recicladores ou agentes ambientais	▸ Movimentos ambientalistas ▸ Regulamentos quanto à disposição ▸ Tema de interesse de cientistas, movimentos sociais e ONGs, políticos, setor econômico e empresarial ▸ Conferência de Estocolmo (1972) e a adesão da sociedade (via educação ambiental, programas de coleta seletiva, multas) ▸ Consumo verde ▸ Constituição brasileira (Brasil, 1988) e o capítulo para o meio ambiente ▸ Eco-92 e as leis daí decorrentes ▸ Cartilhas e campanhas sobre coleta seletiva e reciclagem ▸ Instalação de pontos de coleta de recicláveis dos moradores na década de 2000 (Rio de Janeiro)

Fonte: Elaboração do autor.

Embora os ambientalistas tenham sido os primeiros a associar o lixo aos problemas de ordem ambiental, de acordo com Portilho (1997), é a concentração desordenada e a explosão demográfica que levaram ao estabelecimento dessa relação, conforme o ambiente urbano foi incorporado aos demais temas encabeçados por esses movimentos (como a fauna, a flora e os recursos hídricos). É somente na década de 1960 que a questão ambiental se tornou alvo de interesse de movimentos de cunho social e de ONGs, até que, na década de 1970, recebeu atenção de políticos e nas de 1980 e 1990 do setor econômico e empresarial. A partir desse momento, conceitos como o princípio dos 3Rs (vide tabela 2), cadeia da reciclagem e a disseminação da ideia do catador como reciclador ou agente ambiental emergem e, consequentemente, são desenvolvidas estratégias direcionadas a eles — como legislações, campanhas de reaproveitamento e políticas de estimulação (a serem tratadas no próximo item).

Ao ser possível transformar o lixo em algo útil, conforme o tipo gerado (seco ou reaproveitável), ele passa a ser associado a questões de ordem econômica. Essa utilidade ocorre conforme são desenvolvidas tecnologias que permitem o reaproveitamento, bem como o melhor escoamento da mercadoria. Além disso, a disponibilidade de pessoas para recolher e lhes dar um destino adequado e a proximidade do local onde ele é negociado como matéria-prima também são fatores que contribuiriam para isso. Com o objetivo de ilustrar essa questão econômica, a tabela 3, abaixo, aponta alguns dos elementos que a comporiam como uma unidade discursiva.

Tabela 3: **Os elementos do discurso econômico**

Afirmações	Conceitos	Estratégias
• O material reciclado apresenta alta competitividade pois diminui os custos de comercialização • É objeto de valor (lucro) • É um recurso energético • É um investimento sem retorno para algo economicamente sustentável • É a solução para a escassez de recursos naturais • Possui um mercado competitivo e promissor	• Matéria-prima (retorno ao ciclo produtivo) • *Commodity* (dada a eficiência na recuperação) • Economia de escala • Competitividade • Valor agregado	• Desenvolvimento de tecnologias e de políticas de reaproveitamento de recursos (reciclagem como parte do gerenciamento de resíduos) • Mecanismos institucionais para adesão da sociedade ao tratamento dos resíduos • Criação de usinas de reaproveitamento • Cadastramentos de catadores e organização de cooperativas com estatutos e tributos (políticas de estimulação) • Racionalização das práticas e dos custos do gerenciamento do resíduo • Contratação de firmas de coleta particulares

Fonte: Elaboração do autor.

Não obstante o que foi afirmado sobre a questão sanitária e ambiental ligada ao lixo pós-consumo, ele sempre teria sido objeto de valor para os catadores; o que se modifica é o tipo de material do qual eles passam a sobreviver no decorrer do tempo. Assim, de roupas e sapatos, os catadores teriam passado a recolher latinhas de alumínio e papelão, com o aparecimento de tecnologias que possibilitaram o retorno desses materiais ao ciclo produtivo. O desenvolvimento de um comércio especializado — mediante a formação de parques industriais dedicados a este tipo de mercadoria — também contribuiria para isso (Birkbeck, 1979b), afora as demais estratégias colocadas na terceira coluna da tabela 3.

Um ótimo exemplo dessa transição é a cidade do Rio de Janeiro, que em meados da década de 1990, com a divulgação da coleta seletiva e a consequente adesão de parte da sociedade (geradora) a essa atividade, promoveu uma purificação desse material: ao ser separado após o consumo por seus geradores a fim de que fosse transportado até o destino final pelos caminhões da coleta seletiva da Comlurb. Mas nessa mesma sociedade — que agora separa o material para a coleta seletiva — passariam a surgir pessoas que, ao perceberem o valor embutido nos resíduos que elas mesmas geravam, começaram a negociá-los. Isso fez os catadores perderem a exclusividade de acesso a este produto, já que esse interesse generalizado pelo resíduo levou-o a ser visto como um complemento salarial para pessoas (como empregadas domésticas, garçons e zeladores de condomínios) que agora competem com os catadores. Essas pessoas são denominadas biscateiros e serão novamente mencionadas mais adiante.

Desta forma, é como se o empenho do poder público em promover políticas (estratégias) de estimulação ao trabalho dos catadores — que têm o discurso ambiental e social como argumento principal — acabasse por motivar outras pessoas a ver o lixo como algo negociável. Enquanto algumas pessoas aderiram às práticas discursivas ligadas à reciclagem pelo viés ambiental, outras o fizeram em função de um apelo econômico. Assim, da mesma forma como foram desenvolvidas estratégias de apoio aos catadores — tradicionais recuperadores da cidade —, são desenvolvidas campanhas para a conscientização da sociedade que, sem o saber, despertaram seu interesse por este mercado.

Desse modo, se anteriormente o lixo pós-consumo doméstico era associado a aspectos como periculosidade (ameaça à saúde e ao ambiente), nojo e aversão, ou poluente, como uma questão econômica ele é associado a matéria-prima (para as indústrias) e renda (para os catadores e outros membros da sociedade — biscateiros). De algo nojento e abjeto recebe classificações por tipo — por engenheiros, ecologistas, entre outros, que passam a proferir ou sugerir modos de evitar as mazelas sociais e ambientais que ele representa. Da mesma forma que o lixo, o catador recebe uma atenção diferenciada por parte do Estado. Mas isso só é possível na medida em que as condições de possibilidade dadas pelo lixo o permitiram.

As condições de possibilidade do catador — das afirmações às estratégias e seus efeitos

Segundo Medina (2001) e Birkbeck (1979a), a evolução da atividade de catador e o modo como eles se organizam para o trabalho são temas desconhecidos. Acredita-se que eles inicialmente teriam sobrevivido da venda dos restos orgânicos (adubo) e posteriormente do lixo inorgânico, proveniente das ruas ou lixões, de acordo com o interesse do mercado (Kaseva e Gupta, 1996). É com a Revolução Industrial que a catação toma um caráter mais proeminente, pelo tipo de lixo gerado e o aparecimento da sociedade de consumo (Eigenheer, 2003; Magera, 2003). No Brasil, as afirmações dão conta de que a atividade de catador existe em função da pobreza e do desemprego (Eigenheer, 2003; Gonçalves, 2006; Magera, 2003; Portilho, 1997). De acordo com Dias (2002), os catadores teriam sido inicialmente identificados nas décadas de 1930 e de 1950, mas é somente nas décadas de 1970 e 1980 que eles começaram a ganhar visibilidade pública. Segundo Portilho (1997), a abertura do Brasil ao capital externo na década de 1990 teria acentuado o aparecimento desses trabalhadores, na medida em que a reestruturação da produção, mediada pela automação do setor industrial e a terceirização, resultou numa onda de desemprego e aumento da informalidade. Não obstante esse fato, não se sabe ao certo o número de pessoas que passaram a recorrer à catação naquele período, mas estima-se que haja cerca de 150 mil no Brasil todo

(Boletim do Cempre, 2000). Até o momento, este número parece que não se alterou devido ao fato de que não foram encontradas outras estimativas diferentes desta.

Embora não se saiba ao certo o número de pessoas que trabalham na catação, o Estado há muito estabelece políticas para esses grupos e só recentemente passou a cadastrá-los. Essas políticas ou estratégias tendem a ser diferentes de acordo com a época e o local em que esta atividade é praticada. No sentido de estabelecer uma categorização dessas ações do Estado, Medina (2000, 2007) classifica-as em quatro tipos: políticas de repressão, de omissão, de conspiração e de estimulação.

A política de repressão é aquela que, imbuída de um discurso que considera a catação como uma atividade desumana, ilegal, símbolo de atraso, fonte de embaraço e de vergonha, tende a expulsar os catadores de suas áreas de trabalho — principalmente em regiões centrais das cidades —, levando a que eles e seus objetos pessoais sejam recolhidos, quando não são levados (expulsos, sequestrados) para regiões longínquas. A justificativa de tal política é a de que eles seriam um incômodo ou uma ameaça à ordem urbana (Medina, 2000; Moreno-Sanchez e Maldonado, 2006; Rodriguez, 2003).

Na cidade do Rio de Janeiro, segundo Portilho (1997), as primeiras iniciativas voltadas para o saneamento básico não faziam discernimento entre os dejetos e as pessoas indesejadas (mendigos, prostitutas, catadores), de modo que todos (objetos e pessoas) eram afastados da sociedade. É somente por volta do início do século XX que o saneamento básico se restringiu ao recolhimento dos resíduos, tratamento das águas e limpeza das cidades. Segundo Dias (2002), políticas dessa natureza ocorreram na cidade de Belo Horizonte até a década de 1980. O depoimento dos catadores tradicionais entrevistados mostra que o mesmo ocorreu na cidade do Rio de Janeiro até o final da década de 1980, quando a política de estimulação começou a ser gestada.

A política de omissão caracteriza-se por ser aquela em que as autoridades ignoram a existência dos catadores — não os perseguem, mas também não os apoiam em suas demandas. Cidades africanas como

Dakar, no Senegal, e Bamako, em Mali, apresentam casos de política de omissão (Medina, 2000). Até certo ponto, o fato de alguns catadores no Rio de Janeiro procurarem, conforme será ainda comentado, reivindicar a exclusividade de acesso a determinados pontos de coleta — que passaram a encaminhar seus recicláveis para a coleta seletiva no início da década de 2000 — e serem ignorados sugere a existência de uma política de omissão, já que essa coleta seletiva não levou o trabalho deles em consideração.

A política de conspiração, por sua vez, é aquela marcada pela fraude, quando funcionários do governo desenvolvem uma relação de exploração, de ganho e de assistência mútua ante os compradores de recicláveis — em uma espécie de clientelismo político. A cidade do México teria exemplos dessa situação, em que autoridades do governo e lideranças locais desenvolveram uma complexa estrutura de relações ilegais envolvendo pagamento de subornos para que os abusos cometidos fossem ignorados (Castillo Berthier, 2003; Medina, 2001). Na cidade do Rio de Janeiro este tipo de atitude também ocorreria; entretanto, eles teriam maior liberdade de escolha de compradores. Ao contrário do que ocorre, por exemplo, com os catadores da África do Sul, que, segundo o depoimento de uma catadora de resíduos tradicionais, não teriam a mesma sorte, conforme ela testemunhou em depoimentos obtidos em um congresso de catadores em 2008.

Por fim, teríamos a política de estimulação cujas estratégias e discursos envolvidos consideram os catadores como profissionais valorizados pelo fato de que auxiliam na reciclagem e trazem benefícios ambientais e econômicos. Um exemplo de discurso que teria contribuído para essa valorização é a constatação de que eles seriam ideais para enfrentar as adversidades inerentes à coleta de resíduos em locais onde as tecnologias de gerenciamento de resíduos americanas e europeias são inadequadas. A legalização da atividade, o apoio para a formação de cooperativas, as leis nacionais de incentivo e os financiamentos de projetos de cooperativas também são exemplos disso. Autores como Cointreau, (1986), Kaseva, Mbuligwe e Kassenga (2002), e Medina (2000) narram uma série de políticas nesse sentido em países da África, Ásia e

América Latina. Muitas dessas políticas de estimulação, contudo, foram influenciadas pelas iniciativas do Banco Mundial, que no início da década de 1980 produziu um projeto guia para o gerenciamento de resíduos em países pobres questionando a coleta mecanizada (Cointreau, 1985, 1986). Este projeto via as propostas oriundas dos países desenvolvidos, até então apresentadas para alguns países daquelas regiões, como inadequadas para as regiões pobres, devido não só ao tipo de lixo produzido (denso ou molhado/orgânico) como à estrutura de escoamento possível para o mesmo (ruas estreitas e precárias, locais para acondicionamento inadequados).

A informalidade desse segmento, todavia, impede o Estado de monitorá-lo a fim de evitar a sua exploração (Buenrostro e Bocco, 2003). Assim, as políticas de estimulação, ao procurarem apoiar a organização desse segmento, tornam-se muitas vezes rudimentares, não ajudando muito, pois frequentemente, por motivos pessoais, alguns preferem se manter no anonimato. No Brasil, a ausência de documentos dificulta o levantamento de dados, de modo que as iniciativas recentes de apoio aos catadores implicam um cadastramento a fim de que aquela exploração possa ser evitada, já que sem o cadastramento não há como monitorá-los. De acordo com entrevistas feitas com gestores públicos, teria sido o desejo de romper com tal exploração e de melhorar as condições de trabalho dos catadores que levou o poder público da cidade do Rio de Janeiro a implementar políticas de estimulação nas décadas de 1990 e de 2000.

Ojeda-Benitez, Armijo-de-Veja e Ramírez-Szelinsk (1988), no entanto, declaram que foi o reconhecimento de setores do poder público de que o lixo é fonte de remuneração que teria levado muitos municípios na América Latina a apoiarem o esforço de trazer trabalho a áreas de baixa renda.

Considerando-se o que foi colocado no tópico anterior em relação ao lixo e o breve relato sobre as políticas de estímulo ao trabalho dos catadores, procurar-se-á na tabela a seguir estabelecer uma relação entre os temas discursivos em que o lixo esteve imerso como alvo de atenção por parte do Estado e os catadores.

Tabela 4: **Os *discursos* sobre o lixo e os elementos — *afirmações* e *estratégias* — relativos aos catadores**

Discurso	Afirmações	Estratégias e teorias
Sanitário	▸ É incômodo e símbolo de atraso ▸ É um produto da pobreza, da exclusão social e do desemprego ▸ É uma massa amorfa ▸ É uma atividade desumana e ilegal	▸ Políticas de repressão e de omissão: sequestro, expulsão, afastamento, estimulados a mudarem de atividade ▸ Ignorados ou tratados como moradores de rua/mendigos
Ambiental	▸ Tem implicações positivas no gerenciamento e recuperação de recursos ▸ De catador para reciclador/agente ambiental ▸ Contribui para o meio ambiente	▸ Iniciativas do Banco Mundial e preocupação com as condições sociais dos catadores (saúde, trabalho, mercado)
Econômico	▸ Representa informalidade, exploração, aptidão para coleta em favelas ▸ É uma pessoa que encontra no lixo uma saída para a sua subsistência ▸ É individualista, sem consciência de classe, analfabeto ▸ Imediatista ▸ É organizado (ao aderir às normas)	▸ Políticas de conspiração ▸ Políticas de estimulação: organização em cooperativas, legalização da atividade, leis de apoio, concessão de contratos de coleta, parcerias público-privadas ▸ Trabalhos acadêmicos que abordam o tema ▸ Eco-pontos, coleta seletiva, criação de CSRs (Centrais de Separação de Recicláveis) na cidade do Rio de Janeiro

Fonte: Elaboração do autor.

A tabela 4, acima, procurou identificar, mediante o estabelecimento de relações entre os três temas que foram associados ao lixo pós-consumo, os principais aspectos relativos ao que se afirma e se pensa em termos de políticas (estratégias) para os catadores. Conforme já colocado, na cidade do Rio de Janeiro, eles teriam sido alvo de políticas de estimulação somente a partir do final da década de 1980 e início de 1990. Antes desse período foram alvo de políticas de repressão, que tinham nas ideias de incômodo e de tarefa desumana, entre outras, as justificativas para suas ações.

As iniciativas do Banco Mundial em relação aos catadores coincidem com o período em que, de questão sanitária, o lixo passa a questão ambiental por parte do Estado — que começa a vislumbrar as implicações positivas desses atores no que tange ao gerenciamento e recuperação de resíduos. Nesta época, a literatura acadêmica começa a disseminar a ideia de que os catadores, ao se tornarem legitimados e incorporados aos serviços de administração dos resíduos sólidos, experimentariam um *status* social no trabalho (Dias, 2002; Gonçalves, 2003; Sicular, 1991). Nesse momento eles passam a ser nomeados como agentes ambientais. Mas tão logo adquirem visibilidade social pelo papel que desempenham ante o meio ambiente, começam a serem discutidos aspectos relativos à informalidade e à exploração desses grupos, entre outros que ajudam a configurar o discurso ligado às políticas de estimulação. Essas políticas de estimulação, contudo, ocorrem concomitantemente às de conspiração, que têm como alvo não a questão ambiental, mas a econômica, exclusivamente. É sobre esta política de conspiração que o apoio à formação de cooperativas pretendia ir contra, já que ela atendia ao interesse de grupos particulares (formados pelos compradores).

A proposta de cooperativas é corroborada por diversos autores tanto no Brasil como no restante da América Latina (Bastos, 2007; Gonçalves, 2003; Medina, 2000, 2001; Rodriguez, 2003), que acreditam ser esta forma de organização a mais viável economicamente. Essa crença, contudo, surge a partir da década de 1980, quando da formação de um mercado de reciclagem mais estruturado.

Parece que as condições de possibilidade para as políticas de estimulação dos catadores foram dadas pela valorização do lixo e pela necessidade de melhorar o seu escoamento (retorno ao ciclo produtivo). Essas políticas teriam se valido da questão econômica e não necessariamente da busca por uma legitimação social e superação do estigma por parte dos catadores, não obstante afirmem trabalhar neste sentido e objetivando a questão ambiental também. A tabela 5, a seguir, procura tomar apenas as questões econômica e ambiental em torno do lixo a fim de mostrar a quem ambos estes discursos estariam dirigidos (terceira coluna) e por meio de quem (coluna do meio).

Tabela 5: **A unidade discursiva (problematização), suas condições de possibilidade (regras) e os sujeitos (do discurso)**

A unidade discursiva	Regras (poder)	Formações ou práticas discursivas
Questão ambiental	Ecologistas, engenheiros, gestores públicos	Geradores e consumidores
Questão econômica	Empresários (intermediários, beneficiadores), industriários, gestores públicos	Catadores

Fonte: Elaboração do autor.

Conforme já colocado, ao problematizar o lixo, procurou-se identificar as regras que conferem sua existência e descrever as autoridades que delimitam, designam, nomeiam e estabelecem tal objeto. Neste caso, a tabela 5, na segunda coluna, apontou algumas dessas autoridades. Ao passo que os elementos foram anteriormente apresentados nas tabelas 1, 2 e 3. Tomando agora apenas a questão ambiental e a econômica, os elementos de que são compostas cada uma das duas seriam praticamente os mesmos. Daí a ideia de uma emergência concomitante, posto que não dá para se estabelecerem marcos temporais para a hegemonia de um discurso ou outro, embora dê para vislumbrar o local de onde se originam e que conforme a tabela 5, segunda coluna, é distinto (à exceção dos gestores públicos), conforme o tema (ambiental ou econômico). Por esta tabela há uma mudança apenas no que tange àquele que confere unidade aos discursos (regras, poder) e elabora estratégias endereçadas a alvos distintos, conforme o tema seja endereçado a geradores/consumidores ou a catadores.

Desta forma, os sujeitos sobre os quais os discursos (formações ou práticas discursivas) incidem podem ser vários: desde os catadores até os consumidores e geradores de resíduos. Enquanto os catadores são alvos de políticas de apoio para a formação de cooperativas, os geradores são alvos de campanhas relacionadas ao consumo (sua diminuição ou consciência quanto ao mesmo) e ao tratamento do lixo (coleta seletiva e reaproveitamento). Ambas essas práticas, contudo, resultam em subjetividades distintas, pois enquanto o catador tem de aceder às exigências do mercado (competitividade), o gerador tem de aderir à coleta seletiva. Ocorre que, ao contrário dos geradores, os catadores subsistem exclusivamente da negociação de recicláveis e passam a ter de se haver com regras que não faziam parte de seu universo de trabalho até bem recentemente e que, de certa forma, afetam suas vidas diferentemente se comparados aos geradores/consumidores. No tópico seguinte serão feitas narrativas breves sobre os estudos de caso os quais ajudarão a compreender melhor tal contexto.

Os estudos de caso

Além de privilegiar aspectos ligados ao tratamento dos resíduos e à saúde — ou as condições de trabalho, o estigma, a marginalidade e a informalidade dos catadores (Brito, 2001) —, um dos objetivos das políticas de estimulação da cidade do Rio de Janeiro nas décadas de 1990 e do presente século foi o de que eles pudessem superar a dependência do atravessador. À medida que atendessem a uma economia de escala, atribuíssem qualidade (competitividade) ao produto coletado, fossem assíduos e aderissem às normas de organização pautadas no cooperativismo, eles superariam este problema, conforme a crença dos gestores públicos.

Nesse sentido, a Comlurb ofereceu espaços públicos (embaixo de viadutos e passarelas da cidade) para que pudessem se organizar em cooperativas. Ela também ofereceu apoio logístico (ou seja, sugeriu formas de coletar em maior quantidade, beneficiar e vender por um preço melhor) a fim de que superassem a dependência dos mais familiarizados com o trabalho e que os explorariam. O objetivo era de que, à medida que esse apoio logístico fosse assimilado pelos catadores, os ganhos que antes iam para os intermediários (ou compradores satélites) fossem compartilhados com todos os membros de cada grupo formado. A primeira iniciativa se deu entre o final de 1993 e início de 1994, e em função dos seus desdobramentos novo projeto ocorreu no ano de 2003. Os primeiro e terceiro estudos de caso referem-se à experiência inicial (entre 1993 e 1994), e o segundo estudo a esta última (a partir de 2003).

Primeiro estudo de caso

O primeiro estudo de caso foi realizado no núcleo de uma cooperativa de catadores da zona sul administrado por um imigrante português que já fora catador antes de se tornar um garrafeiro — termo usado para os compradores em caminhões dispersos pela cidade. Seu filho (presidente da cooperativa) e seu genro administravam outros dois núcleos. O objetivo desta organização era a compra de material obtido na fonte (independentemente da origem, se de catadores ou biscateiros) e repasse a atravessadores de médio porte. Este núcleo atendia a parte do que pensava a Comlurb, ao propor que as cooperativas deveriam atender à economia de escala, só que o catador não passou a ter acesso a essa escala com o seu produto (mas sim o administrador do local). De modo que essa cooperativa não propiciou uma elevação da renda dos catadores, já que eles apenas negociavam a mercadoria para esse núcleo como já faziam anteriormente à existência do mesmo, em vez de usarem o espaço para repassarem o produto a atravessadores de médio porte. Isso ocorreu contrariamente ao esperado; afinal, o poder público cedera esse espaço com a finalidade de que os catadores pudessem acumular e obter escala antes de vender.

Segundo o administrador deste núcleo, os catadores prefeririam receber o dinheiro no ato da venda (imediatismo), pois os atravessadores médios com quem deveriam negociar — de acordo com o proposto pela Comlurb — nem sempre pagavam à vista, de modo que ela satisfazia ao imediatismo do catador. Esse imediatismo é um traço característico entre os catadores, já narrado pela literatura (Birkbeck, 1979b; Carmo, Migueles e Oliveira, 2004; Cointreau, 1985; Gonçalves, 2006). Desta forma, um dos princípios do poder público foi ferido, já que os idealizadores do projeto de cooperativas não consideraram que o catador manifestaria esse imediatismo, nem tampouco veria esta tarefa como provisória.

Assim, a relação entre os catadores e este núcleo, em vez de ser de cooperativismo, era estritamente comercial, já que o administrador do núcleo possuía capital e se dispunha a pagá-los no ato da venda. Quando chegavam ao núcleo, os catadores colocavam o material em uma balança controlada por um auxiliar interno (afilhado do administrador), que pagava o equivalente *in cash*. Poucos eram os que recebiam no final do mês ou da semana (catadores e enfardadores). Estes últimos trabalharam com o administrador, antes de ele tomar posse desse núcleo, e nutriam por ele uma relação de confiança. Os enfardadores, por sua vez, recebiam um salário fixo, já que trabalhavam apenas separando e beneficiando o produto negociado e que era enfardado e armazenado para ser recolhido uma vez por semana. Os catadores não viviam a rotina interna da organização, eles se restringiam a negociar nela, de modo que a organização não representava o esperado pelo poder público quando estimulou sua formação.

Segundo estudo de caso

O segundo estudo de caso foi o núcleo de uma usina de separação de recicláveis oriundos da coleta seletiva urbana. A separação era feita por classificadores (cooperados) que eram administrados por uma cooperativa gestora eleita por meio de licitação pública. Essa cooperativa bancava as adversidades — como o elevado absenteísmo e rotatividade dos classificadores —, dividia as tarefas, fiscalizava o cumprimento de metas (produtividade), negociava o material e treinava novos funcionários. A cooperativa gestora contava com o apoio de um cooperado, administrava o espaço e se posicionava diante de decisões ligadas à administração da produção, a burocracia entre ela e a Comlurb — como fornecimento de matéria-prima e nível de produção dos cooperados. A Comlurb apenas disponibilizava a área para acúmulo, fornecia o reciclável, garantia a manutenção das instalações e recrutava o pessoal.

As tarefas eram bem divididas, pois cada etapa dependia da realização da anterior. Por esse motivo, os puxadores (de recicláveis para triagem) eram cobrados pelos separadores e estes tinham que ser eficientes para atender às necessidades dos enfardadores, e assim sucessivamente. A meta de produção era de 30 fardos diários — a fim de se obter um salário em torno de 350,00 mensais. Essa meta acirrava a cobrança permanente de eficiência de uns em relação aos outros, pois a conduta de cada um influenciava no resultado final. O salário era distribuído de forma equitativa, independentemente das funções desempenhadas. O adiantamento de salários, aliado a essa distribuição equitativa e o pagamento de tributos — de 100% do valor gerado ao mês, 70% se convertia em salários e o restante ia para o INSS (Instituto Nacional do Seguro Social) e para a manutenção das instalações —, gerava insatisfação. Mas havia outros motivos para insatisfação, como as promessas iniciais — como transporte e distribuição de cestas básicas contidas no contrato — jamais cumpridas.

A insatisfação e a dependência de alguém capaz de compreender o processo de negociação fomentavam os conflitos constantes, principalmente os vividos nos dias de pagamento. O salário baixo levava a que se sentissem roubados.

Apesar de essa cooperativa possuir um aparato técnico sofisticado, os cooperados não usufruíam das vantagens desse modelo de organização. Embora tenha sido possível identificar uma coerção mútua entre cooperados, ela era irregular entre eles e a cooperativa gestora — vide a assimetria de informação e a não transparência. Se o que quer que envolva uma organização implica uma disciplina que, nos mínimos detalhes, abarca todos aqueles sujeitos às suas normas, e um sistema celular de localização e concentração do indivíduo no espaço, este núcleo teve êxito no seu empreendimento. É nesse sentido que é possível admitir que a política de estímulo neste caso logrou êxito em atender aos princípios do mercado — como escala (volume) e qualidade (pureza) —, porém valendo-se de um discurso cujas regras não seriam acessíveis aos cooperados, da mesma forma que não eram eles que estruturavam a organização. Embora atuassem (controle da conduta) para que ela funcionasse bem.

Terceiro estudo de caso

O terceiro estudo de caso foi realizado em uma associação de catadores instalada em um espaço (galpão) que havia sido cedido pelo governo do estado do Rio de Janeiro antes da política de estimulação de 1993. A associação era administrada por um ex-catador que trabalhou para um comprador português — sucateiro que pertence ao atual oligopsônio de compra de papel e papelão da cidade — antes de ser contratado pela ONG Ibiss (Instituto Brasileiro de Inovações em Saúde Social) —, que se responsabilizou pelo grupo ante o poder público, em maio de 2003 — para administrar o local. Esse administrador era responsável pela manutenção do espaço (limpeza e benfeitorias), mas não interferia na negociação ou escolha dos compradores.

Cada membro dessa associação, ou dono de ponto (já que cada um recolhia seu material em locais previamente determinados), tinha uma área de trabalho delimitada no interior do galpão. Neste local ficavam desde as sacolas de material coletado e separado até TV, rádio, geladeira. Esta organização permitia que os catadores limpassem e armazenassem o material a ser vendido. Para a execução dessas tarefas alguns contratavam auxiliares. Dos três grupos estudados, entretanto, este é o único que não possuía enfardadeiras, o que interferia no preço do material, já que perdiam a capacidade de diminuição do volume, mas, por outro lado, cada membro controlava o peso de sua mercadoria. De acordo com Magera (2003), o controle ou não da balança pelo catador indicaria a manipulação a que estariam sujeitos na hora da negociação.

Neste estudo de caso, os grandes geradores (produtores de lixo pós-consumo institucional) seriam análogos aos biscateiros, muito frequentes no núcleo relativo ao primeiro estudo de caso. Mas enquanto os biscateiros são pequenos produtores ou coletores de lixo pós-consumo doméstico que vendem para as cooperativas, mesmo possuindo outra forma de remuneração — como garçons, donas de casa, empregadas domésticas, zeladores —, os grandes geradores seriam aqueles que, quando não passaram a contratar empresas especializadas em coleta, passaram a vender o material aproveitável — como os prédios comerciais. Quando não era vendido para uma cooperativa, esse material recolhido por estes zeladores era repassado para os catadores em troca de uma gorjeta. De modo que os catadores passaram a pagar para ter acesso ao material a que antes tinham livre acesso. Muitos catadores afirmaram que como estes zeladores não saberiam separar corretamente ou teriam nojo de fazer este serviço, deixavam restos que ao serem descartados para o caminhão da coleta de lixo comum eram antes (desse caminhão) por eles recolhido (logo, o lixo do lixo).

É nesse sentido que o tabu do lixo teria se tornado um aspecto favorável, pois são as características negativas do lixo que teriam passado a favorecer a subsistência dos catadores (Carmo, 2005) e não o seu contrário, como se imaginava inicialmente — em que a valorização do lixo contribuiria para amenizar o estigma. De acordo com os membros deste grupo, esse fato seria resultado da política de estimulação, que ajudou a produzir os seus atuais concorrentes (competidores). São eles os geradores e zeladores, as ONGs de apoio, os biscateiros e o oligopsônio que se formou neste estado. Sobre este último, eles são definidos como os "grandes que se uniram" em contraste com os catadores que, em contrapartida, decaíram ao longo do tempo. Assim, para este grupo, o poder público seria um órgão de repreensão e de ameaça, enquanto suas políticas poderiam ser classificadas como de conspiração e de omissão e não de estímulo, pois temem perder os pontos em que coletam, diante da postura em face do lixo por parte do poder público e sociedade.

Não obstante aquelas políticas, este grupo manifestou mais de uma vez o desejo de que houvesse uma parceria mais forte entre eles e o poder público, mas desde que em conformidade com o que consideram prioritário: acesso aos resíduos recicláveis. De modo que, ao mesmo tempo em que criticam a política de estimulação, reconhecem a relevância do desempenho de alguns gestores públicos. Para eles o problema não foi a política de estimulação implantar as cooperativas, mas o modo como elas foram implantadas, sem a participação dos catadores (na elaboração de suas regras).

Discussão

Conforme o que foi brevemente descrito sobre os estudos de caso, parece que as condições de trabalho dos catadores não se alteraram muito. A condição econômica dos catadores permaneceu estagnada ou piorou, conforme o depoimento de catadores tradicionais. Acredita-se que essa estagnação, por eles mesmos mencionada, se deve ao fato de que não são eles que elaboram as regras do discurso relativo às cooperativas das quais fazem parte. Desta forma, os motivos que teriam impedido a melhora econômica dos catadores estariam relacionados não necessariamente à problematização do lixo apenas, embora seja a partir dela que os catadores emergem como um elemento discursivo (conforme a arqueologia e genealogia do lixo), mas ao modo como as cooperativas se organizam sem a participação deles na elaboração de suas regras (ver tabela 4).

No caso 1, por exemplo, isso pode ser constatado pela ausência de vínculos e da relação extremamente comercial entre catadores e o administrador do núcleo. Afora a presença dos biscateiros, em número similar ou talvez maior do que o de catadores assíduos, que passam, assim como os catadores, a movimentar as engrenagens da reciclagem na região em que o núcleo está instalado. Desta forma, as estratégias de reaproveitamento — políticas de estimulação e formação de pontos de coleta — do poder público e o papel da "mídia" — com as campanhas de reaproveitamento — ajudaram mais a propagar a ideia de que o reciclável tem valor comercial do que em fortalecer o papel dos catadores na cadeia desse comércio. Embora não tenha sido esta a intenção de ambos. A própria instalação das cooperativas contribuiu para isso, uma vez que, assim como elas facilitam o acesso do catador a pontos de compra (já que antes, caso não encontrassem um caminhão disposto a comprar, corriam o risco de perder o material recolhido após o dia de trabalho), elas facilitaram o acesso dos biscateiros ao comércio de recicláveis. Por esse motivo que se sugere que este estudo de caso ajuda a ilustrar a afirmação de que "lixo tem valor". Por fim, os catadores deste grupo seriam exemplos da conjuntura formada em função do desemprego estrutural — que é marcada pela existência daquelas pessoas que não conseguem outra fonte de renda — e são trabalhadores que têm nos biscateiros um concorrente direto.

O estudo de caso 2 deu a impressão de representar para o poder público tanto uma saída para o problema da vazão como um projeto social, já que se propunha a gerar renda para pessoas que não necessariamente catavam. A noção de bem-estar e melhores condições de trabalho, ao propor um modelo de usina de separação como este, remete a uma ideia de "governamentalização da reciclagem", já que a busca de melhores condições de trabalho e de bem-estar dos trabalhadores ocorreu de acordo com uma estrutura em que os próprios cooperados controlavam a conduta uns dos outros. Além da vigilância mútua, pois alguns achavam que trabalhavam mais do que os outros. Assim, o ambiente de trabalho da reciclagem parece ter permitido que os indivíduos se sentissem explorados — não só pelos colegas que "fingiam" trabalhar, mas devido à assimetria de informação, já que nenhum cooperado entrevistado conhecia o destino do material negociado pela cooperativa gestora. Esse sentimento de exploração mútua parece que substituiu neles o espaço ocupado pelo estigma, pois este foi, dos três estudos de caso, aquele em que o estigma menos se manifestou em suas falas — em detrimento da noção de exploração.

Já o estudo de caso 3 foi o único em que membros do grupo teceram críticas à própria política do poder público. Mas foi o único também que, de certa forma, atendeu aos princípios que este mesmo poder público esperava: escala e venda a atravessadores de médio porte. Esse fato permite pensar na ideia de resistência ao discurso que engendra políticas de estímulo, uma vez que isso consiste em, de certa forma, aceder às regras de formação desse mesmo discurso — à medida que estruturam o modelo de organização a que pertencem e determinam o tipo de auxílio que gostariam de obter. É como se, para atender ao esperado por esta política, fosse preciso antes resistir às regras que a engendram (ou seja, quem as determina e com que finalidade). Considerando-se que noções como a de separação do material por tipo (como uma exigência do comércio) são habilidades que só com o tempo se adquirem e que elas são apresentadas a esses trabalhadores como conceitos recentes, a impressão que se tem é a de que o catador é visto pelos coordenadores de projetos do poder público como pessoa que nada conhecesse sobre o próprio ofício. E é exatamente isto que os membros deste grupo parecem ter recusado como suas verdades — ou seja, que necessitam de apoio logístico. De modo que, como conheciam muito bem sobre seu ofício, puderam determinar os rumos da organização à qual pertenciam.

Considerando-se os três estudos de caso e os objetivos propostos pelo poder público, é como se houvessem saberes que, de um lado, determinariam (práticas discursivas) um modo de trabalho ao qual os catadores não se consideravam adaptados. Modo de trabalho este em que, quando se adaptaram, não necessariamente lograram o êxito econômico apregoado (ganhos melhores). E de outro, moldariam o sujeito do qual se passa a falar sobre ele e em nome de, já que agora os catadores eram alvos de estratégias as mais variadas possíveis, relativas à otimização de suas tarefas.

Ao ceder espaços com instalações e recursos (infraestrutura básica) e oferecer apoio logístico — sugerir formas de coletar, de beneficiar e de vender por um preço melhor —, o poder público acreditava que seria possível que os catadores compartilhassem o lucro obtido entre todos os membros da mesma organização. Essa crença se estruturava em ideias como melhora do nível cultural, estímulo à consciência de classe e à solidariedade, a partir das quais as estratégias propostas pela política de estimulação — pautadas no trabalho coletivo e no cooperativismo — floresceriam. Assim, se fosse possível sintetizar os elementos que comporiam tal estratégia, ou política de estimulação, eles poderiam ser distribuídos do modo como apresentado na tabela 6.

Tabela 6: **As políticas de estimulação do poder público e seus elementos**

Afirmações	Conceitos	Estratégias e teorias
‣ Estigma ‣ Exploração ‣ Marginalidade ‣ Informalidade ‣ Necessidade de obtenção de escala ‣ Condições adequadas de higiene, segurança e direitos sociais ‣ Redução do lixo na fonte geradora	‣ Economia de escala ‣ Qualidade do produto (pureza) ‣ Cooperativismo ‣ Consciência de classe ‣ Trabalho coletivo ‣ Racionalização do sistema operacional do serviço e do custo	‣ Disposição de espaços com instalações e recursos (infraestrutura básica) para obtenção da escala ‣ Apoio logístico (como coletar mais, beneficiar e vender por um preço melhor a intermediários de médio e grande porte) ‣ Cadastramento de catadores ‣ Adesão a rotinas e normas ‣ Instalação de ecopontos ‣ Formação de agentes ambientais ‣ Organização de cooperativas com estatutos e tributos (políticas de estimulação) ‣ Racionalização das práticas e custos do gerenciamento do resíduo

Fonte: Elaboração do autor.

A partir da tabela 6 é possível identificar alguns dos elementos que compõem a política de estimulação ao trabalho dos catadores, que de certa forma já foram colocados anteriormente. Mas, se fosse possível tomar cada estudo de caso, de que elementos se valeriam cada um deles? Acredita-se que a identificação desses elementos permitirá estabelecer o lugar que o catador ocupa no discurso sobre o lixo em cada uma das três organizações estudadas. Desta forma, serão consideradas na tabela 7 apenas as estratégias de que se vale cada organização para o atendimento aos seus objetivos econômicos (escoamento ou retorno do reciclável ao ciclo produtivo).

Tabela 7: **As organizações de catadores e suas práticas discursivas**

Unidade	Regras (administradores/gestores)	Formações ou práticas discursivas (catadores)
1º caso LIXO COMO VALOR	• Negociação com atravessadores de médio porte • Alcance da escala (acúmulo) e beneficiamento • Distribuição do ganho por produção (volume coletado) individual	• Não participação na negociação com os atravessadores • Não usufruto da escala e do beneficiamento (logo, relação de compra tradicional ou tal como sempre existira) • Trabalho provisório (flexibilidade e rotatividade)
2º caso LIXO COMO AMEAÇA AMBIENTAL E RENDA	• Negociação com atravessadores de grande porte • Alcance da escala (acúmulo) e beneficiamento • Distribuição do ganho por produção (volume separado e acumulado) coletiva e diretamente relacionada ao desempenho grupal	• Não participação na negociação (não transparente) e, apesar de participarem das vantagens da escala, têm um rendimento (ganho) menor que os do primeiro e terceiro casos • Estrutura da organização gera coerção mútua (micropoderes) • Trabalho provisório • Sentimento de exploração
3º caso LIXO COMO VALOR	• Venda do material a atravessadores de médio porte • Capacidade de escala e de beneficiamento (separação) • Ganho por produção (volume coletado, separado e acumulado) individual	• Participação na negociação (feita pelo próprio catador) • Participam das vantagens da escala e qualidade • Sugerem formas de apoio que gostariam de obter do poder público • Filiação ao trabalho e vocação herdada (histórias de luta e manifestação de orgulho)

Fonte: Elaboração do autor.

Conforme a tabela 7, os catadores do primeiro e do segundo estudo de caso estariam mais próximos da condição de sujeitos do discurso (problematização do lixo) do que os do terceiro. Estes últimos se aproximariam da noção de resistência ao mesmo, pois embora as estratégias tenham sido montadas para ajudar os catadores em geral a se estruturarem no mercado de recicláveis, essas estratégias acabaram por atender à economia de mercado (dos recicláveis). De modo que os mecanismos propostos foram bem-sucedidos naquilo que tange ao reaproveitamento ou à cadeia da reciclagem, mas não necessariamente para permitir que os catadores adquirissem autonomia. O catador emerge no discurso sobre o lixo na condição de sujeito (alvo), devido às práticas discursivas que levam a que ele seja nomeado como trabalhador — de catador para reciclador (ver Medina, 2007) —, porque a matéria-prima com que lida sofre alterações semânticas impulsionadas pelo mercado e não devido a essa mudança na representação social do trabalhador. O catador é mais uma consequência desse discurso (sobre o lixo reciclável) do que um fator que suscita a se falar sobre o mesmo.

Tanto é assim que o poder público acreditava que, se os catadores participassem do processo de negociação do material com os atravessadores e não sucateiros — como eles tradicionalmente faziam —, eles melhorariam suas rendas. Para que isso fosse possível, todavia, era necessário o desempenho de um trabalho coletivo e cooperativo e de garantia de um ciclo de frequência, entre outros pressupostos que as organizações montadas não permitiam ao catador atender pelo simples fato de que não foram os catadores que participaram da administração das mesmas. Mas pelos próprios sucateiros, ou não, que, de qualquer forma, reproduziram o modelo de negociação tradicional. Nesse sentido, a tabela 8, abaixo, procura estabelecer uma relação entre as estratégias propostas pelo poder público municipal e o observado em cada organização.

Tabela 8: **Estratégias propostas pelo poder público**

Propostas para as organizações de catadores	Caso 1	Caso 2	Caso 3
Coletivização das tarefas	NÃO	SIM	NÃO
Cooperativismo	NÃO	SIM	NÃO
Formação de comissões	NÃO	SIM	NÃO
Garantia de um ciclo de frequência	SIM	SIM	SIM
Resultantes para o catador	**Caso 1**	**Caso 2**	**Caso 3**
Participação na vida da organização	NÃO	NÃO	SIM
Gestão do negócio (participação nas vendas)	NÃO	NÃO	SIM
Escolha dos compradores (intermediários)	NÃO	NÃO	SIM
Transparência na contabilidade	NÃO	NÃO	SIM

Fonte: Elaboração do autor.

O primeiro estudo de caso reproduz uma situação na qual é como se os catadores tivessem continuado a negociar seu material com sucateiros, de modo que nada mudara para melhor em termos econômicos. Já no segundo, apesar de acatar as estratégias propostas pelo poder público, suas resultantes não representaram benefícios para o catador. Já o terceiro estudo de caso foi o único que, de certo modo, atendeu aos objetivos propostos pelo poder público (escala e participação na intermediação), mas na medida em que resistiu a essas mesmas estratégias propostas pelo poder público.

Embora as três organizações observadas tenham sido estruturadas a fim de atenderem às estratégias propostas pelo poder público (conforme o colocado na segunda coluna da tabela 7), isso, como já dito, não necessariamente resultou no esperado (vide o que se encontra na terceira coluna daquela mesma tabela e que é sintetizado na tabela 8). De acordo com a tabela 8, se considerada a participação dos trabalhadores na elaboração das regras da organização a que pertencem, o terceiro estudo de caso sugere que as ações individuais teriam sido mais propícias ao êxito coletivo — não obstante trabalhem individualmente — do que as ações coletivas conforme preconizadas pelo poder público.

Conclusão

A pergunta de partida que indaga o modo como a produção de discurso sobre o lixo (reciclável pós-consumo) — a partir das políticas públicas de apoio a cooperativas no início da década de 1990 e nos primeiros anos do século XXI, na cidade do Rio de Janeiro — teria impactado o trabalho dos catadores é respondida à medida que se percebe que aquelas políticas beneficiaram mais o mercado de recicláveis do que os catadores. O seu impacto se reflete no aumento de pessoas interessadas em negociar recicláveis (vide o que foi discutido sobre o primeiro estudo de caso), bem como na não estruturação dos catadores em cooperativas, já que não usufruíram das instalações cedidas pelo poder público municipal.

Entender o fracasso da proposta do poder público em apoiar os catadores a fim de que melhorassem suas rendas, ou os motivos que teriam impedido isso, e mais, que eles perdessem espaços de coleta para biscateiros e outros membros da sociedade, exigiu considerar o lixo como uma produção discursiva. As regras por meio das quais essa produção discursiva é construída foram identificadas à medida que um grupo de relações foi estabelecido entre a emergência de autoridades (especialistas e instituições) e a delimitação e a especificação de conceitos e afirmações a respeito do lixo. Nesse sentido, buscou-se propor neste trabalho três discursos possíveis em relação ao lixo pós-consumo — como uma questão sanitária, ambiental e econômica — a demandar soluções por parte do Estado e a atrair a atenção do setor privado e que, por sua vez, permitiram a emergência do catador como alvo de políticas.

Mediante a racionalidade que permitiu a proposição de uma problematização do lixo, parece não ser possível ao catador, nem ao próprio poder público, participar da elaboração das regras de formação desse discurso, pois tanto o catador quanto as políticas de estimulação do poder público seriam resultantes da emergência desse discurso. Os textos acadêmicos ilustram isso: enquanto as teses e dissertações produzidas no Brasil, na década de 1990, privilegiam as péssimas condições de trabalho e renda, a pobreza, o desemprego, a exclusão social, o estigma, a informalidade e a marginalidade desses trabalhadores, nos primeiros anos do século XXI, os estudos privilegiam temas ligados ao fechamento de aterros (sua inviabilidade), à organização em cooperativas e ao movimento para a busca de identidade e cidadania dos catadores. Afirmações sobre a relação de dependência entre a economia moderna e a mão de obra barata do catador, de sua fragilidade na cadeia da reciclagem, do comprador como condição para sua existência (simbiose), da competição e da sua organização complexa, exemplificam o modo como esse tema tem sido tratado internacionalmente. Tanto os textos estrangeiros quanto os nacionais vão ao encontro do que propõem as estratégias do poder público: superar o estigma, a marginalidade, a informalidade e a exploração.

Desta forma, as políticas públicas (de estimulação) são estratégias que emergem a partir de regras oriundas da problematização do lixo, formadas por especialistas e instituições determinados, que contêm regras específicas à medida que são implementadas em contextos particulares (que variam de acordo com a região, o tipo de lixo, o modo de recrutar os catadores) e à medida que os atores que se encarregam de instalá-las possuem interesses distintos, conforme os elementos do discurso sobre o lixo de que se valem — o lixo como valor (primeiro e terceiro estudo de caso) ou poluente (segundo estudo de caso). Os gestores das organizações estudadas seriam pessoas que veem o lixo como matéria-prima (primeiro e terceiro casos) e como ameaça ambiental (segundo caso), ao passo que veem os catadores como microempresários, — que administrariam sua produção e fornecimento conforme o desempenho e os meios que possuem para obtê-los (redes de contato, pagamento para ter acesso a zeladores e coletores públicos ou privados) — primeiro e terceiro casos —, ou como pessoas que precisam de apoio mediante um projeto que, ao mesmo tempo em que limpa a cidade, ajuda pessoas sem qualificação profissional a se manterem economicamente — segundo caso.

Cada organização observada procura aceder à problematização utilizando-se de instrumentos ou aparelhos, mediados por afirmações, conceitos e estratégias que julgam serem os mais adequados para o alcance de suas atividades-fins. Foi a identificação desses aparelhos/dispositivos (regras) que permitiu uma resposta à segunda questão relativa às condições (conjunturas) que permitem aos catadores atenderem às regras que possibilitam a problematização do lixo, a partir das políticas (estratégias) de que foram alvo.

Nesse sentido, as condições que permitem aos catadores atenderem às regras do discurso talvez passem pela possibilidade de que eles próprios elaborem as estratégias da organização às quais venham a pertencer. Mas isso, obviamente, com o apoio do poder público, desde que participem da sua estruturação — da organização — mediante o que este pode oferecer em termos de estrutura (espaços para trabalhar e disponibilidade de acesso ao material), mas não em termos de logística (ao indicar os modos como deveriam se organizar), porque isso os mais antigos mostraram também conhecer a respeito. O problema é que o conhecimento deles não é considerado — daí a resistência, e não a cooperação.

Por fim, o lixo problematizado é uma condição estrutural, assim como também o é o catador como um sujeito (desse discurso). Desta forma, dentro do oferecido pelo poder público em termos de estratégias e em face dessa condição estrutural, é possível afirmar que embora ele seja um sujeito, ele talvez possa aceder a algumas daquelas estratégias a fim de que se organize para atender ao mercado, mas desde que propondo as regras da organização a que venham a pertencer. Questionar o discurso sobre o lixo não é possível, afinal o lixo doméstico pós-consumo polui. Com isso não se quer pôr em dúvida os discursos que o apontam como um poluente, ou as práticas que permitiram a (re)atribuição de valor a esse material outrora descartado pela sociedade. O que se questiona é o que teria motivado a percepção desse objeto como um poluente somente quando ele passa a ser considerado algo de valor e que por sua vez modificou a representação que se passou a ter do catador: ora ele deve se organizar conforme os princípios da economia de escala, ora deve ser reprimido exatamente por atrapalhar no escoamento dessa mercadoria — quando em vez de limpar é tratado como pessoa que suja as ruas da cidade.

A proposta de uma arqueologia e de uma genealogia do lixo ficou superficial à medida que ao se aproximar da suposição que deu sustentação a este trabalho diversos outros aspectos foram encobertos, como o fato de a questão sanitária ter sido superada mediante as políticas de estimulação. Assim como este, tantos outros aspectos foram suprimidos, de modo que, no caso do lixo, a ênfase foi dada às políticas públicas de estímulo ao trabalho do catador; no caso do catador, a ênfase recaiu sobre as resultantes dessas políticas (subjetividades); e, dessas políticas, enfatizaram-se as estratégias relacionadas à problematização do lixo.

Por fim, se tomássemos os fenômenos internos a cada organização, seria possível se deparar com as relações de poder inerente a cada uma delas (como uma espécie de arqueologia e genealogia das mesmas); e, consequentemente, com as formações e práticas discursivas a que alguns indivíduos (catadores) poderiam estar sujeitos (catadores) — sejam oriundas dos mais antigos, dos donos de ponto, ou daqueles ligados a facções, por exemplo, e que embora não tenha se colocado neste artigo, foi mencionado por eles. É nesse sentido que o método analítico escolhido poderia ser criticado, pois não há como fugir das malhas do poder, seja em que esfera (da sociedade) for — e era assim mesmo que Foucault (1982) esperava ter seu arcabouço compreendido. No entanto, é graças a essa mesma dinâmica dada por esse método que se sugere que não se trata de uma recusa ao papel do Estado ou de um fracasso de suas políticas, mas de uma mudança na relação entre ele e catadores. Logo, lá onde pode parecer habitarem equívocos, pode também se identificar alternativas ao dilema que a problematização do lixo representa para esses catadores (perpetuação do sistema de exploração agora legitimada, escassez de material para negociação, resistência sem melhora em suas condições de trabalho e renda).

Ao se procurar estabelecer uma arqueologia e uma genealogia, não se esteve aqui atrás do mito fundador do discurso sobre o lixo que teria permitido a visibilidade que hoje se tem do catador, mas sim da conjuntura que permitiu fazer com que ele passasse a ser interessante (útil) em conformidade com o que se passou a considerar daquele. Ou seja, o catador como resultado da relação entre o valor intrínseco aos objetos encontrados no lixo e a pobreza, conforme afirmam alguns autores (Birckbeck, 1979; Eigenheer, Ferreira e Adler, 2005). Afirmações como a de que o catador é explorado pelo comprador ou de que precisa se organizar em cooperativas seriam datadas. Declarar isso não significa negar a realidade desse fato, mas mostrar que ele passa a ser considerado uma verdade que serve de subsídio para justificar as iniciativas em seu socorro.

Por fim, a gestão pública, ao criar políticas para esses atores, deve levar em consideração o modo como os catadores poderiam produzir um discurso próprio a partir daquilo que lhes pode ser oferecido pelo Estado. Sendo o poder uma relação, deve-se pensar como seria possível o catador ser também investido de estratégias que lhe permitissem frequentar essa relação não somente na condição de sujeito ou de efeito de algum discurso, mas como alguém com condições de alterar as regras que definem esse poder. O catador, em países como o Brasil, além de um agente fundamental na cadeia da reciclagem, é um informante privilegiado para o entendimento de questões que envolvem a temática sobre a propriedade; a fragilidade geradora de um mercado paralelo de resíduos; o papel do poder público na proposição de políticas; o lugar que o catador deve ocupar no discurso sobre os recicláveis. Desta forma, não se trata de recusar o discurso nem os sujeitos, mas sim de pensar sobre que sujeitos são esses e o lugar que ocupam no discurso.

Referências

AGRAWAL, A. Environmentality: community, intimate government, and the making of the environmental subjects in Kuamon, India. *Current Anthropology*, v. 46, n. 2, p. 161-190, 2005a.

_____. *Environmentality:* Technologies of government and the making of subjects. Durham/London: Duke University Press, 2005b.

BARTONE, C. R. Economic and policy issues in resource recovery from municipal solid wastes. *Resources, Conservation and Recycling*, v. 4, n. 1/2, p. 7-23, 1990.

BASTOS, V. P. Na rota do lixo: da casa ao catador o primeiro trajeto da cadeia industrial de reciclagem. In: *Congresso Brasileiro de Assistentes Sociais*, 11, Foz do Iguaçu, out. 2007. *Anais...* Foz do Iguaçu, 2007.

BERGER, P.; LUCKMANN, T. *The social construction of reality*. Harmondsworth: Penguin Books, 1967.

BIRKBECK, C. Garbage, industry and the 'vultures' of Cali, Colombia. In: BROMLEY, R.; GERRY, C. (Eds.). *Casual work and the poverty in Third World cities*. New York: John Wiley & Sons, 1979a. p. 161-183.

BIRKBECK, C. 1979b. Self-employed proletarians in an informal factory: The case of Cali's Garbage Dump. *World Development*, v. 6, p. 9/10, p. 1.173-1.185, 1979b.

BRASIL. Constituição Federal Brasileira, 1988.

BOLETIM DO CEMPRE — Informa, v. 8, n. 50. mar./abr. 2000.

BRITO, E. 2001. *Programa Cooperativas de Catadores (balanço sintético — 1993/2000)*. Diretoria de Serviços Oeste. Rio de Janeiro: Prefeitura/Comlurb, 2001.

BUENROSTRO, O.; BOCCO G. Solid waste management in municipalities in Mexico: goals and perspectives. *Resources, Conservation and Recycling*, n. 39, p. 251-263, 2003.

BUTLER, J. *The psychic life of power*: Theories in subjection. Stanford: Stanford University Press, 1997.

CARMO, M. S. A semântica "negativa" do lixo como fator "positivo" à sobrevivência da catação — estudo de caso sobre a associação dos recicladores do Rio de Janeiro. In: ENCONTRO ASSOCIAÇÃO NACIONAL DE PÓS-GRADUAÇÃO E PESQUISA EM ADMINISTRAÇÃO, XXIX, Brasília, 2005. *Revista de Administração*, v. 7, n. 11, p. 69-75, jan./dez. 2007.

_____.; MIGUELES, C. P.; OLIVEIRA, J. A. P. A semântica do lixo, o estímulo à reciclagem e o trabalho dos catadores do Rio de Janeiro: um estudo da relação entre significado e ação econômica. *Revista Integração — A Revista Eletrônica do Terceiro Setor*, FGV, Cets (Centro de Estudos do Terceiro Setor), ano VII, n. 34, 2004.

CASTILLO BERTHIER, H. C. Garbage, work and society. *Resources, Conservation and Recycling*, v. 39, n. 3, p. 193-210, 2003.

_____. Recycling form municipal refuse: a state-of-the-art review and annotated bibliography. Integrated resource recovery. *World Bank Technical Paper*, n. 30. UNDP Project Management Report n. 1, Washington (D.C.), 1985.

COINTREAU, S. *Environmental management of urban solid wastes in developing countries — a project guide*. The International Bank for Reconstruction and Development/The World Bank. Washington (D.C), 1986.

Cooke, B. The managing of (third) world. *Organization*, v. 11, n. 4, p. 589-615, 2004.

CRUIKSHANK, B. *The will to empower*: Democratic citizens and other subjects. Ithaca: Cornell University Press, 1999.

DIAS, S. M. Lixo e cidadania: os impactos da política de resíduos sólidos de Belo Horizonte no mundo do trabalho do catador da Asmare. In: ENCONTRO NACIONAL DE ESTUDOS POPULACIONAIS, XIII. *Anais...* Ouro Preto, 4-8 nov. 2002. Disponível em: <www.abep.nepo.unicamp.br/docs/anais/pdf/2002/GT_MA_ST37_Dias_texto.pdf>.

EIGENHEER, E. *Lixo, vanitas e morte*: considerações de um observador de resíduos. Niterói: Editora da UFF, 2003.

_____.; FERREIRA, J. A.; ADLER, R. R. *Reciclagem*: mito e realidade. Rio de Janeiro: In-Folio, 2005.

ESCOBAR, A. *Encountering development*: The making and unmaking of the third world. New Jersey: Princeton University Press, 1995.

FERGUSON, J. *The anti-politics machine*. Cambridge: Cambridge University Press, 1990.

FOUCAULT, M. *The archaelogy of knowledge*. New York: Pantheon Books, 1972.

_____. Two lectures. In: GORDON, C. *Power knowledge*. New York: Pantheon Books, 1980a.

_____. *The history of sexuality*. Introduction. New York: Vintage Books, 1980b.

_____. The subject and power. In: RABINOW, P.; DREYFUS, H. (Eds.). *Michel Foucault:* Beyond structuralism and hermeneutics. Chicago: University of Chicago Press, 1982.

_____. Governmentality. In: BURCHELL, G.; GORDON, C.; MILLER, P. (Eds.). *The Foucault effect*. Chicago: University of Chicago Press: 1991a. p. 53-72.

_____. Politics and the study of discourse. In: BURCHELL, G.; GORDON, C.; MILLER, P. (Eds.) *The Foucault effect*. Chicago: University of Chicago Press, 1991b.

GONÇALVES, M. P. *Do material reciclável sobreviver, resistir e dele uma identidade construir*. Dissertação (Mestrado em Serviço Social) — Universidade Federal Fluminense, Niterói, 2006.

GONÇALVES, P. *A reciclagem integradora dos aspectos ambientais, sociais e econômicos*. Rio de Janeiro: DP&A/Fase, 2003.

HARDING, N. *The social construction of management*: Texts and identities. London: Routledge, 2003.

KASEVA, S. E.; GUPTA, S. K. Recycling — an environmentally friendly and income generating activity towards sustainable solid waste management. Case study — Dar es Salaam City, Tanzania. *Resources, Conservation and Recycling*, n. 17, p. 299-309, 1996.

_____; MBULIGWE, S. E.; KASSENGA, G. Recycling inorganic domestic solid wastes: Results from a pilot study in Dar es Salaam City, Tanzania. *Resources, Conservation and Recycling*, n. 35, p. 243-257, 2002.

KUHN, T. *The structure of scientific revolutions*. Chicago: University of Chicago Press, 1962.

MACHADO, R. 1981. *Ciência e saber*: a trajetória da arqueologia de Foucault. Rio de Janeiro: Graal, 1981.

MAGERA, M. C. *Os empresários do lixo — um paradoxo da modernidade*: análise interdisciplinar das cooperativas de reciclagem de lixo. Campinas: Átomo, 2003.

MEDINA, M. Scavenger cooperatives in Asia and Latin America. *Resources, Conservation and Recycling*, n. 31, p. 51-69, 2000.

_____. Scavenging in America: Back to the Future? *Resources, Conservation and Recycling*, v. 31, n. 3, p. 229-240, 2001.

_____. *The world's Scavenger*: Salvage for sustainable consumption and production. United Kingdon: Altamira Press, 2007.

MELOSI, M. *Garbage in the cities:* Refuse, reform and environment. Pittsburgh: University of Pittsburgh Press, 2001.

MORENO-SANCHEZ, R. P.; MALDONADO, J. H. Surviving from garbage: the role of informal waste-pickers in a dynamic model of solid-waste management in developing countries. *Environment and Development Economics*, n. 11, p. 371–391, 2006.

MUNFORD, L. *The city in history.* San Diego: Harcourt Inc., 1961.

OJEDA-BENITEZ, S.; ARMIJO-DE-VEGA, C.; RAMÍREZ-SZELINSK, B. The New Waste Avoidance and Waste Management Act (WMA). *Resources Conservation and Recycling*, v. 2, n. 1, p. 3-11, 1988.

PORTILHO, M. F. *Profissionais do lixo*: um estudo sobre as representações sociais de engenheiros, garis e catadores. Dissertação (Mestrado) — Universidade Federal do Rio de Janeiro, Rio de Janeiro, 1997.

RABINOW, P.; DREYFUS, H. (Eds.). *Michel Foucault*: Beyond structuralism and hermeneutics. Chicago: University of Chicago Press, 1982.

RODRIGUES, J. C. *Higiene e ilusão*: o lixo como invento social. Rio de Janeiro: NAU, 1995.

RODRIGUEZ, C. À procura de alternativas econômicas em tempos de globalização: o caso das cooperativas de recicladores de lixo na Colômbia. In: SANTOS, B. S. (Org.). *Produzir para viver*: os caminhos da produção não capitalista. Porto: Afrontamento, 2003.

SICULAR, D. Pockets of peasants in Indonesian cities: The case of scavengers. *World Development*, v. 19, n. 2/3, p. 137-161, 1991.

6

Uma nova perspectiva analítica de políticas públicas: compreendendo a política comercial brasileira a partir de um modelo teórico

Virgilius de Albuquerque

Introdução

Os estudos dos resultados das políticas públicas podem ser desenvolvidos a partir de diversas perspectivas. Uma primeira abordagem consiste na determinação de critérios de avaliação, que podem compreender dimensões de eficiência, eficácia, economicidade, efetividade e outros conceitos de avaliação e análise concebidos para esse propósito. Há, também, a análise de políticas públicas, concebidas a partir de macroabordagens; como exemplo, o estudo da política comercial feito a partir de agregados macroeconômicos, tais como: o volume das exportações, saldo da balança comercial ou crescimento do comércio internacional. De acordo com outra vertente, os estudos das políticas governamentais são empreendidos a partir da interpretação das ações do Estado e dos agentes sociais. Podemos observar estudos elaborados sob o arcabouço das ciências políticas, como, também, podemos nos deparar com análises essencialmente práticas. A partir da interpretação e associação de eventos patrocinados tanto por atores públicos como privados, são conjecturadas, por um lado, teses que se sustentam de modo idiossincrático, peculiares ao fenômeno em estudo, ou, por outro lado, de forma mais resiliente, capazes de constituir um corpo teórico.

O estudo de políticas públicas pode, contudo, ser elaborado com maior densidade teórica e respaldo prático. Para tanto, devemos articular conceitos teóricos relativos ao objeto de estudo com outros que incluem à práxis política, tais como grupos de interesse, canais de mediação política e estratégias de barganha e negociação junto ao Estado. O estudo de uma política governamental não pode prescindir, sob a pecha de ser considerado reducionista, da dimensão das ciências políticas. Tampouco de elementos relativos à dimensão empresarial ou da gestão privada. E a conjugação desses elementos pode ser mais bem compreendida a partir do desenvolvimento de um modelo de análise.

Especificamente sobre a política comercial brasileira — objeto de pesquisa deste trabalho —, não há consenso quanto aos objetivos dos programas de política comercial. Há prescrições distintas, algumas de caráter ecumênico, tais como a busca pelo incremento da propensão a exportar[1] das empresas exportadoras e pelo aumento do valor agregado da pauta de exportações. De outro modo, há sugestões de política seletiva, como, por exemplo, a ampliação da base de exportação nacional,[2] a partir da integração das grandes empresas com outras de menor porte, ou, de modo diverso, a seleção de um número relativamente pequeno de empresas já internacionalizadas para a consolidação e ampliação de suas exportações. Há, também, proponentes que defendem a adoção da mesma prática, porém destinada a setores econômicos específicos.[3] Neste estudo, consideramos que o principal objetivo da política comercial é melhorar o desempenho exportador da empresa nacional.

Os estudos empíricos que analisam os fatores determinantes das exportações nacionais — elaborados em nível de análise da firma, e que podem subsidiar a formulação de nossa política pública de comércio exterior —, são recentes no Brasil. Os trabalhos existentes são, essencialmente, de natureza interpretativa, e, em menor grau, explicativa, empreendidos a partir de modelos

---

[1] Expressa pela razão entre as exportações e o faturamento total da firma. De acordo com Veiga (2002:167), para as empresas brasileiras, esse coeficiente é considerado alto, caso seja superior a 30%, e baixo se inferior a 5%.
[2] A base exportadora de um país pode ser mensurada pela razão n° de empresas exportadoras/n° total de empresas. Em 2000, menos de 0,8% das empresas brasileiras realizaram exportações (Markwald e Puga, 2002a).
[3] Barretto, 2002; Blumenschein e Leon, 2002; Carvalho e Rocha, 2002; Ferraz e Ribeiro, 2002; Fleury et al., 1981; Horta e Souza, 2000; Markwald e Puga, 2002, 2002a; Pereira e Maciente, 2000; Pinheiro e Moreira, 2000; Rocha e Christensen, 2002; Veiga e Iglesias, 2002, 2002a.

microeconométricos.[4] As possíveis causas para os problemas apontados são inferidas a partir da interpretação de dados agregados ou do comportamento das variáveis de modelos econométricos. Como endosso, a meta-análise dos estudos brasileiros relacionados à exportação, desenvolvida por Rocha e Christensen (2002), explicita que nenhum dos métodos de análise[5] apresentou um sistema de relações que integre simultaneamente as principais variáveis explicativas do comportamento exportador da firma nacional.

Esses pontos nos incentivaram a trilhar alguns caminhos ainda não percorridos pelos estudiosos da política pública brasileira de comércio exterior. Ressaltamos a necessidade de inserção de um ator político, a firma antropomorfizada, para descortinarmos a análise da política comercial sob a perspectiva da economia política. Vislumbramos, também, a pertinência de que a análise da política comercial contemple variáveis explicativas, intervenientes, e dependentes. Desse modo, a constituição de um sistema ou modelo de inter-relações estruturais dos principais fatores condicionantes dessa política pública ampliará a nossa capacidade analítica. A política comercial deve ser compreendida a partir de seus principais fatores constitutivos, sejam eles provenientes das ciências de gestão empresarial ou de gestão pública, sendo que esta última está atrelada às ciências políticas.

Postulamos que o exame da política comercial deve ser empreendido tendo a firma exportadora como unidade de análise, e o desempenho de suas exportações como elemento essencial de estudo, pois a implementação dessa política é induzida pelo interesse das empresas de incrementar o desempenho de suas exportações.

Escopo da pesquisa

Os três principais elementos de análise desta pesquisa são a firma, os programas das agências governamentais de fomento comercial e os canais de veiculação de interesses privados junto ao Estado. A análise da política pública de comércio exterior brasileira compreendeu o período de 2002 e 2006.

---

[4] Araújo, 2005; Carneiro, 2002; Ferraz e Ribeiro, 2002; Markwald e Puga, 2002; Miranda, 2001; Moreira, 2002; Veiga e Iglesias, 2002.
[5] Os métodos empregados nos 27 estudos analisados foram qualitativos, de estatística descritiva, estatística multivariada (Anova, análise discriminante, correlação canônica e regressão múltipla) (Rocha e Christensen, 2002:115-118).

Com relação à firma, são abordadas duas dimensões analíticas. Por um lado, a firma interpretada de acordo com a abordagem das ciências de gestão, visualizada em sua dimensão econômica e empresarial privada. Por outro, a firma como um ente dotado de interesses e que é capaz de transitar pelos diversos espaços de interlocução política para a consecução de seus objetivos.

Sob a perspectiva de gestão, a firma é analisada a partir de seus recursos tangíveis e intangíveis, bem como pela sua capacidade de assegurar competência continuada no mercado competitivo, ou seja, pela adoção de procedimentos internos que dificultem o processo mimético pelos concorrentes e, por conseguinte, perenizem a sua diferenciação e competitividade. Essas capacidades são auferidas pelos procedimentos de acumulação de conhecimento da firma, pelas suas rotinas operacionais e por suas práticas de disseminação de conhecimento interno.

Na ótica do economista político, a análise da empresa compreenderá o seu comportamento motivado pela busca de interesses. Essa busca pode compreender a sua participação em grupos de interesse. Esses grupos correspondem aos atores sociais que se unem em associações formais ou informais, com o propósito de participar e auferir vantagens nos processos decisórios de alocação e distribuição de recursos de políticas públicas.

Atinente às agências estatais, é abordada a demanda por recursos federais destinados à promoção do comércio exterior. Os instrumentos oficiais que constam deste estudo são (i) as linhas de crédito operadas pelo BNDES, denominadas BNDES-Exim; (ii) os Programas de Financiamento às Exportações (Proex), cujo agente financeiro é o Banco do Brasil, que é executado em duas modalidades, quais sejam, Proex-Financiamento e Proex-Equalização; (iii) os seguros de longo prazo efetuados pela Seguradora Brasileira de Crédito à Exportação (SBCE); e (iv) a garantia de crédito fornecida pelo Fundo de Garantia para a Promoção de Competitividade (FGPC), cuja operacionalização é feita pelo BNDES.

Não são abordados os recursos do Fundo de Aval (Fampe)[6] — repassados pelo Sebrae[7] para o Serviço Social Autônomo Agência de Promoção

---

[6] Fundo de Aval às Microempresas e Empresas de Pequeno Porte.
[7] "O Sebrae, Serviço Brasileiro de Apoio às Micro e Pequenas Empresas (MPE), trabalha (...) pelo desenvolvimento sustentável das empresas de pequeno porte. Para isso (...) facilita o acesso ao crédito, estimula a cooperação entre as empresas, organiza feiras e rodadas de negócios (...)" (Sebrae, 2006).

de Exportações do Brasil (Apex-Brasil). Isto porque os programas comerciais de exportação dessa agência estão direcionados, especificamente, para microempresas e empresas de pequeno porte — MPEs. Empresas de maior porte também podem ser beneficiadas, porém, nesses casos, deve haver comprovação de benefícios para as MPEs.

O terceiro elemento de análise são os canais de mediação política. Representam as formas pelas quais os grupos de interesse interceptam a burocracia responsável pela formulação e implementação de políticas públicas do Estado. Correspondem, basicamente, (i) às instituições partidárias (*e.g.*, associação a partidos políticos, financiamento de campanhas eleitorais), (ii) às associações corporativas e extracorporativas (*e.g.*, corporações confederativas e federativas, associações setoriais, institutos), e (iii) aos mecanismos de *side payments*[8] (instrumentos não institucionais, tais como o clientelismo, o corporativismo e o lobismo), que atuam nos órgãos responsáveis pelas funções executiva e legislativa do Estado.

Objetivo da pesquisa

O objetivo principal é analisar a política pública de comércio exterior brasileira a partir dos principais fatores que influenciaram o desempenho de exportação das firmas nacionais entre 2002 e 2006.[9] Para isso, será apresentado um modelo parcimonioso de relações de dependência que inter-relaciona os principais fatores condicionantes do desempenho exportador da firma com o propósito de analisar a política comercial brasileira por duas perspectivas. Primeira, a gestão empresarial, denotada pelos recursos, capacidades e pelo grau de comprometimento e experiência internacional da

---

[8] "[T]he (...) *principle that is the centerpiece of side payments: an actor gives up value on one issue of lesser importance in order to gain value from others on an issue of greater importance* [empregando, para tanto, práticas como] *logrolling, vote trading, compromise, concessions, reciprocity, bribes, and issue linkage*" (Milner, 1997:109).
[9] Esse período compreendeu dois planos plurianuais de investimentos — PPA (2000 a 2003 e 2004 a 2007). O PPA é concebido mediante o estabelecimento das seguintes fases: orientação estratégica de governo, diretrizes estratégicas, macro-objetivos, programas, e projetos ou atividades. No PPA 2000-2003, o macro-objetivo nº 13 consistiu em "fortalecer a participação do país nas relações econômicas internacionais" (Silva, 2002).

firma. Segunda, a economia política dessa política pública, que representa uma dimensão ampliada da gestão privada no espaço público, expressa pelo comportamento das firmas junto aos mecanismos de representação política. Dessa forma, ao conjugarmos, simultaneamente, a gestão privada e a gestão pública da firma, procuraremos responder, de forma mais consentânea com a práxis empresarial, à pergunta se a política comercial contribuiu para a melhoria do desempenho exportador das empresas domésticas.

Arcabouço do modelo de análise

Apresentamos a representação pictorial do modelo analítico e as suas hipóteses constitutivas. O modelo é composto por seis conceitos (constructos) e por oito relações de associação.

Figura 1: **Modelo de análise simplificado da política comercial brasileira**

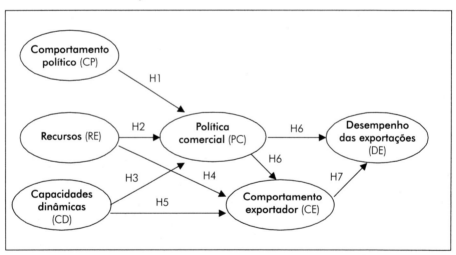

Hipóteses:
- H1: o comportamento político da firma condicionou positivamente a utilização dos instrumentos de política comercial;
- H2: os recursos da firma condicionaram positivamente a utilização dos instrumentos de política comercial;

- H3: as capacidades dinâmicas da firma condicionaram positivamente a utilização dos instrumentos de política comercial;
- H4: os recursos da firma condicionaram positivamente o seu comportamento exportador;
- H5: as capacidades da firma condicionaram positivamente o seu comportamento exportador;
- H6: os instrumentos de política comercial do Estado condicionaram positivamente o comportamento exportador da firma;
- H7: o comportamento exportador da firma condicionou positivamente o desempenho de suas exportações;
- H8: os instrumentos de política comercial do Estado condicionaram positivamente o desempenho das exportações da firma.

Modelo de análise e referencial teórico

Os conceitos, os constructos derivados da formação dos conceitos, as variáveis de mensuração ou os indicadores selecionados para a operacionalização dos constructos, as relações existentes entre os indicadores e os constructos, e as relações entre os constructos estão fundamentados em literatura teórica, empírica e histórica. Eles são apresentados adiante, de forma sintética, e estão organizados de acordo com cada submodelo estrutural, isto é, o conjunto de variáveis e relações condicionantes de cada uma das três variáveis dependentes ou endógenas, apresentadas no modelo pictorial acima (política comercial, comportamento exportador, e desempenho das exportações).

Condicionantes dos instrumentos de política comercial

Comportamento político

Corresponde às manifestações das atitudes, propensões, expectativas e comportamentos da firma junto aos canais formais e informais de mediação política do Executivo e do Legislativo federal. Essas manifestações são expressas individualmente ou por intermédio de grupos de interesse, constituídos sob as formas corporativa, associativa ou neocorporativa.

O comportamento político abrange todos os campos de interesse da firma. Deste modo, compreende as diversas funções de governo, tais como a educação, a saúde, o transporte, a indústria e o comércio exterior. Esse conceito abrange a dimensão política, apenas.

Esse conceito não inclui as dimensões social, econômica e cultural, bem como as relações mantidas com outras esferas políticas executivas e legislativas (níveis estadual e municipal).

O atributo desse conceito é o comportamento político, que, devido ao espectro adotado pela pesquisa, é decomposto nas categorias apresentadas abaixo. Essas categorias e os indicadores de mensuração foram obtidos a partir do estudo diacrônico da relação entre o Estado e o empresariado brasileiro.

Quadro 1: **Indicadores do constructo comportamento político**

Atributo	Categorias	Indicadores
Comportamento político (CP)	Dimensão do Executivo (Cpex)	Financiamento de campanha, participação em conselhos, participação em comitivas, audiências, contatos políticos, contratação de consultorias
	Dimensão do Legislativo (CPLE)	Financiamento de campanha, contatos com membros de partidos políticos, participação em comissões parlamentares e no Conselho de Assuntos Legislativos (Coal), contratação de escritórios de representação
	Entidades da sociedade civil (CPSC)	Participação em entidades patronais, em associações setoriais e em institutos de estudos e pesquisas
	Questões gerais	Importância dos contatos políticos, satisfação com os meios de articulação

Fontes: Bobbio, 1987; Boschi et al., 2000; Coutinho, 1989; Denzau e Munger, 1986; Diniz, 1982, 1993, 2000, 2007; Diniz e Boschi, 1993, 2004; Fleury, 2004; Litvak, 1983; Mainwaring, 2001; Milner, 1997; Mohun, 1996; O'Donnell, 1982, 1988; Offe, 1984, 1994; Pereira, 1995; Poulantzas, 1971; Santos, 1993; Velasco Jr., 1997, 1997a.

Recursos da firma

É o conjunto dos ativos tangíveis e intangíveis utilizados para o desempenho das atividades empresariais da firma. Abarca todos os seus recursos físicos, de pessoal, financeiros e organizacionais, independente do fato de dotarem a firma de vantagem competitiva.

Exclui as capacidades dinâmicas, ou seja, aquelas decorrentes do processo interno de aprendizagem e acumulação de conhecimento da firma orientado para as atividades inovadoras.

O atributo desse conceito são os recursos, que, de acordo com a literatura especializada, podem ser compostos pelas categorias e seus respectivos indicadores de mensuração, apresentados abaixo.

Quadro 2: **Indicadores do constructo recursos**

Atributo	Categorias	Indicadores
Recursos	Recursos tangíveis (Reta)	Tamanho, tecnologia, logística, perfil financeiro
	Recursos intangíveis (Rein)	Reputação da firma
	Recursos (RE)	Qualificação gerencial, rede de relacionamentos
	Capital organizacional (Reko)	Cultura organizacional, sistemas corporativos
	Questões gerais	Atendimento das expectativas, satisfação com a utilização dos recursos

Fontes: Antonio, 2005; Barney, 1991, 2001; Cyert e March, 1963; Dhanaraj e Beamish, 2003; Kor e Mahoney, 2000; Penrose, 1959; Wernerfelt, 1984, 1995.

Capacidades dinâmicas da firma

São as manifestações das atitudes, propensões, expectativas e comportamentos da firma no sentido de adquirir, acumular e disseminar internamente conhecimento tácito capaz de gerar inovações tecnológicas em produtos, processos e equipamentos, bem como mudanças de gestão e organizacionais com o objetivo de diferenciá-la em termos de custo, qualidade e flexibilidade em relação aos seus competidores. Compreende a sistematização de rotinas e procedimentos operacionais que incentivam o processo inovativo e que multiplicam habilidades individuais e conhecimentos específicos que geram vantagem competitiva da firma devido à dificuldade de replicação em outra empresa.

A denominação de capacidades dinâmicas, em vez de capacidades tecnológicas, é devida à extensão do termo "inovação" a mudanças de procedimentos e sistemas organizacionais que não são, necessariamente, atrelados à atividade operacional da firma.

Esse conceito exclui os ativos e procedimentos gerenciais e operacionais, assim como os planejamentos estratégicos, cujas práticas e saberes específicos estejam disseminados no mercado e que não compreendem, portanto, a acumulação de conhecimento direcionado para inovações singulares de natureza operacional e de gestão da firma. Não contempla, tampouco, a existência de efeitos de transbordamento (*spillover effects*) decorrentes de inovações geradas dentro da mesma indústria ou, mesmo, em diferentes setores, que engendram externalidades positivas nas firmas.

O atributo desse conceito são as capacidades dinâmicas, que, de acordo com a literatura especializada, são subdivididas nos processos de aquisição e conversão de conhecimento que, por sua vez, estão associados às atividades inovativas da firma. As categorias e seus indicadores de mensuração estão apresentados abaixo.

Quadro 3: **Indicadores do constructo capacidades dinâmicas**

Atributo	Categorias	Indicadores
Capacidades dinâmicas (CD)	Aquisição de conhecimento (CDAC)	Contratação de P&D, atividade interna de P&D, acordos de parceria e cooperação, treinamento, experimentação
	Conversão de conhecimento (CDCC)	Rotinas e procedimentos operacionais, codificação e normalização
	Atividades de inovação (CDIN)[10]	Novos projetos, produtos e processos, mudanças estratégicas e organizacionais
	Questões gerais	Vantagem competitiva das inovações, satisfação com a aquisição e difusão de conhecimento tácito

Fontes: Alchian, 1950; Bell e Pavitt, 1993; Carpenter et al., 2001; Cyert e March, 1963; Destri e Dagnino, 2005; Dutrénit, 2000; Figueiredo, 2001, 2003; García, 2006; Kim, 1997, 1998; Lall, 1994; Mathews, 2002; Nelson, 1991; Nelson e Winter, 1982; Penrose, 1959; Tacla e Figueiredo, 2003; Teece e Pisano, 1994; Tigre, 2002; Winter, 1988.

Política comercial

Corresponde aos instrumentos da política pública de fomento às exportações e aos fatores intervenientes dessa política. O sistema oficial federal para a promoção do comércio exterior é constituído por mecanismos de financia-

---

[10] Indicadores inspirados em IBGE (2007).

mento, garantia e seguro de crédito das exportações. Compreende as linhas de crédito pré e pós-embarque do BNDES, o Proex-Financiamento e o Proex-Equalização, do Banco do Brasil, a garantia de crédito do FGPC e a cobertura de riscos da SBCE. Essa relação não inclui o Fampe operado pelo Sebrae. Esse conceito contempla outras políticas de governo que podem condicionar as exportações da firma e influenciar o nível de demanda por recursos federais (designadas por "outros elementos intervenientes" no quadro 4).

Exclui todas as políticas públicas cujos impactos — a partir da literatura especializada — não condicionam a política comercial. A reengenharia da política industrial decorrente do processo de abertura econômica da década de 1990 não está relacionada, uma vez que esse processo estava razoavelmente consolidado nos últimos cinco anos. Consideramos que as implicações das fusões e aquisições de empresas provenientes desse processo apresentaram baixa visibilidade em termos de impacto na política comercial.

O atributo desse conceito é a política comercial que, consoante a definição acima, é composta pelas categorias correspondentes aos instrumentos de política comercial e a outras políticas públicas intervenientes, capazes de influenciarem o desempenho das exportações das empresas. A coluna relativa aos indicadores de mensuração sumaria essas políticas de governo.

Quadro 4: **Indicadores do constructo política comercial**

Atributo	Categorias	Indicadores
Política comercial (PC)	Financiamento das exportações (PCFI)	BNDES-Exim, Proex-pós-embarque, Proex-Equalização
	Garantia e seguro de crédito (PCSG)	FGPC, SBCE
	Outros elementos intervenientes (PCOE)	Promoção, política cambial, política fiscal, drawback, políticas setoriais, acordos comerciais, procedimentos administrativos, investimentos em infraestrutura, programas de produtividade e capacitação tecnológica, sistema privado de crédito, fatores exógenos
	Questões gerais	Acesso aos instrumentos oficiais de política comercial, satisfação com os instrumentos de crédito e seguro

Fontes: Blumenschein e Leon, 2002; Dimaggio e Powell, 1983; Diniz, 1978; Gençtürk e Kotabe, 2001; Lages e Montgomery, 2001; Pereira e Maciente, 2000; Rocha e Christensen, 2002; Seringhaus, 1986; Veiga, 2002; Veiga e Iglesias, 2002, 2002a.

Relações causais dos instrumentos de política comercial

Em estudo empírico de Lages e Montgomery (2001) sobre as relações causais existentes entre a política pública de fomento comercial, a estratégia de *marketing* e o desempenho da firma, esses autores concluíram que o conhecimento adquirido em negócios internacionais, mediante experiência e treinamento, e a competição de mercado influenciam o apoio obtido junto às agências de fomento à exportação. Embora não façam associação direta entre a política comercial e os recursos e capacidades da firma, o emprego dessa *rationale* é consentâneo com o presente estudo, porque a ameaça advinda da competição impele a aquisição de recursos e a geração de capacidades dinâmicas pela firma.

Não identificamos estudo empírico que associa o comportamento político com a política comercial. Todavia, a economia política *per se* reflete a influência dos grupos de interesse na formulação, implementação e nos resultados das políticas estatais (Offe, 1984).

Desta forma, apresentamos as seguintes hipóteses de pesquisa:
- Hipótese 1 (H1): o comportamento político da firma condiciona positivamente a utilização dos instrumentos de política comercial e outras políticas com impacto nas exportações;
- Hipótese 2 (H2): os recursos da firma condicionam positivamente a utilização dos instrumentos de política comercial e outras políticas com impacto nas exportações; e
- Hipótese 3 (H3): as capacidades dinâmicas da firma condicionam positivamente a utilização dos instrumentos de política comercial e outras políticas com impacto nas exportações.

Condicionantes do comportamento exportador da firma

Comportamento exportador da firma

É a manifestação das atitudes, propensões, expectativas e comportamentos da firma apresentada nas atividades de exportação. Esse comportamento é traduzido no comprometimento de recursos, na experiência acumulada e nos canais de venda utilizados pela firma exportadora. Exclui todas as estratégias de internacionalização, exceto as exportações.

O atributo desse conceito é o comportamento exportador, que, de acordo com a literatura especializada, é subdividido nas categorias apresentadas abaixo.

Quadro 5: **Indicadores do constructo comportamento exportador**

Atributo	Categorias	Indicadores
Comportamento exportador (CE)	Comprometimento com as exportações (Ceco)	Características operacionais, entrada em novos mercados, *tradeoff* com o mercado interno
	Experiência com as atividades exportadoras (Ceex)	Experiência funcional, qualidade dos contatos informais, quantidade de contatos pessoais
	Canais de exportação (Ceca)	Modalidade de exportação
	Origem do capital societário (Ceok)	Participação do capital externo no processo decisório
	Questões gerais	Importância do comprometimento e da experiência empresarial, satisfação com o comportamento exportador

Fontes: Araújo, 2005; Bilkey e Tesar, 1977; Carneiro, 2002; Cavusgil, 1980; Fleury et al., 1981; Hemais e Hilal, 2002; Johanson e Vahlne, 1977; Katsikeas, 1994; Kerbel et al., 1986; Kotabe e Czinkota, 1992; Lages e Montgomery, 2001a; Leonidou e Katsikeas, 1996; Morgan e Katsikeas, 1997; Markwald e Puga, 2002a; Millington e Bayliss, 1990; Pinheiro e Moreira, 2000; Reid, 1981; Rocha e Christensen, 2002; Sullivan, 1994, 1996.

Relações causais do comportamento exportador da firma

Seringhaus (1986) atentou para o fato de que a utilização de programas governamentais de fomento ao comércio exterior é uma contingência do estágio de internacionalização da firma. Portanto, segundo esse autor, há uma relação entre ambos os constructos. Contudo, o sentido sugerido diverge daquele proposto neste trabalho. Por outro lado, Katsikeas (1994) sugere que a implantação de políticas de promoção comercial deve levar em consideração fatores como o tamanho da firma e o seu nível de envolvimento com o mercado externo.

Gençtürk e Kotabe (2001) analisaram os efeitos da utilização do conhecimento e experiência, adquiridos mediante os programas de fomento ao comércio exterior, no desempenho exportador das firmas estadunidenses. Sustentaram que (i) características organizacionais — tradição em operações internacionais, diversidade das exportações e produção de produtos intensivos em tecnologia —; e (ii) características gerenciais — nível de educação do corpo gerencial, *expertise* na atividade exportadora e postura gerencial orientada para a empresa — determinavam o grau de envolvimento da empresa com as atividades de exportação, o que, *a fortiori*, condiciona o seu desempenho de exportação, juntamente com a utilização dos mecanismos de política comercial.

De acordo com a doutrina das capacidades dinâmicas, os processos de formação e acumulação de conhecimento propiciam a produção de produtos mais desenvolvidos em termos tecnológicos, sejam essas evoluções decorrentes de inovações no produto ou no processo produtivo. Remetemos, então, ao trabalho empírico realizado por Markwald e Puga (2002a), que evidencia que a participação relativa de produtos de maior intensidade tecnológica no conjunto de exportações de uma firma tende a crescer nas firmas que apresentam maior crescimento de suas exportações. A teoria evolucionista preconiza a utilização de recursos da empresa de difícil replicação para assegurar a sua competitividade. Portanto, no esteio da evidência de Markwald e Puga (2002a), incluiremos os recursos da empresa, juntamente com as suas capacidades dinâmicas na suposta relação com o comportamento das exportações. Isso porque, conforme hipótese que apresentaremos adiante, o comportamento exportador é uma variável interveniente da influência dos recursos e capacidades dinâmicas no desempenho exportador da empresa.

Observamos que, embora a literatura reflita sobre a existência de nexo causal direto entre a política comercial e o comportamento exportador, ou nível de internacionalização da firma, existe controvérsia quanto à reciprocidade. Assumimos, por hipótese, a posição compartilhada por Katsikeas (1994) e Gençtürk e Kotabe (2001), de modo que a política comercial induz o grau de envolvimento externo da firma.

Por conseguinte, desenvolvemos as seguintes hipóteses adicionais:

- Hipótese 4 (H4): os recursos da firma condicionam positivamente o seu comportamento exportador;

- Hipótese 5 (H5): as capacidades da firma condicionam positivamente o seu comportamento exportador; e
- Hipótese 6 (H6): os instrumentos de política comercial e outras políticas com impacto nas exportações condicionam positivamente o comportamento exportador da firma.

Condicionantes do desempenho de exportação da firma

Desempenho de exportação da firma

É a avaliação das atividades de exportação que permite inferir o crescimento e a sobrevivência desse segmento de operações comerciais da firma. Compreende informações relativas ao faturamento, produtividade e competitividade das exportações.

Exclui informações relativas a outras atividades de internacionalização da firma, bem como medidas de lucratividade das exportações e rentabilidade sobre os ativos, devido à ambiguidade proveniente do *tradeoff* entre a lucratividade e a rentabilidade dos mercados externo e interno.

O atributo desse conceito é o desempenho das exportações, que, segundo a literatura especializada, pode ser composto pelas categorias e os indicadores abaixo.

Quadro 6: **Indicadores do constructo desempenho das exportações**

Atributo	Categorias	Indicadores
Desempenho das exportações (DE)	Faturamento (Defa)	Relação entre exportação e faturamento total, crescimento do volume exportado (*quantum*)
	Produtividade (DEPR)	Produtividade dos fatores de produção
	Competitividade (Deco)	*Market-share*, escopo de produção, diversificação de mercados
	Questões gerais	Competitividade no mercado internacional, satisfação com o desempenho das exportações

Fontes: Bilkey, 1982; Boshoff e Mels, 1995; Cavusgil e Zou, 1994; Das, 1994; Diamantopoulos, 1999; Ferraz e Ribeiro, 2002; García, 2006; Hibbert, 1998; Kerbel et al., 1986; Lages e Lages, 2004; Millington e Bayliss, 1990; Markwald e Puga, 2002a; Morgan e Katsikeas, 1997; Oliveira, 2006; Pereira e Maciente, 2000; Seringhaus, 1986; Shoham, 1998; Styles, 1998; Veiga, 2002; Venkatraman e Prescott, 1990; Zou et al., 1998.

Relações causais do desempenho de exportação da firma

O desempenho das exportações apresenta forte associação com o estágio de internacionalização da firma, mensurado a partir de seu nível relativo de vendas externas.[11] Katsikeas (1994) afirmou que a existência de um alto nível de envolvimento da firma com a atividade de exportação propicia uma maior competitividade de suas exportações. Sullivan (1994) também corroborou a assertiva de que o grau de atuação da firma no mercado internacional pode influenciar o desempenho global da firma. Aduziu que a partir de uma revisão literária de 17 estudos que relacionavam desempenho financeiro e grau de internacionalização, sete deles apresentaram uma relação positiva entre eles, seis, indeterminada, e os cinco restantes, negativa. Salientando a natureza amostral de seu estudo empírico — empresas multinacionais —, Sullivan (1996) asseverou que o nível de internacionalização da firma explica significativamente as variâncias de indicadores de desempenho financeiro, a saber, retorno sobre vendas e retorno sobre ativos.

Seringhaus (1986) sinalizou acerca da hipótese de que os programas governamentais de assistência comercial condicionam o desempenho das exportações. Nesse mesmo campo de pesquisa, Lages e Montgomery (2001), ao analisarem os efeitos da experiência gerencial internacional, da competição industrial e dos programas de assistência à exportação no resultado da firma, concluíram que os instrumentos de fomento ao comércio exterior apresentam impacto positivo no desempenho da firma.

Dhanaraj e Beamish (2003) desenvolveram um modelo que relaciona três recursos capazes de auferirem vantagem competitiva à firma, quais sejam, (i) organizacionais — relacionados com o tamanho da firma e estimados a partir de suas vendas e do quantitativo de empregados; (ii) gerenciais — liderança, comprometimento e inovação; e (iii) tecnológicos — gastos com pesquisa e desenvolvimento. Esses recursos, por seu turno, condicionam o nível de internacionalização da firma, mensurado por indicadores de intensidade (relação entre exportações e vendas domésticas) e diversidade de exportação. Subsequentemente, esses recursos determinaram a

---

[11] Leonidou, Katsikeas e Samiee, 2002; Shoham, 1998.

performance exportadora da firma, que foi estimada por variáveis de lucro, crescimento e parcela de mercado.

Estudos empíricos corroboram a associação positiva entre níveis crescentes de comprometimento com a exportação e o desempenho das operações externas, que é avaliado pelo faturamento e pelo lucro advindo das exportações.[12] A continuidade e o maior envolvimento da firma na atividade exportadora podem ser associados ao desempenho auferido pelos recursos empregados (Leonidou e Katsikeas, 1996).

Finalizando esta etapa, com fundamento nesses últimos estudos acadêmicos discorridos, expomos as hipóteses finais do modelo:

- Hipótese 7 (H7): o comportamento exportador da firma condiciona positivamente o desempenho de suas exportações.
- Hipótese 8 (H8): os instrumentos de política comercial e outras políticas com impacto nas exportações condicionam positivamente o desempenho de exportação da firma.

Metodologia

Nosso propósito é testar a conformidade de um modelo construído a partir de trabalhos teóricos e empíricos, junto aos dados coletados em uma pesquisa de campo. A formalização dos conceitos dos constructos não pode ocorrer à margem dos trabalhos teóricos e empíricos apresentados. Portanto, é necessário confirmarmos os modelos de mensuração de cada um dos constructos (relações entre os indicadores e seus constructos), bem como o padrão particular das relações de associação entre os constructos (relações nomológicas), que correspondem às nossas hipóteses de pesquisa. O modelo de equações estruturais é um método estatístico desenvolvido a partir da análise das estruturas de covariância, que combina técnicas de análise fatorial, regressões múltiplas e análise do caminho. Dessa forma, esse método conjuga a abordagem da análise fatorial — análise confirmatória dos modelos de mensuração — com um conjunto simultâneo de regressões estruturais lineares que inter-relacionam os constructos. Dessa

---

[12] Cavusgil e Zou, 1994; Dhanaraj e Beamish, 2003; Gençtürk e Kotabe, 2001.

forma, representaremos as relações entre os constructos em um modelo de equações estruturais de modo a podermos corroborar, ou refutar, empiricamente, cada uma das relações sugeridas.

Abordaremos, brevemente, algumas limitações de natureza metodológica, que foram verificadas neste trabalho em decorrência do emprego do modelo de equações estruturais. A teoria assintótica prescreve que uma distribuição é assintótica quando o comportamento de sua variável corresponde à distribuição de uma variável randômica. O comportamento randômico é mais bem verificado à medida que o tamanho da amostra tende ao infinito. Amostras grandes de variáveis contínuas — cujas escalas são intervalares — conferem consistência e eficiência ao estimador, ou seja, a estimação dos parâmetros converge para os parâmetros populacionais. Os modelos tradicionais de equações estruturais estão fundamentados nessas premissas (Bollen, 1989; Schumacker e Lomax, 1996). Todavia, a observação de variáveis randômicas nem sempre é possível — no caso deste estudo, a natureza dos dados utilizados impossibilitou sua utilização. Outra limitação empírica pode ser verificada na análise fatorial. Essa análise, geralmente, assume que os fatores (constructos) condicionam o comportamento dos indicadores de medição. Isto é, a teoria de medição clássica prevê que são os fatores que condicionam o comportamento dos indicadores. Porém, há casos inversos, ou seja, são as variáveis manifestas que determinam o comportamento do fator ou variável composta (indicadores causais).

Enfim, há um conjunto de situações em que as premissas tradicionais empregadas em equações estruturais devem ser revisitadas. Atentamos para algumas delas, como, por exemplo, amostras reduzidas, uso de modelos complexos (quantidade elevada de variáveis em um modelo), emprego de variáveis categóricas e observação da existência de indicadores causais.

Procedimentos empíricos

A população corresponde a todas as empresas exportadoras brasileiras que efetuaram exportações entre 2002 e 2006. De acordo com dados do MDIC,[13] houve cerca de 20,5 mil empresas exportadoras brasileiras no ano de 2006.

---

[13] Disponível em: <www.mdic.gov.br/sitio/interna/noticia.php?area=5&noticia=7981>.

Com base nestas informações, e considerando a volatilidade e a impermanência das exportações das empresas menores, definimos que nossa amostra seria composta pelas maiores empresas exportadoras brasileiras, em termos de faturamento das exportações, cujos produtos foram beneficiados por processos industriais.[14] Foram excluídas as empresas comerciais, inclusive as *trading companies* e as empresas comerciais exportadoras, as empresas prestadoras de serviços e as empresas agropecuárias exportadoras de bens *in natura*.

A base de dados foi composta pelos registros mantidos pela CNI, a partir de informações extraídas da Secex do MDIC, no biênio 2004/05, e pela Fiesp. A identificação das maiores empresas foi feita a partir das informações disponibilizadas no Cadastro de Exportadores Brasileiros da CNI, que totalizava 10.390 empresas, cujo faturamento anual das exportações foi superior a US$ 10 milhões. Nesse segmento, foram selecionadas 769 empresas. Com o propósito de expandirmos a nossa amostra, incluímos 383 empresas do estado de São Paulo que apresentaram faturamento inferior a US$ 10 milhões. No total, a pesquisa foi realizada em 1.152 empresas.

O instrumento de coleta dos dados da pesquisa foi um questionário estruturado, ou seja, composto por questões autoadministradas, exceto um único item, de preenchimento facultativo (principal sindicato patronal ao qual a empresa é filiada). Foram realizadas duas modalidades de pré-teste. Inicialmente, a versão original do questionário foi aplicada a um grupo de 18 especialistas. Posteriormente, aplicamos o questionário revisado junto a 15 empresas pertencentes à amostra selecionada, sendo que nove dessas empresas encaminharam suas respostas.

O questionário foi composto de 80 questões e encaminhado por correio eletrônico contendo um texto de apresentação e o *link* para a internet. Foram realizadas cinco rodadas de encaminhamento. As cinco questões iniciais são dicotômicas e relativas à utilização ou não dos instrumentos de política comercial pela empresa. Adicionalmente, há 68 questões multica-

---

[14] Corresponde às empresas localizadas nas Seções C, D, e E do CNAE 1.0, do IBGE.

tegóricas do tipo Likert que compreendem a seção de questões substantivas (indicadores de mensuração dos constructos). Todas essas questões visam capturar as percepções e opiniões dos respondentes em relação a sua empresa. Há, ainda, duas questões elaboradas para avaliar a existência de viés de aceitação social. Por fim, a seção de classificação engloba cinco itens que abordam, em essência, informações sobre as características de natureza econômica da empresa.

O questionário apresenta duas questões de caráter geral associadas a cada constructo. Os modelos estruturais que, eventualmente, contêm modelos de mensuração formativos (indicadores causais) são indeterminados, ou seja, não é possível a completa identificação dos parâmetros, devido à existência de um termo de erro associado à variável composta, assim como à inexistência de correlações entre as variáveis observacionais, uma vez que elas são exógenas ao modelo. Para a resolução dessa indeterminação, uma heurística utilizada consiste na criação de relações de associação da variável composta (constructo do modelo de mensuração formativo) com, pelo menos, dois elementos refletidos. Usualmente, esses elementos correspondem a dois indicadores refletidos. A natureza refletida desses indicadores é assegurada caso suas medições estejam relacionadas com condições gerais da variável composta (MacCallum e Browne, 1993; MacKenzie et al., 2005). Por isso, preventivamente, foram formuladas duas questões gerais para cada constructo.

Resultados da pesquisa

Dos 1.152 questionários eletrônicos encaminhados, 158 foram respondidos, o que equivale a uma taxa de resposta de 13,7%.

Apresentamos, a seguir, dois gráficos com informações sobre a utilização e contribuição percebida dos diferentes programas oficiais de incentivo às exportações.

O programa BNDES-Exim destaca-se tanto pelo volume de recursos quanto pela taxa de evolução de seus financiamentos.

Gráfico 1: **Recursos dos programas oficiais de fomento do comércio exterior**

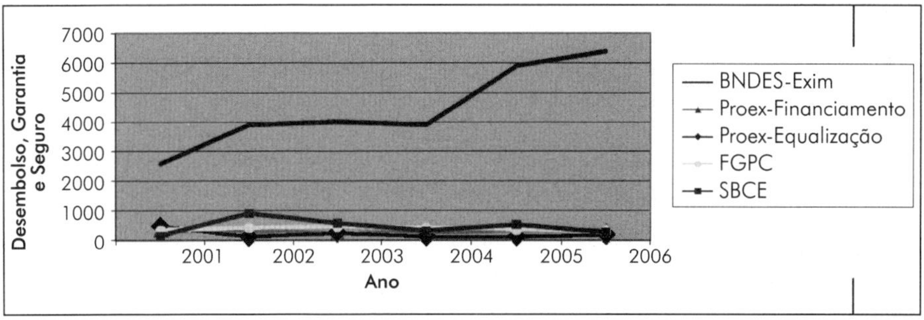

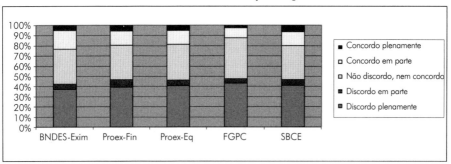

Fontes: AEB, 2007; BNDES, 2006b, 2008a, 2008b; MDIC, 2008a, 2008b; Moreira et al., 2006 (dados referentes ao BNDES-Exim, BB-Proex e SBCE obtidos por informação pessoal).

Gráfico 2: **Contribuição dos programas oficiais para o crescimento das exportações**

Com relação à percepção da importância dos programas oficiais para a alavancagem das exortações, o BNDES-Exim foi o programa que apresentou a menor taxa de discordância e a maior de concordância.

Viés de não respondentes

Utilizamos a informação relativa ao faturamento anual em US$ para analisar a existência de viés de não respondentes. As estatísticas qui-quadradas são menos acuradas caso o número de células na tabela de relações bivariadas apresente frequência esperada inferior a 5 (Crowder e Glynn, 2008). O valor da estatística χ^2 foi de 31,009 e do *p value* foi de 0,000.

Não houve categorias com frequência inferior a 5. Concluímos que a quantidade de empresas respondentes *vis-à-vis* sua categorização por volume exportado não possibilita a indução dos resultados da pesquisa para toda a população de empresas exportadoras.

Viés de aceitabilidade social

Selecionamos quatro itens alusivos ao comportamento político — doações para campanhas presidenciais, contratação de serviços de consultoria para a viabilização de projetos, contatos políticos para a obtenção de apoio a interesses empresariais e contribuições para campanhas legislativas — com o objetivo de avaliarmos se foram respondidas sob o manto da aceitação social. Suas respostas foram confrontadas com as questões que indagam acerca da instrumentalização da responsabilidade social corporativa (RSC) e da fragilidade gerencial do respondente para introduzir benefícios para a sua empresa. Apresentamos, abaixo, os resultados obtidos. Os valores entre parênteses correspondem ao percentual das células em que a frequência esperada é inferior a 5, caso em que as estatísticas qui-quadradas são menos acuradas.

Tabela 1: **Testes qui-quadrados de viés de aceitação social**

Questão	RSC Pearson Chi-Square	p value	Capacidade gerencial Pearson Chi-Square	p value
62. Doações para campanhas presidenciais	6,608 (70%)	0,882	23,427 (65%)	0,024
67. Contratação de serviços de assessoria/consultoria	15,385 (64%)	0,497	28,505 (64%)	0,027
69. Contatos políticos com objetivos empresariais	8,409 (64%)	0,936	14,388 (64%)	0,570
71. Contribuições para campanhas legislativas	10,111 (76%)	0,861	23,581 (72%)	0,099

Todos os testes relativos ao emprego instrumental da responsabilidade social da empresa apresentaram valores qui-quadrados não significativos. Nesses casos, as respostas dos itens 62, 67, 69 e 71 não foram influenciadas pelo desejo de apresentar respostas social e politicamente adequadas. A mesma conclusão é observada quando empregamos a (in)capacidade gerencial de empreender benefícios empresariais como questão balizadora da aceitação social para as questões 69 e 71. Por outro lado, os valores qui-quadrados das questões 62 e 67 foram significativos. Nesses casos, a hipótese nula é rejeitada e os resultados estatísticos sugerem que ambas as respostas foram enviesadas pelo desejo de aceitabilidade social dos respondentes.

Estendemos essa análise, utilizando a questão referente à capacidade gerencial, para as demais questões relativas ao comportamento político junto ao Executivo. Observamos a manutenção de células com frequências inferiores a 5, o que demanda uma interpretação conservadora dos dados. A hipótese nula é rejeitada para a questão 61, qual seja, audiência com ministros/secretários de Estado. Isto é, as respostas sobre a ocorrência de audiências com ministros de Estado e seu *staff* foram influenciadas pela vontade de aparentar um comportamento socialmente aceitável.

Enfim, podemos sugerir que os itens relativos (i) às doações para campanhas eleitorais para a presidência; (ii) à contratação de serviços de assessoria ou consultoria para viabilizar interesses empresariais — que corresponde a um eufemismo de intervenções lobistas —; e (iii) às audiências com ministros e secretários de seus ministérios podem ter apresentado suas escalas de mensuração enviesadas pelo desejo de aceitação social.

Sentido da relação de associação dos indicadores

Utilizamos o experimento mental para definirmos, aprioristicamente, o sentido das relações causais dos mensuradores dos constructos (Bollen, 1989). Por ocasião da elaboração do modelo de análise inicial, consideramos que três modelos de mensuração seriam de natureza refletida (o constructo condiciona o nível da escala de mensuração dos indicadores utilizados para a sua estimação): comportamento político, capacidades dinâmicas e comportamento exportador. Os três restantes seriam compostos de indicadores causais (as variáveis observacionais determinam a mensuração do constructo), quais sejam, recursos, política comercial e desempenho exportador. A representação gráfica do modelo original é apresentada a seguir.

Figura 2: **Modelo estrutural original**

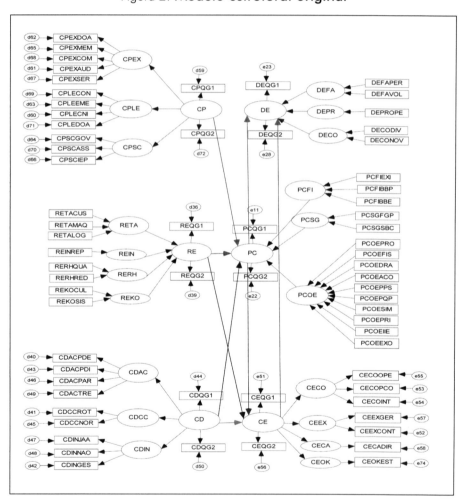

Para a identificação da natureza dos indicadores, empregamos duas análises estatísticas distintas. O procedimento inicial consiste na realização de análises fatoriais confirmatórias de cada um dos modelos de mensuração, considerando, em um primeiro momento, todos os indicadores causais, e, posteriormente, todos refletidos. Nesse caso, todos os indicadores foram associados diretamente aos constructos ou fatores de segunda ordem, isto é, as dimensões ou categorias (fatores de primeira ordem) do constructo não compuseram os modelos de mensuração. O segundo procedimento enfatiza a validação estatística do sentido causal, por intermédio da estatística qui-quadrada. Corresponde ao método denominado *confirmatory tetrad analysis* — CTA (Bollen e Ting, 2000; Ting, 1995). De acordo com esse método, se o conjunto das covariâncias de um grupo de quatro indicadores (tétrade) for próximo a zero, os indicadores serão causais; caso contrário, serão refletidos.

Cotejamos, no quadro seguinte, os resultados advindos dos experimentos mentais, dos indicadores de adequação dos modelos de mensuração (análises fatoriais) e do CTA.

Quadro 7: **Síntese de procedimentos para identificação da natureza do indicador**

Constructo	Experimento	Índices de ajuste	CTA
CPEX	reflexivo		reflexivo
CPLE	reflexivo	causal	causal
CPSC	reflexivo		causal
RE	causal	causal	causal
CD	reflexivo	não adequação	reflexivo
PC	causal	causal	causal
DE	causal	não adequação	reflexivo
CE	reflexivo	reflexivo	causal

Há ambivalências nos resultados obtidos. Os resultados para os três critérios apresentados foram congruentes, apenas, para os fatores relativos aos recursos (RE) e à política comercial (PC). Entretanto, quando analisamos a significância das cargas fatoriais e dos coeficientes de correlação múltipla dos indicadores desses fatores, as variáveis que são significativas sob o ponto de vista estatístico apresentam baixa significância prática, ou seja, o seu significado não é expressivo sob o ponto de vista teórico. É possível que essas divergências sejam decorrentes da escala de mensuração utilizada. Todas as dimensões dos constructos foram aferidas pela escala Likert. Ting (1995) asseverou que os resíduos dos cálculos das tétrades são influenciados pela escala de medição.[15]

Por fim, configuramos um modelo contendo indicadores causais e refletidos simultaneamente, com a finalidade de analisarmos o seu nível de ajuste aos dados amostrais. Os fatores política comercial (PC) e recursos (RE) foram compostos por variáveis observacionais causais, enquanto os demais, por variáveis reflexivas. Apresentamos, a seguir, as estatísticas de ajuste e os coeficientes de regressão estrutural obtidos quando todos os indicadores são refletidos (última linha) — em conjunto com os valores obtidos quando as variáveis manifestas dos fatores PC e RE foram consideradas causais (segunda linha). Na tabela subsequente, apresentamos os coeficientes de regressão do modelo nas duas configurações mencionadas.

Tabela 2: **Estatísticas de ajuste do modelo completo (duas versões)**

	χ^2/gl (p value)	CFI	TLI	RMSEA	WRMR
PC e RE com indicadores causais	228,041/89 (0,0000)	0,870	0,874	0,100	1,335
Todos indicadores reflexivos	178,872/80 (0,000)	0,947	0,960	0,089	1,141

Tabela 3: **Coeficientes de regressão do modelo completo (duas versões)**

	CP → PC	RE → PC	CD → PC	RE → CE	CD → CE	PC → CE	PC → DE	CE → DE
PC e RE indicadores causais	0,187 (0,012)	0,060 (0,376)	0,092 (0,335)	0,605 (0,000)	0,877 (0,000)	0,287 (0,515)	0,903 (0,059)	0,565 (0,000)
Todos indicadores reflexivos	0,273 (0,000)	-0,290 (0,020)	0,270 (0,019)	0,654 (0,000)	-0,081 (0,448)	0,118 (0,230)	-0,164 (0,319)	1,292 (0,000)

---

[15] "The magnitudes of tetrad residuals are affected by measurement scale of the observed variable" (Ting, 1995:170).

Com relação aos indicadores de adequação do modelo, todas as estatísticas do modelo composto de variáveis refletidas foram superiores ao do modelo com indicadores causais. Ademais, no modelo com variáveis causais, o coeficiente de regressão entre os dois fatores constituídos por indicadores causais — RE e PC — não apresentou significância estatística.

Enfim, o modelo geral que apresenta constructos — ou fatores — compostos por indicadores causais não apresenta respaldo estatístico. Todos os seus indicadores de ajuste foram inferiores àqueles estimados pelo modelo composto apenas por indicadores refletidos. Além disso, os indicadores causais carecem de representatividade teórica substantiva, o que frustra toda a análise de significância prática do modelo. Portanto, devido aos melhores resultados em termos de significância estatística e prática, entendemos que todos os indicadores são reflexivos.

Versões parcimoniosas do modelo geral

Procuramos obter um modelo mais parcimonioso com o objetivo de melhorar os índices de ajuste, em especial, a estatística χ^2. Tendo em vista que o processo de estimação é mais preciso quando o número de parâmetros a ser estimado diminui — modelos mais parcimoniosos —, buscamos, também, testar a consistência das relações estruturais entre os constructos a partir da estimação mais consistente dos parâmetros.

Muthén (1984) recomendou a utilização de 15 a 20 variáveis em modelos compostos por indicadores categóricos. Com o objetivo de melhorar os indicadores de ajuste e o processo de estimação dos parâmetros, desenvolvemos duas versões mais parcimoniosas do modelo completo. Para tanto, empregamos compósitos que sintetizam, por intermédio de combinações lineares, as informações colhidas pelos indicadores de mensuração. A versão denominada modelo híbrido configura todos os indicadores das variáveis latentes em forma de compósitos, com exceção dos constructos comportamento político e desempenho exportador. Já a segunda versão, denominada modelo simplificado, mensura todas as variáveis latentes por meio de compósitos. Dessa forma, procuramos limitar o número de variáveis em nossos modelos sem, contudo, perder as informações colhidas.

Figura 3: **Modelo híbrido**

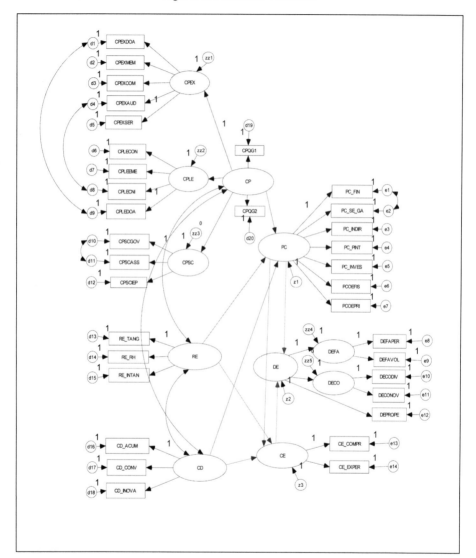

Aglutinamos na tabela 4 os indicadores de ajuste e as estimativas dos parâmetros das regressões estruturais, gerados pelo M*plus* (estimador WL-SMV), Amos (estimador ML) e Lisrel (estimador DW).

Figura 4: **Modelo simplificado**

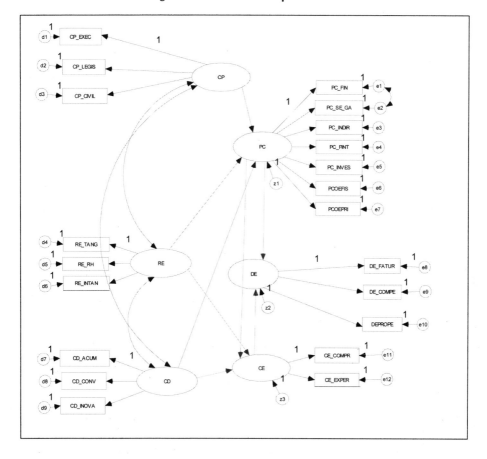

A análise comparativa dos coeficientes de regressão das associações estruturais das diversas versões do modelo, determinados pelos métodos de estimação mais apropriados para cada um dos programas computacionais utilizados, evidencia que, em todos os casos, as relações estruturais entre CD e CE e entre PC e DE não foram estatisticamente significativas. Embora não significativos, os *p values* das relações estruturais entre RE e PC, e CD e PC, correspondentes ao modelo híbrido do M*plus*, não distam do *p value* de 0,05. As outras estatísticas de ajuste das versões híbrida e simplificada do modelo atendem aos *cutoffs* doutrinários da literatura.

Tabela 4: **Parâmetros estruturais e estatísticas de ajuste em Mplus, AMOS e LISREL**

	Mplus Completo	Mplus Híbrido	Mplus Simplificado	Amos (bootstrap) Híbrido	Amos (bootstrap) Simplificado	Lisrel (DW) Simplificado
CP → PC	0,273	0,362	0,281	0,332	0,320	0,24
RE → PC	-0,290 (0,020)	-0,346 (0,040)	-0,290 (0,031)	-0,326 (**0,057**)	-0,309	-0,28 (**-1,78**)
CD → PC	0,270 (0,019)	0,271 (0,047)	0,244 (0,035)	0,239 (**0,077**)	0,239	0,23 (**1,66**)
RE → CE	0,654	0,470	0,453	0,491	0,474	0,59
CD → CE	-0,081[1]	-0,052[1]	-0,049[1]	-0,085 (**0,229**)	-0,068 (**0,479**)	-0,13 (**-0,86**)
PC → CE	0,118	0,224	0,215	0,155	0,152	0,28
PC → DE	-0,164[1]	-0,348[1]	-0,481[1]	-0,348 (**0,216**)	-0,301 (**0,328**)	-0,32 (**-1,32**)
CE → DE	1,292	1,639	2,280	2,733	2,795	1,22
χ^2 (gl)	178,872 (80)	112,663 (64)	55,451 (36)			371,36 (178)
p value	0,0000	0,0002	0,0202			0,00
CFI	0,947	0,956	0,902	0,878	0,908	1,00
TLI	0,960	0,976	0,940	0,866	0,891	
RMSEA	0,089	0,070	0,059	0,067	0,075	0,0
WRMR/RMR	1,141	0,870	0,718	0,095	0,082	0,069

Observações:
(1) valores não significativos;
Valores entre parênteses correspondem a *p values*, exceto na coluna relativa ao Lisrel, onde correspondem aos *t values*;
bootstrap de 1.000 amostras;
WRMR — *weighted root mean square residual* — é calculado pelo Mplus para variáveis categóricas;
RMR — *root mean square residual* — é calculado pelo Amos e Lisrel.

Efeitos diretos e indiretos

A tabela abaixo sintetiza todos os efeitos diretos e indiretos entre os constructos do modelo híbrido. As influências indiretas entre os fatores são verificadas quando as interferências de um constructo sobre um outro é intermediada por outros fatores. Reproduzimos, também, as relações diretas, apresentadas anteriormente na tabela 4.

Poderemos, enfim, visualizar todas as influências entre os constructos. Aquelas que apresentam significância estatística, isto é, *p value* ≤ 0,05, ou *t value* fora do intervalo [+1,96; – 1,96], estão assinaladas em itálico. As estatísticas que relacionam a variável DEPROPE estão apresentadas em *t values*, enquanto todas as demais estão discriminadas em *p values*.

Tabela 5: **Efeitos diretos e indiretos do modelo híbrido**

Relação	Efeito indireto	p value t value	Efeito direto	p value	Efeito total	p value t value
CP → PC	—	—	0,362	0,002	0,362	0,002
CP → CE	0,081	0,024	—	—	0,081	0,024
CP → DEFA (total)	0,007	0,861	—	—	0,007	0,861
via PC	-0,126	0,102	—	—	—	—
via CE	0,133	0,042	—	—	—	—
CP → Deco (total)	0,006	0,861	—	—	0,006	0,861
via PC	-0,108	0,096	—	—	—	—
via CE	0,114	0,040	—	—	—	—
CP → Deprope (total)	0,007	0,175	—	—	0,007	0,175
via PC	-0,138	-1,631	—	—	—	—
via CE	0,145	2,046	—	—	—	—
RE → PC	—	—	-0,346	0,040	-0,346	0,040
RE → CE	-0,077	0,098	0,470	0,002	0,393	0,005
RE → Defa (total)	0,763	0,000	—	—	0,763	0,000
via PC	0,120	0,171	—	—	—	—
via CE	0,770	0,000	—	—	—	—
via PC e CE	-0,127	0,122	—	—	—	—
RE → Deco (total)	0,655	0,000	—	—	0,655	0,000

Continua

Relação	Efeito indireto	p value t value	Efeito direto	p value	Efeito total	p value t value
via PC	0,103	0,163	—	—	—	—
via CE	0,661	0,000	—	—	—	—
via PC e CE	-0,109	0,119	—	—	—	—
RE → Deprope (total)	**0,837**	**4,253**	—	—	**0,837**	**4,253**
via PC	0,132	1,358	—	—	—	—
via CE	0,844	4,236	—	—	—	—
via PC e CE	-0,139	-1,536	—	—	—	—
CD → PC	—	—	0,271	0,047	**0,271**	**0,047**
CD → CE	0,061	0,101	-0,052	0,579	**0,009**	**0,924**
CD → Defa (total)	**-0,081**	**0,587**	—	—	**-0,081**	**0,587**
via PC	-0,094	0,186	—	—	—	—
via CE	-0,086	0,577	—	—	—	—
via PC e CE	0,099	0,134	—	—	—	—
CD → Deco (total)	**-0,069**	**0,585**	—	—	**-0,069**	**0,585**
via PC	-0,081	0,180	—	—	—	—
via CE	-0,074	0,576	—	—	—	—
via PC e CE	0,085	0,131	—	—	—	—
CD → Deprope (total)	**-0,088**	**-0,546**	—	—	**-0,088**	**-0,546**
via PC	-0,103	-1,310	—	—	—	—
via CE	-0,094	-0,560	—	—	—	—
via PC e CE	0,109	1,490	—	—	—	—
PC → CE	—	—	0,224	0,023	**0,224**	**0,023**
PC → DE	0,367	n.d. [1]	-0,348	0,110	**0,019**	**n.d.**
CE → DE	—	—	1,639	0,000	**1,639**	**0,000**

N.d.: não disponível.

Conjugando os dados apresentados anteriormente, nas tabelas 4 e 5, passamos a analisar as principais influências verificadas nas relações entre os constructos do nosso modelo de análise. O comportamento político apresenta efeito expressivo direto na política comercial (0,362) e um efeito, que é mediado pela política comercial, cerca de 4,5 vezes menor no comportamento exportador (0,081). Contudo, essas influências não são significativas para que o comportamento político condicione algum dos fatores representativos do constructo desempenho das exportações, quais sejam, faturamento (Defa), competitividade (Deco) e produtividade dos fatores de produção (Deprope). Enfim, a interferência do comportamento político no comportamento exportador não é capaz de resultar em impacto significativo no desempenho exportador das empresas. Da mesma forma, a sua influência significativa na política comercial não apresenta resultado no desempenho exportador das empresas.

Os recursos da firma são os fatores que mais influenciam os demais elementos constituintes do modelo. A influência direta exercida pelos recursos no comportamento exportador das empresas é significativa (0,470) e é determinante para expressar a relevância dos recursos no resultado exportador das empresas. É um fator bastante condicionante do desempenho exportador, conforme evidenciado pelos efeitos expressivos junto às dimensões de faturamento (0,763), competitividade (0,655) e competitividade (0,837) das empresas exportadoras. Por outro lado, os recursos apresentam uma associação negativa direta com a política comercial (-0,346). Esse resultado sugere que quanto maior a dotação de recursos de uma empresa, menor a relevância dos instrumentos da política comercial brasileira — bem como das demais ações de políticas públicas empreendidas pelo governo que podem impactar as exportações, e agrupadas no fator PCOE — no seu desempenho exportador.

O fator capacidades dinâmicas foi o constructo exógeno que menos influenciou o comportamento dos fatores endógenos. O seu efeito direto na política comercial (0,271) não foi suficiente para condicionar o comportamento político nem o desempenho exportador das empresas domésticas. Esse resultado, em combinação com os parâmetros apresentados pelos recursos da firma, sugere que as empresas exportadoras brasileiras enfatizam muito mais os recursos clássicos da firma (*e.g.*, escala, máquinas, equipamentos, logística, sistemas operacionais) do que a geração de conhecimento dentro da firma, expresso pelos processos de acumulação e socialização de conhecimento que induzem novos processos e produtos.

A política comercial demonstrou influenciar o comportamento exportador da empresa (0,224). Contudo, o seu efeito sobre o desempenho exportador (-0,348), além de negativo, não é — assim como o efeito total

— significativo, o que impossibilita outras ilações. Podemos elaborar duas inferências desse resultado. Primeiro, a política comercial e as demais políticas públicas que são capazes de condicionar as exportações influenciaram o grau de comprometimento das empresas brasileiras com as atividades de exportação. Segundo, essas políticas, entretanto, não foram suficientes para influir no resultado das exportações das empresas, expressos em termos de faturamento, competitividade e produtividade.

Ato contínuo, podemos constatar a forte associação existente entre o comportamento exportador e o desempenho internacional das empresas (1,639). Essa é a mais relevante de todas as relações estruturais apresentadas em nosso modelo. O comprometimento de recursos e a experiência ocasionada pela continuidade das atividades exportadoras foram os principais determinantes do desempenho das exportações das empresas brasileiras. Ademais, o comportamento exportador alavanca as exportações, no sentido de que a variação de uma unidade nesse comportamento eleva em mais de 60% (1,639) o resultado exportador expresso em faturamento, competitividade e produtividade.

Conciliando as observações apresentadas nos dois parágrafos anteriores, podemos inferir que a política comercial brasileira não foi producente para condicionar o desempenho de nossas exportações no período compreendido entre 2002 e 2006. A sua maior contribuição consistiu na influência exercida sobre o comportamento exportador. Essa variável, por sua vez, mostrou ser o elemento mais relevante para alavancar o desempenho exportador. *Prima facie*, concluímos que a política comercial e as demais políticas públicas com impacto mais imediato no comércio exterior (*e.g.*, financiamentos, seguro, garantia, promoção das exportações, acordos comerciais, investimentos, crédito privado) não foram suficientes para influenciar os resultados de nossas exportações, dimensionados pelo faturamento, produtividade e competitividade das empresas brasileiras. A tradição ou a orientação exportadora das empresas que atuam no comércio exterior, isto é, a empresa orientada para o mercado externo, demonstrou ser o principal elemento condicionante do desempenho das exportações. Por sua vez, essa orientação ou vocação exportadora foi fortemente condicionada pelos recursos da empresa (0,470).

Conclusões

As evidências empíricas derivadas da análise dos coeficientes de regressão estrutural estão sumariadas adiante. A apresentação das evidências está estruturada por constructo.

Comportamento político

Foi o principal fator determinante da política comercial. As empresas que mais desenvolveram interlocução política, institucional e informal foram as que mais se beneficiaram das políticas comerciais e das políticas públicas federais com reflexo no setor exportador.

Recursos

Os recursos da firma foram os principais elementos condicionantes do desempenho exportador. Os recursos apresentaram uma relação inversa com a política comercial, ou seja, quanto maior a dotação de recursos da firma, menor a importância dada à política comercial, bem como às demais políticas públicas que são capazes de alavancar as exportações.

Capacidades dinâmicas

As capacidades dinâmicas apresentaram contribuição bastante inferior aos recursos para o desempenho das exportações. Possivelmente, há um vácuo de geração e difusão interna de conhecimento orientado à inovação, inibindo o crescimento do desempenho exportador das empresas nacionais por via da inovação de processos, equipamentos e produtos.

Política comercial

A política comercial, representada pelos financiamentos do BNDES-Exim, Proex-Financiamento, Proex-Equalização, pelas garantias do FGPC e pelas coberturas de seguro da SBCE, não foi relevante para alavancar as exportações brasileiras. De acordo com os dados desta pesquisa, o BN-

DES-Exim foi o programa que apresentou o maior percentual de concordância quanto à contribuição para alavancar as exportações (23,5%), em contraponto ao FGPC, que teve o menor percentual (12,6%). No mesmo diapasão, outros programas oficiais que concedem maior competitividade às exportações, v.g., acordos comerciais, políticas públicas setoriais, e investimentos em infraestrutura, tampouco foram determinantes para o crescimento do desempenho das exportações.

Comportamento exportador

Não houve evidências empíricas de que o comprometimento da firma com o mercado externo foi uma característica relevante do perfil das empresas exportadoras domésticas.

Desempenho das exportações

O desempenho das exportações foi fortemente condicionado pela vocação ou tradição exportadora das empresas, representado por suas características operacionais e por seus contatos e experiência internacional, denotados no constructo comportamento exportador.

Por fim, com exceção das relações estruturais entre os constructos capacidades dinâmicas e comportamento exportador (H5), e política comercial e desempenho exportador (H8), todas as demais relações foram corroboradas. Desse conjunto de regressões, as relações estruturais verificada entre os recursos, o comportamento exportador e o desempenho das exportações representou a cadeia de associações estruturais mais significativas. Portanto, a política comercial não apresentou papel expressivo no objetivo de melhorar o desempenho das exportações das empresas brasileiras.

Referências

AEB — Associação de Comércio Exterior do Brasil. *Estatísticas de comércio exterior de 2006*. Fev. 2007.

ALCHIAN, Armen A. Uncertainty, evolution and economic theory. *The Journal of Political Economy*, v. 58, n. 3, p. 211-221, June 1950.

ANTONIO, Nelson Santos. *A escola de recursos*. Disponível em: <www.iscte.pt/EstrategiaI/recursos.html>. Acesso em: 8 jan. 2005.

ARAÚJO, Bruno César P. O. de. Os determinantes do comércio internacional ao nível da firma: evidências empíricas. Brasília: Ipea, nov. 2005. (Texto para Discussão, 1.133)

ARBUCKLE, James L. *Amos 16.0 user's guide*. Chicago: SPSS Inc., 2007.

BARNEY, Jay. Firm resources and sustained competitive advantage. *Journal of Management*, v. 17, n. 1, p. 99-120, 1991.

_____. Is the resource-based "view" a useful perspective for strategic management research? Yes. *Academy of Management Review*, v. 26, n. 1, p. 41-56, 2001.

BARRETTO, Antonio. A internacionalização da firma sob o enfoque dos custos de transação. In: ROCHA, Angela da et al. (Orgs.). *A internacionalização das empresas brasileiras*: estudos de gestão internacional. Rio de Janeiro: Mauad, 2002.

BELL, Martin; PAVITT, Keith. Technological accumulation and industrial growth: contrasts between developed and developing countries. *Industrial and Corporate Change*, London, v. 2, n. 2, p. 157-211, 1993.

_____. The development of technological capabilities. In: HAQUE, I. U. (Ed.). *Trade, technology and international competitiveness*. Washington: The World Bank, 1995.

BILKEY, Warren J. Variables associated with export profitability. *Journal of International Business Studies*, v. 13, n. 2, p. 39-55, Fall 1982.

_____; TESAR, G. The export behavior of smaller sized Wisconsin manufacturing firms. *Journal of International Business Studies*, v. 8, n. 1, p. 93-98, Spring/Summer 1977.

BLUMENSCHEIN, Fernando; LEON, Fernanda L. L. de. Uma análise do desempenho e da segmentação do sistema de crédito à exportação no Brasil. In: PINHEIRO, Armando Castelar et al. (Orgs.). *O desafio das exportações*. Rio de Janeiro: BNDES, 2002. p. 177-243.

BNDES — Banco Nacional de Desenvolvimento Econômico e Social. Disponível em: <www.bndes.gov.br>. Acesso em: 25 abr. 2006a.

_____. *Fundo de garantia para a promoção da competitividade*. Prestação de Contas 2006 — Relatório de Gestão, 2006b. Disponível em: <www.bndes.gov.br/exportacao/default.asp>. Acesso em: 17 jun. 2008a.

_____. *Bancos de desenvolvimento*: gestão, experiências e desafios. O caso do BNDES. Disponível em: <www.anbid.com.br/institucional/documentos_download/Ernani.pdf>. Acesso em: 22 jun. 2008b.

BOBBIO, Norberto. *Estado, governo, sociedade*: para uma teoria geral da política. São Paulo: Paz e Terra, 1987.

BOLLEN, Kenneth A. *Structural equations with latent variables*. New York: John Wiley & Sons, 1989.

_____; TING, K. A tetrad test for causal indicators. *Psychological Methods*, v. 5, n. 1, p. 3-22, 2000.

BOOMSMA, Anne. Reporting analyses of covariance structures. *Structural Equation Modeling*, v. 7, n. 3, p. 461-483, 2000.

BOSCHI, Renato; DINIZ, Eli; SANTOS, Fabiano. *Elites políticas e econômicas no Brasil contemporâneo*: a desconstrução da ordem corporativa e o papel do Legislativo no cenário pós-reformas. São Paulo: Fundação Konrad Adenauer, 2000. Série Pesquisas, n. 18.

BOSHOFF, Christo; MELS, Gerhard. A causal model to evaluate the relationships among supervision, role stress, organizational commitment and internal service quality. *European Journal of Marketing*, v. 29, n. 2, p. 23-42, 1995.

CARNEIRO, Francisco Galrão. *Destino das exportações e canais de comercialização das maiores empresas exportadoras brasileiras (1995/2000)*. Brasília: Ipea, nov. 2002. (Texto para Discussão, 917)

CARPENTER, Mason A.; SANDERS, W. G; GREGERSEN, H. B. Bundling human capital with organizational context: the impact of international assignment experience on multinational firm performance and CEO pay. *Academy of Management Journal*, v. 44, n. 3, p. 493-512, 2001.

CARVALHO, Mônica de; ROCHA, Angela da. Por que as empresas deixam de exportar: um olhar para a indústria brasileira de calçados. In: ROCHA, Angela da et al. (Orgs.). *A internacionalização das empresas brasileiras*: estudos de gestão internacional. Rio de Janeiro: Mauad, 2002.

CAVUSGIL, S. Tamer. On the internationalization process of firms. *European Research*, v. 8, n. 6, p. 273-281, Nov. 1980.

_____; ZOU, Shaoming. Marketing strategy-performance relationship: an investigation of the empirical link in export market ventures. *Journal of Marketing*, v. 58, p. 1-21, Jan. 1994.

COUTINHO, Carlos Nelson. *Gramsci*: um estudo sobre seu pensamento político. Rio de Janeiro: Campus, 1989.

CROWDER, Kyle; GLYNN, Patty. *SPSS PC version 10*: crosstabs with chi-square test. Paper, 2000. Disponível em <http://staff.washington.edu/glynn/chisspss.pdf>. Acesso em: 4 jun. 2008.

CYERT, Richard M.; MARCH, James G. *A behavioral theory of the firm*. Englewood Cliffs: Prentice-Hall, 1963.

DAS, Mallika. Successful and unsuccessful exporters from developing countries: some preliminary findings. *European Journal of Marketing*, v. 28, n. 12, p. 19-33, 1994.

DENZAU, Arthur T.; MUNGER, Michael C. Legislators and interest groups: how unorganized interests get represented. *The American Political Science Review*, v. 80, n. 1, p. 89-106, Mar. 1986.

DESTRI, Arabella Mocciaro Li; DAGNINO, Giovanni Battista. The development of the resource-based firm between value appropriation and value creation. Disponível em: <http://sw-mos.insead.edu.sg/workshop3/Papers/DagninoDestri.html>. Acesso em: 8 jan. 2005.

DHANARAJ, Charles; BEAMISH, Paul W. A resource-based approach to the study of export performance. *Journal of Small Business Management*, v. 41, n. 3, p. 242-261, 2003.

DIAMANTOPOULOS, Adamantios. Export performance measurement: reflective versus formative indicators. *International Marketing Review*, v. 16, n. 6, p. 444-457, 1999.

DiMAGGIO, Paul J.; POWELL, Walter W. The iron cage revisited: Institutional isomorphism and collective rationality in organizational fields. *American Sociological Review*, v. 48, p. 147-160, Apr. 1983.

DINIZ, Eli. *Voto e máquina política*: patronagem e clientelismo no Rio de Janeiro. Rio de Janeiro: Paz e Terra, 1982. (Coleção Estudos Brasileiros, n. 59)

_____. Neoliberalismo e corporativismo: as duas faces do capitalismo industrial no Brasil. In: _____ (Org.). *Empresários e modernização econômica*: Brasil anos 90. Florianópolis: Editora da UFSC/Idacon, 1993.

_____. *Globalização, reformas econômicas e elites empresariais*: Brasil anos 1990. Rio de Janeiro: Editora FGV, 2000.

_____. *Empresários, interesses e mercado*: dilemas do desenvolvimento no Brasil. Belo Horizonte: Editora UFMG, 2004.

_____. (Org.). *Globalização, Estado e desenvolvimento*: dilemas do Brasil no novo milênio. Rio de Janeiro: FGV: 2007.

_____; BOSCHI, Renato. *Empresariado nacional e Estado no Brasil*. Rio de Janeiro: Forense-Universitária, 1978. (Coleção Brasil — Análise & Crítica)

DUTRÉNIT, Gabriela. *Learning and knowledge management in firm*: from knowledge accumulation to strategic capabilities. Cheltenham: Edward Elgar, 2000.

FERRAZ, Galeno T.; RIBEIRO, Fernando J. Um levantamento de atividades relacionadas às exportações das empresas brasileiras: resultados de pesquisa de campo com 460 empresas exportadoras. In: PINHEIRO, Armando Castelar et al. (Org.). *O desafio das exportações*. Rio de Janeiro: BNDES, 2002. p. 623-702.

FIGUEIREDO, Paulo N. Technological capability-accumulation paths and the underlying learning processes: a review of empirical studies. *Journal of International Business Studies*, May 2001.

_____. Learning, capability accumulation and firm differences: evidence from latecomer steel. *Industrial and Corporate Change*, v. 12, n. 3, p. 607-643, 2003.

FLEURY, Paulo; MEIRA, Rivanda; ROCHA, Angela da. A decisão de exportar e a escolha de mercados de exportação: dos aspectos conceituais às práticas gerenciais nas empresas brasileiras de produtos manufaturados. *RAE*, São Paulo, v. 21, n. 3, p.7-13, jul./set. 1981.

FLEURY, Sonia. Democracia, poder local y ciudadanía en Brasil. In: GOMÀ, Ricard; JACINT, Jordana (Eds.). *Descentralización y políticas sociales en América Latina*. Barcelona: Fundació Cidob, 2004.

GARCÍA, Claudia Teresa C. *Evolução setorial e trajetórias tecnológicas em nível de empresas na indústria de celulose e papel no Brasil (1970-2004)*: contexto da política de substituição de importações à competição globalizada. Rio de Janeiro: Escola Brasileira de Administração Pública e de Empresas da Fundação Getulio Vargas, 2006.

GENÇTÜRK, Esra F.; KOTABE, Masaaki. The effect of export assistance program usage on export performance: A contingency explanation. *Journal of International Marketing*, v. 9, n. 2, p. 51-72, 2001.

HAIR, Joseph F. et al. *Multivariate data analysis*. 5. ed. Upper Saddle River: Prentice Hall, 1998.

HEMAIS, Carlos Alberto; HILAL, Adriana. O processo de internacionalização da firma segundo a escola nórdica. In: ROCHA, Angela da et al. (Orgs.). *A internacionalização das empresas brasileiras*: estudos de gestão internacional. Rio de Janeiro: Mauad, 2002.

HIBBERT, Edgar. Evaluating government export promotion: Some conceptual and empirical approaches. *The International Trade Journal*, v. XII, n. 4, p. 465-483, Winter 1998.

HORTA, Maria Helena; SOUZA, Carlos Frederico Braz de. A inserção das exportações brasileiras: análise setorial no período 1980/96. Brasília: Ipea, 2000. (Texto para Discussão, 736)

JOHANSON, J.; VAHLNE, J-E. The internationalization process of firm: A model of knowledge development and increasing foreign commitments. *Journal of International Business Studies*, v. 8, n. 1, pp. 23-32, 1977.

JÖRESKOG, Karl G.; SÖRBOM, Dag. *Lisrel 7*: A guide to the program and applications. 2. ed. Chicago: SPSS Inc., 1989.

_____. *Lisrel 8*: User's reference guide. Chicago: Scientific Software International, Inc., 1996.

_____. *Prelis 2*: User's reference guide. Chicago: Scientific Software International, Inc., 1996a.

KATSIKEAS, Constantine S. Export competitive advantages: The relevance of firm characteristics. *International Marketing Review*, v. 11, n. 3, p. 33-53, 1994.

KERBEL, Rosane; ROCHA, Angela da; CHRISTENSEN, Carl Huish. A determinação do exportador potencial. *Revista de Administração Pública*, v. 20, n. 2, p. 90-111, abr./jun. 1986.

KIM, Linsu. The dynamic of Samsung's technological learning in semiconductors. *California Management Review*, v. 39, n. 3, Spring 1997.

_____. Crisis construction and organizational learning: capability building in catching-up at Hyundai Motor. *Organization Science*, v. 9, n. 4, p. 506-521, July/Aug. 1998.

KLINE, Rex B. *Principles and practice of structural equation modeling*. 2. ed. New York: The Guilford Press, 2005.

KOR, Yasemin Y.; MAHONEY, Joseph T. Penrose's resource-based approach: the process and product of research creativity. *Journal of Management Studies*, v. 37, n. 1, p. 109-139, Jan. 2000.

KOTABE, Masaaki; CZINKOTA, Michael R. State government promotion of manufacturing exports: a gap analysis. *Journal of International Business Studies*, v. 24, n. 4, p. 637-658, 4th Quarter 1992.

_____; MONTGOMERY, David P. Export assistance, price adaptation to the foreign market, and annual export performance improvement: A structural model examination. Stanford: Stanford University, Aug. 2001. (Research Paper n. 1.700)

LAGES, Luis Filipe; LAGES, Cristiane Raquel. The Step Scale: a measure of short-term export performance improvement. *Journal of International Marketing*, v. 12, n. 1, p. 36-56, 2004.

LALL, Sanjaya. Technological capabilities. In: SALOMON, J-J. et al. (Eds.). *The uncertain quest*: science technology and development. Tokyo: UN University Press, 1994.

LEONIDOU, Leonidas C.; KATSIKEAS, Constantine S. The export development process: an integrative review of empirical models. *Journal of International Business Studies*, v. 27, n. 3, p. 517-551, 1996.

_____; SAMIEE, Saeed. Marketing strategy determinants of export performance: A meta-analysis. *Journal of Business Research*, v. 55, n. 1, p. 51-67, 2002.

LITVAK, Isaiah A. Lobbying strategies and business interest groups. *Business Quarterly*, v. 48, n. 2, Summer 1983.

MAcCALLUM, Robert C.; BROWNE, Michael W. The use of causal indicators in covariance structure models: Some practical issues. *Psychological Bulletin*, v. 114, n. 3, p. 533-541, 1993.

MAcKENZIE, Scott B; PODSAKOFF, Philip M.; JARVIS, Cheryl B. The problem of measurement model misspecification in behavioral and organizational research and some recommended solutions. *Journal of Applied Psychology*, v. 90, n. 4, p. 710-730, 2005.

MAINWARING, Scott. *Sistemas partidários e novas democracias*: o caso do Brasil. Rio de Janeiro: FGV, 2001.

MARKWALD, Ricardo; PUGA, Fernando. Diagnósticos das exportações — promoção de exportações: o que fazer? *Revista Brasileira de Comércio Exterior*, Rio de Janeiro, s./n., 2002.

_____. Focando a política de promoção de exportações. In: PINHEIRO, Armando Castelar et al. (Org.). *O desafio das exportações*. Rio de Janeiro: BNDES, 2002a. cap. 4, p. 97-154.

MATHEWS, John A. A resource-based view of schumpeterian economic dynamics. *Journal of Evolutionary Economics*, n. 206, 2002.

MDIC — Ministério do Desenvolvimento Indústria e Comércio Exterior. *Empresas exportadoras por países e unidades de federação*. Disponível em: <www.desenvolvimento.gov.br/sitio/interna/interna.php?area=5&menu=1444&refr=603>. Acesso: maio/jun. 2007.

_____. *Evolução do comércio exterior brasileiro — 1950 a 2008* (janeiro/maio). Disponível em: <www.mdic.gov.br/arquivos/dwnl_1212761653.xls>. Acesso em: 17 jun. 2008a.

_____. *Exportação brasileira por fator agregado — 1964 a 2008* (janeiro/maio). Disponível em: <www.mdic.gov.br/arquivos/dwnl_1212761699.xls>. Acesso em: 19 jun. 2008b.

MILLINGTON, Andrew I.; BAYLISS, Brian T. The process of internationalisation: UK companies in the EC. *Management International Review*, v. 30, n. 2, p. 151-161, 2nd Quarter 1990.

MILNER, Helen. *Interests, institutions and information*: domestic politics and international relations. Princeton: Princeton University Press, 1997.

MIRANDA, José Carlos. Abertura comercial, reestruturação industrial e exportações brasileiras na década de 1990. Brasília: Ipea, out. 2001. (Texto para Discussão, 829)

MOHUN, Simon. Economia política (verbete). In: OUTHWAITE, William; BOTTOMORE, Tom et al. (Eds.). *Dicionário do pensamento social do século XX*. Rio de Janeiro: Jorge Zahar, 1996.

MOREIRA, Benedicto Fonseca. Bases e fundamentos para uma política de comércio exterior. In: ENCONTRO NACIONAL DE COMÉRCIO EXTERIOR, XXII. *Anais*... Associação de Comércio Exterior do Brasil (AEB), 24-25 out. 2002.

MOREIRA, Sérvulo Vicente; TOMICH, Frederico; RODRIGUES, Maria da Glória. *Proex e BNDES-Exim*. Construindo o futuro. Brasília: Ipea, jan. 2006. (Texto para Discussão, 1.156)

MORGAN, Robert E.; KATSIKEAS, Constantine S. Theories of international trade, foreign direct investment and firm internationalization: a critique. *Management Decision*, v. 35, n. 1, p. 68-78, 1997.

MUTHÉN, Bengt. A general structural equation model with dichotomous, ordered categorical, and continuous latent variable indicators. *Psychometrika*, v. 49, n. 1, p. 115-132, 1984.

MUTHÉN, Linda K.; MUTHÉN, Bengt. Mplus *user's guide*. 3. ed. Los Angeles Muthén & Muthén, 2004.

NELSON, Richard R. The role of firm differences in an evolutionary theory of technical advance. *Science and Public Policy*, v. 18, n. 6, p. 347-352, Dec. 1991.

_____; WINTER, Sidney G. *An evolutionary theory of economic change*. Cambridge: Belknap Press of Harvard University Press, 1982.

NETEMEYER, Richard G.; BEARDEN, William O.; SHARMA, Subhash. *Scaling procedures*: issues and applications. Thousand Oaks: Sage Publications, Inc., 2003.

O'DONNELL, Guilhermo. Tensões no estado autoritário-burocrático e a questão da democracia. In: COLLER, David (Org.). *O novo autoritarismo na América Latina*. Rio de Janeiro: Paz e Terra, 1982. p. 267-296.

_____. Transições, continuidades e alguns paradoxos. Hiatos, instituições e perspectivas democráticas. In: REIS, Fábio Wanderley; O'DONNELL, Guilhermo (Orgs.). *A democracia no Brasil*: dilemas e perspectivas. São Paulo: Vértice, 1988. p. 41-90.

OFFE, Claus. *Problemas estruturais do Estado capitalista*. Rio de Janeiro: Tempo Brasileiro, 1984.

_____. *Capitalismo desorganizado*: transformações contemporâneas do trabalho e da política. 2. ed. São Paulo: Brasiliense, 1994.

OLIVEIRA, Marcos Paulo Valadares. *Análise estrutural de constructos e relações entre maturidade e desempenho logístico*. 125f. Dissertação (Mestrado em Administração) — Departamento de Ciências Administrativas, Universidade Federal de Minas Gerais, Belo Horizonte, 2006.

PENROSE, Edith Tilton. *The theory of the growth of the firm*. New York: John Wiley & Sons, 1959.

PEREIRA, Luiz Carlos Bresser. *Estado, aparelho do Estado e sociedade civil*. Brasília: Escola Nacional de Administração Pública (Enap), 1995. (Textos para Discussão, n. 4)

PEREIRA, Thiago Rabelo; MACIENTE, Aguinaldo Nogueira. *Impactos dos mecanismos de financiamento (ACC e ACE) sobre a rentabilidade das exportações brasileiras*. Brasília: Ipea, abr. 2000. (Texto para Discussão, n. 722)

PINHEIRO, Armando Castelar; MOREIRA, Maurício Mesquita. *O perfil dos exportadores brasileiros de manufaturados nos anos 90*: quais as implicações de política. Brasília: Ipea, jun. 2000. (Texto para Discussão, n. 80)

POULANTZAS, Nicos. *Poder político e classes sociais*. Porto: Portucalense, 1971.

REID, Stan R. The decision-maker and export entry and expansion. *Journal of International Business Studies*, n. 12, p. 101-112, Fall 1981.

ROCHA, Angela da; CHRISTENSEN, Carl H. Como as empresas brasileiras exportam: revisão dos estudos sobre exportação (1978-1990). In: ROCHA, Angela da et al. (Orgs.). *A internacionalização das empresas brasileiras*: estudos de gestão internacional. Rio de Janeiro: Mauad, 2002.

SANCHES, Marcos Rogério. *Indicadores formativos em modelos de equações estruturais*. Dissertação (Mestrado em Estatística) — Instituto de Matemática e Estatística, Universidade de São Paulo, São Paulo, 2005.

SANTOS, Wanderley Guilherme dos. *Razões da desordem*. Rio de Janeiro: Rocco, 1993.

SCHUMACKER, Randall E.; LOMAX, Richard G. *A beginner's guide to structural equation modeling*. Mahwah: Lawrence Erlbaum Associates, 1996.

SERINGHAUS, F. H. Rolf. The impact of government export marketing assistance. *International Marketing Review*, v. 3, n. 2, p. 55-66, Summer 1986.

SHOHAM, Aviv. Export performance: A conceptualization and empirical assessment. *Journal of International Marketing*, v. 6, n. 3, p. 59-81, 1998.

STYLES, Chris. Export performance measures in Australia and the United Kingdom. *Journal of International Marketing*, v. 6, n. 3, p. 12-36, 1998.

SULLIVAN, Daniel. Measuring the degree of internationalization of a firm. *Journal of International Business Studies*, v. 27, n. 2, p. 325-342, 1994.

_____. Measuring the degree of internationalization of a firm: A reply. *Journal of International Business Studies*, v. 27, n. 1, p. 179-192, 1st Quarter 1996.

TACLA, Celso Luiz; FIGUEIREDO, Paulo N. Processos de aprendizagem e acumulação de competências tecnológicas: evidências de uma empresa de bens de capital no Brasil. *RAC*, Curitiba, v. 7, n. 3, p. 101-126, jul./set. 2003.

TEECE, David; PISANO, Gary. The dynamic capabilities of firms: An introduction. *Industrial and Corporate Change*, v. 3, n. 3, p. 537-556, 1994.

TIGRE, Paulo Bastos. O papel da política tecnológica na promoção das exportações. In: PINHEIRO, Armando Castelar et al. (Orgs.). *O desafio das exportações*. Rio de Janeiro: BNDES, 2002. p. 247-282.

TING, Kwok-fai. Confirmatory tetrad analysis in SAS. *Structural Equation Modeling*, v. 2, n. 2, p. 163-171, 1995.

VEIGA, Pedro Motta. O viés antiexportador: mais além da política comercial. In: PINHEIRO, Armando Castelar et al. (Org.). *O desafio das exportações*. Rio de Janeiro: BNDES, 2002. p. 157-174.

_____. A política de financiamento à exportação no Brasil. In: TIRONI, Luís Fernando (Org.). *Aspectos estratégicos da política comercial brasileira*. Brasília: Ipea/Instituto de Pesquisa de Relações Internacionais (Ipri), 2002a. v. 1, p. 191-298.

_____; IGLESIAS, Roberto Magno. A institucionalidade da política brasileira de comércio exterior. In: PINHEIRO, Armando Castelar et al. (Orgs.). *O desafio das exportações*. Rio de Janeiro: BNDES, 2002. p. 53-96.

VELASCO JR., Licínio. *A economia política das políticas públicas*: fatores que favoreceram as privatizações no período 1985/94. Rio de Janeiro: BNDES, abr. 1997. (Textos para Discussão, v. 54)

_____. *A economia política das políticas públicas*: as privatizações e a reforma do Estado. Rio de Janeiro: BNDES, maio, 1997a. (Texto para Discussão, v. 55)

VENKATRAMAN, N.; PRESCOTT, J. Environment-strategy coalignment: an empirical test of its performance implications. *Strategic Management Journal*, v. 11, n. 1, p. 1-23, 1990.

WERNERFELT, Birger. The resource-based view of the firm. *Strategic Management Journal*, v. 5, n. 2, p. 171-180, Apr./June 1984.

_____. The resource-based view of the firm: ten years after. *Strategic Management Journal*, v. 16, n. 3, p. 171-174, Mar. 1995.

WINTER, Sidney G. On coase, competence, and the corporation. *Journal of Law Economics, and Organization*, v. 4, n. 1, p. 163-180, Spring 1988.

ZOU, Shaoming; TAYLOR, Charles R.; OSLAND, Gregory, E. The Experf Scale: a cross-national generalized export performance measure. *Journal of International Marketing*, v. 6, n. 3, p. 37-58, Fall 1998.

Sobre os organizadores e autores

Organizadores

PAULO ROBERTO DE MENDONÇA MOTTA
PhD e mestre em administração pública pela University of North Carolina, Estados Unidos. Bacharel em administração pela Ebape/FGV. Professor titular do Programa de Doutorado em Administração da Ebape/FGV. Professor visitante, conferencista e consultor em diversos países.

ROBERTO DA COSTA PIMENTA
Doutor em administração pela Ebape/FGV. Mestre em administração pública pela Ebape/FGV. Especialista em administração pública pela Ebape/FGV. Engenheiro agrônomo pela Universidade Federal Rural do Rio de Janeiro (UFRRJ). Pesquisador do Núcleo de Ética nas Organizações e do Laboratório de Produtividade e Projetos da Ebape/FGV.

ELAINE TAVARES
Doutora em administração e mestre em gestão empresarial pela Ebape/FGV. Bacharel em desenho industrial pela PUC-Rio. Professora assistente da Ebape/FGV. Pesquisadora visitante da Université - Aix-Marseille III.

Autores

FILIPE ALMEIDA
Doutor em administração pela Ebape/FGV. Doutor em gestão de empresas e mestre em ciências empresariais pela Faculdade de Economia (Feuc) da Universidade de Coimbra, em Portugal. É professor da Feuc da Universidade de Coimbra desde 1996 e pesquisador do Centro de Estudos Sociais (CES) na mesma instituição.

FILIPE SOBRAL
Doutor em administração pela Ebape/FGV. Doutor em gestão de empresas, com especialização em estratégia empresarial, e mestre em ciências empresariais pela Faculdade de Economia (Feuc) da Universidade de Coimbra, em Portugal. Professor adjunto da Ebape/FGV e coordenador acadêmico do Programa de Certificação em Administração da FGV. Foi professor da Feuc da Universidade de Coimbra de 1996 a 2007.

TRAJANO AUGUSTUS TAVARES QUINHÕES
Doutor em administração pela Ebape/FGV, onde também concluiu o mestrado em administração pública. É assessor especial do ministro do Meio Ambiente desde 2007, trabalhou no Ministério da Saúde, na Agência Nacional de Saúde Suplementar (ANS) e no Ministério do Desenvolvimento Social e Combate à Fome (MDS).

JANAINA DE MENDONÇA FERNANDES
Doutora em administração pela Ebape/FGV, com estágio doutoral na Escuela Superior de Administración y Dirección de Empresas (Esade), em Barcelona, Espanha. Mestre em planejamento urbano e regional pelo Instituto de Pesquisa e Planejamento Urbano e Regional da Universidade Federal do Rio de Janeiro (Ippur/UFRJ). Professora da graduação em administração da Ebape desde 2009. Consultora técnica da FGV Projetos desde 2008.

MARIA SCARLET DO CARMO
Doutora em administração pela Ebape/FGV. Mestre em química biológica (área de concentração em educação, gestão e difusão em biociências) pela UFRJ. Consultora técnica da FGV Projetos desde 2010.

Virgilius de Albuquerque

Doutor em administração pela Ebape/FGV, com intercâmbio acadêmico na Universidade da Carolina do Norte, Chapel Hill, EUA. Mestre em relações internacionais pela Pontifícia Universidade Católica do Rio de Janeiro (PUC-Rio). Servidor público do Tribunal de Contas da União (TCU) desde 1996.

Este livro foi produzido nas
oficinas da Imos Gráfica e Editora na
cidade do Rio de Janeiro